博学文库
BOXUE WENKU

谁来推进长三角区域城市经济协调发展与服务

周肇光/主 编　黄 敏/副主编

北京师范大学出版集团
BEIJING NORMAL UNIVERSITY PUBLISHING GROUP
安徽大学出版社

图书在版编目(CIP)数据

谁来推进长三角区域城市经济协调发展与服务 / 周肇光主编.
—合肥：安徽大学出版社，2013.2
(博学文库)
ISBN 978-7-5664-0413-8

Ⅰ.①谁… Ⅱ.①周… Ⅲ.①长江三角洲—区域经济发展—协调发展—研究 Ⅳ.①F127.5

中国版本图书馆 CIP 数据核字(2013)第 059250 号

Sheilai Tuijin Changsanjiao Quyu Chengshi Jingji

谁来推进长三角区域城市经济

Xietiao Fazhan Yu Fuwu

协调发展与服务

周肇光 主 编
黄 敏 副主编

出版发行：北京师范大学出版集团
安 徽 大 学 出 版 社
(安徽省合肥市肥西路 3 号 邮编 230039)
www.bnupg.com.cn
www.ahupress.com.cn
印 刷：中国科学技术大学印刷厂
经 销：全国新华书店
开 本：152mm×228mm
印 张：23.75
字 数：287 千字
版 次：2013 年 2 月第 1 版
印 次：2013 年 2 月第 1 次印刷
定 价：39.00 元
ISBN 978-7-5664-0413-8

策划编辑：王先斌　　装帧设计：张同龙 李 军
责任编辑：王先斌　　美术编辑：李 军
责任校对：程中业　　责任印制：陈 如

前言

近几年来，随着国家推进长三角区域经济协调发展战略的实施，围绕长三角区域经济协调发展的研究成果日益增多，但围绕长三角区域城市经济协调与服务的研究成果却不多。我们经过调研，认为要推进长三角区域经济协调发展，首先就应研究如何以苏浙沪两省一市区域城市协调发展为依托，探索解决长三角区域城市经济协调发展面临的矛盾和问题，并提出推进长三角区域城市经济协调发展与服务的若干政策建议。

本书以国务院出台的《关于进一步推进长江三角洲地区改革开放和经济社会发展的指导意见》和《长江三角洲地区区域规划》(以下简称《意见》和《规划》)为理论依据和政策指导，探索长三角区域城市经济协调与服务的可能性以及路径选择机制。由于城市经济的内涵十分丰富，本书不可能面面俱到，因而侧重于对城市金融协调与服务、城市产业集群协调与服务、城市环境保护协调与服务、城市物流系统协调与服务、城市信息资源共享协调与服务、欧美区域城市经济协调与服务比较等方面进行研究。这对推进长三角区域经济协调发展、顺利实施国家区域经济发展战略具有重要的现实意义。

本书主要特色，一是从长三角区域城市经济协调与服务的视角，探索推进长三角区域经济协调发展的内在必然性。二是从实施国家战略的高度来研究长三角区域城市经济协调与服务的路径及政策建议。三是运用宏观经济学、微观经济学、产业经济学等学科理论知识和分析方法，研究长三角区域城市经济问题，可以丰富和发展区域经济学理论内涵，提高高校所培养应用型人才的质量。四是围绕“长三角区域城市经济协调与服务”这一主题开展专题研究，力求做到学术性与应用性的有机统一。有些章节还用相应的图表或数据来反映对本章研究内容的实证分析要求。书后面还附有国务院出台的《意见》和《规划》（全文）以及上海市“十二五”发展规划（节选），供大家研究时作参考。

本书的研究主题是作为上海市高校 085 工程知识创新项目立项，经上海市高校的专家论证后形成的研究体系。本书约 30 万字，由上海金融学院经济发展研究所所长周肇光教授担任主编，该研究所副所长黄敏副教授担任副主编。全书由下列教师分专题撰写：周肇光（第 1 章），黄敏（第 2 章），吕健（第 3 章），霍艳斌（第 4 章），邓继光（第 5 章），张雪昆（第 6 章），刘霞（第 7 章）。每章均属于专题研究且具有独立性，各章撰写者文责自负，并对本章享有独立著作权。2009 级经济学专业高艺轩、吴翼康、吴倩、王雯婷、胡佳蕾、汪亚楠等高年级同学，在老师指导下积极参与有关专题的资料收集、整理与研究。本书在研究中还参考了国内外相关文献资料，这些文献给予本书许多启迪和理论观点上的鼎力支持。本书得到了上海金融学院 085 工程内涵建设专项基金的资助，在此一并致谢。

本书所研究的内容在“长三角区域城市经济协调与服务”研究中属于初始研究成果，基本上属于经济学前沿性研究领域。由于该研究领域尚处于探索阶段，如何以科学发展观为指导来推进长三角区域城市经济协调发展与服务，还有待于不断深化研究，不妥之处在所难免，敬请读者提出宝贵意见。

本课题研究组

2012 年 10 月

目 录

第一章 导论

研究长三角城市经济协调发展与服务，是根据上海服务全国、服务长三角的战略定位和上海市委市政府提出的“创新驱动、转型发展”的战略要求，进一步贯彻落实国务院出台的《关于进一步推进长江三角洲地区改革开放和经济社会发展的指导意见》(以下简称《意见》)和《长江三角洲地区区域规划》(以下简称《规划》)，为推进长三角区域城市经济协调发展与服务的研究提供现实理论基础和政策指导。根据有关资料记载，长三角区域城市范围的界定，有三种表述：一是“小长三角”的概念，是指包括上海市，江苏省的苏州、无锡、常州、镇江、南京、南通、泰州、扬州，浙江省的嘉兴、湖州、杭州、绍兴、宁波、舟山和台州，共16个城市及其周边地区。二是“大长三角”的概念，是指包括上海市、江苏省和浙江省全部行政区域。三是“泛长三角”的概念，是指包括上海市、江苏省、浙江省与安徽省、江西省、福建省等邻近省份。① 本研究项目仅限于“大长三角”的研究范围。由于长三角区域范围很大，涉及面较广，为便于取得阶段性研究成果，本课题组遵照专家研讨会意见，主要从城市金融服务、城市产业集群、城市环境保护、城市信息资源共享、城市物流等重要领域，探索长三角区域城市经济协调与服务的可能性以及路径选择，为进一步推进长三角区域经济的一体化发展提出若干政策性建议。

---

① 孙克强：《长三角年鉴(2011)》，河海大学出版社，2011年，卷首页。

一、研究背景

根据国务院《意见》和《规划》的要求，长三角区域城市经济协调发展战略的思路是以上海市为龙头，以江苏省、浙江省为两翼，推进长三角区域城市经济协调发展。形成这种城市经济协调发展战略的原因是多方面的，限于篇幅，仅就以下五个需要进行分析。

1. 它是实施国家区域经济发展战略的需要

从国家政府决策上看，在我国区域经济迅速发展的新形势下，为了进一步推进长三角区域城市经济协调发展，国务院于2008年9月16日出台了《关于进一步推进长江三角洲地区改革开放和经济社会发展的指导意见》，明确提出了“加快以上海航运中心和国际金融中心为主的现代服务业发展。进一步整合港口资源，加强港口基础设施、集疏运体系建设，加快发展现代航运服务体系，努力提高管理水平和综合服务能力，尽快建成以上海为中心、以江苏和浙江港口为两翼的上海国际航运中心。积极探索金融机构、金融产品和服务方式等多种金融创新，健全多层次金融市场体系，引进和培育高层次金融人才，大力改善金融业发展环境，提高金融服务业发展水平”。[①] 2009年3月25日，国务院常务会议又原则通过了《关于推进上海加快发展现代服务业和先进制造业、建设国际金融中心和国际航运中心的意见》。2010年5月24日，国务院又正式批准实施《长江三角洲地区区域规划》。这些《意见》和《规划》，不仅提出了上海将在2020年基本建成与我国经济实力和人民币国际地位相适应的国际金融中心、具有全球航运资源配置能力的国际航运中心的整体要求，还明确了长三角区域经济发展的战略定位，即亚太地区重要的国际门户、全球重要的现代服务业和先

---

① 参阅：《国务院关于进一步推进长江三角洲地区改革开放和经济社会发展的指导意见》，中国政府网站，2008年9月16日。

进制造业中心、具有较强国际竞争力的世界级城市群。到2015年，长三角区域率先实现全面建设小康社会的目标。到2020年，力争率先基本实现现代化。① 这是进一步提升长三角区域城市经济整体实力和国际竞争力的重大决策部署，是深入实施区域发展总体战略、促进全国经济平稳较快发展的重要举措，为促进长三角区域经济一体化发展创造了良好的政策环境。长三角区域包括上海市、江苏省和浙江省，区域面积21.07万平方公里。该地区区位条件优越，自然禀赋优良，经济基础雄厚，体制比较完善，城镇体系完整，科教文化发达，已成为全国发展基础最好、体制环境最优、整体竞争力最强的地区之一，在我国社会主义现代化建设全局中具有十分重要的战略地位。② 这对推进以上海为龙头的长三角城市经济协调发展、切实转变长三角城市经济发展方式都具有重要的理论指导意义。

2. 它是适应区域性城市发展特点的需要

从城市发展的历史上看，区域性城市具有明显的演变特点。在古汉语中，“城”是指在一定地域上用作防卫而围起来的墙垣。而“市”是指进行交易的场所，是商品流通的中心。在生产力发展的驱动下，商品生产日益发达，商品交换日益频繁，商品成为日常生活之必需，这促进了“城”与“市”的结合，形成了“市因城安”、“城因市兴”的局面。③ 马克思指出：“城市本身表明了人口、生产、工具、资本、享乐和需求的集中，而在乡村里所看到的却是完全相反的情况：孤立和分散。”④美国经济学家沃纳·赫希也指出：“城市是具有相当面积，经济活动和住户集

① 参阅：《长三角跻身世界六强》《文摘周刊》，2012年3月30日，第1版。

② 参阅：贾玥：《国务院正式批准长三角规划：将建世界级城市群》人民网，北京2010年5月24日。

③ 谢文蕙等：《城市经济学》，清华大学出版社，2008年，第3～5页。

④ 马克思恩格斯：《意识形态的现实基础》《马克思恩格斯选集》，第1卷，人民出版社，1977年，第56页。

中，以至于在私人企业和公共部门产生规模经济的连片地理区域。”[①]从这里可以看出，城市是一个以人为主体、以自然环境为依托、以经济活动为基础、社会关系非常紧密的有机整体。它具有五个特点：一是密集性。主要表现为城市人口、物质与文化的密集。二是高效性。主要表现为城市经济活动呈现出高效率与高效益态势。三是中心性。主要表现为城市吸引力与辐射力。四是多元性。主要表现为城市多功能与多类型。五是系统性。主要表现为城市经济社会活动的复合系统与动态系统。[②] 区域性城市的这些特点，决定了它必须把过度密集的人口、生产要素以及经济活动，从城市的中心区向周边城区扩散，把先进的科学技术和文化理念以及现代生活方式等输送到周边城区。区域性城市已经成为当代世界各国创造和传承文明、集聚和享用财富以及人口定居和繁衍的最主要地域。[③] 对区域性城市经济研究的既有成果为制定和实施长三角区域城市经济协调发展与服务战略提供了理论基础。

3. 它是借鉴国外城市经济发展经验的需要

从国外城市经济发展的历史经验看，城市经济发展是伴随工业规模化和区域经济发展的要求而不断深化的。国外一些发达国家在发展城市经济过程中是以西方学者区域经济学为理论基础的。区域经济学是运用经济学的理论观点和方法研究区域经济发展和区际经济联系与协调的决策性科学。它的形成最早起源于德国学者杜能提出的农业区位论(1826)，这与当时经济社会发展的客观要求是分不开的。从 20 世纪 60 年代以来，各国政府为解决区域问题而加强对区域经济活动的干预和协调，区域经济学理论得到了迅速发展，先后形成了四个

---

① 【美】沃纳·赫希：《城市经济学》，刘世庆等译，中国社会科学出版社，1990 年，第 24 页。

② 谢文蕙等：《城市经济学》，清华大学出版社，2008 年，第 11～15 页。

③ 谢文蕙等：《城市经济学》，清华大学出版社，2008 年，第 1 页。

有代表性的区位理论：德国农业经济学家J·H·杜能提出农业生产布局的农业区位论(1826)，德国经济地理学家韦伯提出工业生产布局的工业区位论(1909)，德国地理学家W·克里斯塔勒的城市规划布局的城市区位论(1933)，德国地理学家A·廖什(A losch)的市场区位论(1939)。这些理论的研究对象是单个的或某一方面的经济客体(如农业种植地带、工业企业、市场、城镇)的空间分布和空间关系，是寻求单个经济客体最优区位的决策因素。尽管这些理论还存在着若干缺陷，但对区域经济学的形成起了明显的推动作用。这期间，一些学者开始研究区域经济问题，探讨区域差异的形成及其作用因素，并对市场机制的缺陷开始进行反思，提出实行国家干预的正确主张。①因为，“二战”以后，一些发达国家以追求经济的高速增长为目标，把大量的人力、物力、财力集中投放到那些经济发展条件好的地区城市。经济高速增长的结果，不仅没有缓解反而加剧了发达地区与落后地区城市之间的两极分化。实践证明，在城市经济发展过程中，仅靠市场的自发调节机制是不够的。也正因为如此，1957年区域经济学家G·缪尔达尔(G Myradal)针对区域经济发展中出现的两极分化现象，提出了著名的“累积因果论”。他认为，一个地区的经济发展一旦超过社会平均发展速度，与发展缓慢的地区相比，它就可以获得累积竞争优势，在市场机制的自发作用下，条件好的区域就会不断地为自己积累有利因素，使得困难地区不利于经济发展的因素越积累越多。因此，缪尔达尔指出：“市场力的作用倾向于扩大而不是缩小地区间的差别。”1958年，A·赫希曼(A. Hirshman)提出了“核心与边缘区理论”。他认为，一个区域经济发达的核心部分固然会因其扩散效应在某种程度上带动边缘地区的发展，起着缩小地区差别的作用，但边缘区的资本和劳动力会流向核心区，极

---

① 武友德等：《区域经济学导论》中国社会科学出版社，2004年，第11～13页。

化效应会扩大地区差别，在市场机制自发作用下，极化效应的作用大于扩散效应。因此，他认为要缩小地区经济发展的不平衡唯一可行的办法是加强国家干预与协调。区域经济学的创始人美国宾夕法尼亚大学教授 W·艾萨尔德于 1960 年出版了《区域分析方法》，系统地阐述了区域开发的理论和方法，为区域经济学的建立奠定了基础。艾萨尔德组织并领导的区域研究小组以地域经济综合开发和组织为主要研究对象，进行了美国田纳西河治理和开发规划，并对日本、拉丁美洲许多地区进行以工业为主的综合开发可行性研究。他运用计量经济学、系统分析的方法，将单部门、单个企业最优布局与最佳规模加以扩大，组成区域性的综合开发模型，其中包括生产企业、商业流通、运输企业、社会政策、生态环境等内容，其研究目的是为编制科学的区域发展规划服务。① 这种区域经济均衡发展理论为区域间城市经济协调发展奠定了理论基础。以此为基础，一些发达国家开始研究本国区域经济协调问题。如：美国政府于 1961 年制定了《区域再开发法》，1965 年又制定了《公共工程与经济开发法》和《阿巴拉契亚区域开发法》。日本于 1962 年制定了《全国综合开发计划》，把本国分为 7 个经济区，以便统一协调各地区经济发展。法国于 1960 年颁布法令，把本国分为 21 个地区，并于 1963 年成立领土整治区域开发机构；随后又以 9 个城市群为核心，把全国分为 9 个经济区，通过规划与政策引导，推进区域城市经济协调发展。② 在区域经济协调发展理论的指导下，这些国家经过几十年的发展，区域城市经济发展呈现出良性发展态势，形成了诸如美国纽约都市圈、北美五大湖都市圈、日本东京都市圈、法国巴黎大都市圈等一大批世界著名的城市经济圈，这对推进长三角区域城市经济协调发展

---

① 牛竹梅等：《区域经济学》经济科学出版社，2006 年，第 12 页。

② 武友德等：《区域经济学导论》中国社会科学出版社，2004 年，第 17～18 页。

与服务具有一定理论与实践方面的借鉴意义。

4. 它是遵循市场经济规律的需要

从现代市场经济运行规律看，市场经济具有开放性与竞争性并存的特点，客观上要求相关区域城市在开放型经济活动中，为了避免市场经济的无序竞争，通过各种项目合作，对区域性制度（如物流管理、金融理财、环境保护、产业集群等）进行衔接进而上升为基本统一的行业标准和法律规范，从而为形成科学规范、发展有序、利益共享、相互合作的统一大市场提供可靠的保障。① 只有实行这种区域协调，才能提高区域城市经济发展的竞争力和综合实力。据 2010 年有关数据统计，长三角地区 GDP 总量为 85524.9 亿元，占全国 GDP 总量的 21.49%。长三角地区外贸进出口总额为 10881.62 亿元，实际利用外资金额为 506.19 亿美元，占全国实际利用外资总额的 47.89%。长三角地区的常住人口总量为 14542.58 万人，占全国总人口的 10.5%。② 目前，长三角区域城市经济已经成为我国经济发展速度最快、经济总量规模最大、经济发展方式转变最活、经济潜质最好的城市经济区之一。正因为如此，国务院在 2008 年出台的《关于进一步推进长江三角洲地区改革开放和经济社会发展的指导意见》中，把推进长三角区域经济一体化发展作为国家战略来实施，其目的就是要在现有基础上进一步推进长三角区域城市经济协调发展，力求把长三角区域经济建设成为亚太地区重要的国际门户、全球重要的先进制造业基地、具有较强国际竞争力的世界级城市群，为我国全面建设小康社会和实现现代化作出更大贡献。③

5. 它是发挥上海城市龙头效应的需要

从区域城市经济发展效应上看，改革开放以来，上海明确

---

① 陈晓云等：《2006 长江三角洲城市经济协调发展报告》，上海三联书店出版社，2007 年，第 13 页。

② 孙克强：《长三角年鉴（2011）》，河海大学出版社，2011 年，第 21～26 页。

③ 孙克强：《长三角年鉴（2011）》，河海大学出版社，2011 年，第 3 页。

了服务全国、服务长三角区域经济发展的战略定位，以浦东为改革开放综合试验区，紧紧抓住发展机遇，尤其是产业结构的调整和优化，为上海乃至周边城区带来了辐射效应。特别是近几年上海市委市政府提出“创新驱动、转型发展”战略以来，上海产业链发生了巨大变化，正在向周边城市延伸，产业转移与产业集聚效应、市场开放的深入发展以及浦东开发开放带来的体制机制创新使长三角区域城市进一步加强了经济合作以及推行区域城市经济协调发展的要求日益突出。而上海作为长三角区域城市经济协调的龙头老大，已经完全具备了各方面的条件。① 从我国长三角区域城市经济结构的现状看，上海具有其他城市所无法替代的区位优势，主要表现在：

(1)地缘优势突出。上海北界长江，东濒东海，南临杭州湾，西接江苏、浙江两省。地处南北海岸线中心，长江由此入海，交通便利，腹地宽阔，与苏浙两省并称为长三角经济圈，由此还可以覆盖到安徽、江西、福建等泛长三角区域，这种地理位置的优越性是显而易见的。

① 陈晓云等：《2006长江三角洲城市经济协调发展报告》，上海三联书店出版社，2007年，第10页。

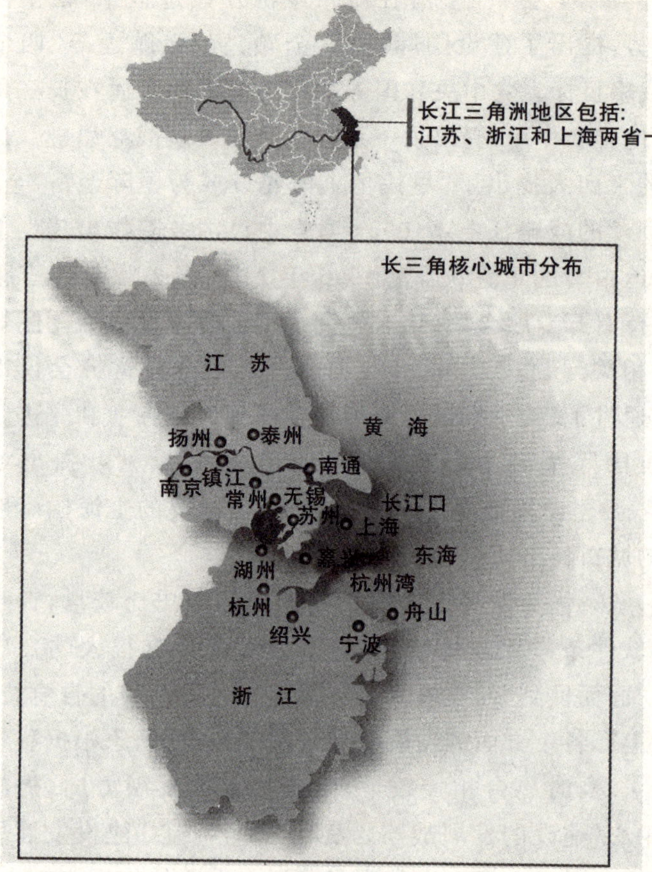

图 1—1 长三角在中国的位置

资料来源:参阅:《长江三角洲产业地图》(2006—2007),社会科学文献出版社,2006 年,第 2 页。

(2)经贸优势凸显。新中国成立以来,上海作为国际化大都市,是我国经济贸易中心,在长三角区域城市经济协调发展中具有举足轻重的地位,上海凭借其独特的地理位置和政策导向得到了快速发展。特别是从 20 世纪 80 年代以后,上海作为长三角区域城市经济与贸易中心的优势地位日益凸显。如上海港货物吞吐量和集装箱吞吐量每年以超过 20%的速度增长,每年完成的外贸吞吐量占全国沿海主要港口的 20%左右,长三角区域城市通过上海港进出口的货物量,约占上海港货物吞吐量的2/3。为此,上海在城市经济发展过程中,根据自身经贸优势,提出了建设国际经济、金融、贸易、航运等“四个中心”的战略目标。党中央和国务院也高度重视上海在长三角城市中的地位和作用,提出了一系列重要的发展战略思想。1992年,党的十四大提出了“尽快把上海建设成为国际经济、金融、贸易中心”的战略任务。1995年,党中央国务院作出建设上海国际航运中心的重大决策。1996年1月,国务院总理李鹏在上海主持召开专题会议,重点研究了把上海建设成为国际航运中心的相关问题。[①] 2009年3月25日,国务院常务会议审议并原则通过了《关于推进上海加快发展现代服务业和先进制造业、建设国际金融中心和国际航运中心的意见》,提出了在2020年“要建设以上海为中心、以江浙为两翼的上海国际航运中心”的城市经济协调发展战略目标。

(3)政策优势明显。上海自身发展的历史比较早,自身的硬件和软件条件比较优越,在各个方面都具有很大的发展空间。但“面面俱到”的发展方式不仅不能突出上海的自身特点,反而使上海各个方面的发展受到牵制。为此,国家根据科学发展观要求,及时出台相关政策,明确了重点发展方向,提出了“两个中心”建设的发展战略目标。“两个中心”建设发展战略目标的提出对于上海未来发展起着至关重要的作用,它为上海的未来作了定位、为上海的发展明确了方向、为突出上海区位优势地位以及辐射长三角城市经济协调发展等方面提供了良好的制度环境。

二、可行性分析

我们从国家出台的这些《意见》和《规划》中可以看出,加快推进上海“两个中心”建设,对带动长三角区域城市经济协调发展与服务是至关重要的。

---

① 吴明华:《“两个中心”:上海在新起点上向国家战略目标冲刺》,《航海》,2009年第3期,第28～30页。

1. 上海国际金融中心建设

从国务院出台的《意见》中可以看到，上海国际金融中心建设的主要任务，就是金融市场体系的建设、金融机构和业务体系的建设、金融服务水平的提升及金融发展环境的改善。这就要求上海到2020年基本建成与我国经济实力以及人民币国际地位相适应的国际金融中心。因此，在推进国际金融中心建设的过程中，要充分发挥上海金融市场体系比较完备的优势，进一步加强金融市场体系建设，完善金融服务设施和布局，在金融市场、金融机构、金融产品、金融业务等方面推进改革创新的先行先试，率先扩大金融业对外开放，有利于在长三角区域城市不断拓展金融市场的广度和深度，不断提升金融服务水平，不断提高金融监管水平，完善具有国际竞争力的金融发展环境。上海"两个中心"建设对长三角区域城市具有较强的辐射作用。国务院在《关于进一步推进长江三角洲地区政府开放和经济社会发展的指导意见》中指出，上海要"坚持率先发展，加强与周边地区和长江中上游地区的联合与协作，强化服务和辐射功能，带动中西部地区发展；坚持一体化发展，统筹区域内基础设施建设，形成统一开放的市场体系，促进生产要素合理流动和优化配置"。[①] 因为，从城市经济发展史上看，江浙沪"两省一市"是我国现代城市发育较早、城市化水平较高、城市体系较为完备的地区之一，客观上形成了我国长三角区域城市经济协调发展的格局。目前，这个区域以仅占全国总量2%的土地面积，积聚了全国10%的人口，却创造了占全国总量20%的GDP，成为我国综合实力最强的区域，而上海又处于长三角经济区的核心。因此，国务院提出建设"两个中心"的区域发展战略，不仅为上海经济发展增添了巨大的动力，也推动了长三角区域城市经济的协调发展。江苏省发改委区域经济处处长陆建康所说，建设"两个中心"，不仅是上海的利好，更是整个长三

---

① 参阅：《国务院关于进一步推进长江三角洲地区改革开放和经济社会发展的指导意见》，中国政府网站，2008年9月16日。

角区域的重大利好。[①] 也就是说，加快上海国际金融中心建设，必将对长三角区域城市经济协调发展起到很强的辐射作用。具体表现在：

(1)在资金方面辐射长三角区域城市。上海作为国际金融中心，必然会吸引大量的外资进入，而外资的进入又将成为中国改革开放以来经济发达地区经济发展的一个重要引擎。因为，资本聚集达到一定程度后，必将会引发资本向周边和外围扩散。经济中心城市通过聚集和辐射两种基本运动形式与周边城市以及经济腹地间保持着紧密的联系。引起资本扩散的原因有二：一是随着资本投入的增长，其边际效用将递减，使用效率不断下降。二是在中心城市运营成本递增的情况下，外国公司或机构会考虑将厂房及销售机构向成本较为低廉的周边城市转移。在中国目前劳动力密集但资本相对匮乏的条件下，外商资本的扩散流动能力便成为构成中心经济辐射作用的一个重要因素。[②] 为此，上海成为国际金融中心，将在资金方面对长三角城市起到很大的辐射作用。从长三角区域部分主要城市实际利用外资情况的比较中，就能看到这一点。

表1—1　长三角主要城市实际利用外资情况

实际利用外资(亿美元)　年份 城市	1998	1999	2000	2001	2002	2003	2004	2005	2006	2007
上海	29.54	30.47	31.60	43.92	50.30	58.50	65.41	68.50	71.07	79.20
苏州	28.42	28.56	28.83	30.22	48.14	68.05	50.33	60.05	61.72	73.8
杭州	3.84	4.2	4.31	5.03	5.22	10.09	14.1	17.13	22.55	28.02
无锡	10.51	10.01	10.82	13.57	19.45	25.6	31.94	25.17	27.52	27.72
宁波	5.03	5.2	6.22	8.74	12.47	17.27	21.02	23.1	24.3	25.1

资料来源：牛华勇：《中心城市对周边经济圈经济辐射力比较分析——基于北京和上海经济圈的案例》，《广西大学学报》，2009年4月第2期，第30页。

---

① 吴明华：《"两个中心"：上海在新起点上向国家战略目标冲刺》，《航海》，2009年第3期，第28～30页。

② 牛华勇：《中心城市对周边经济圈经济辐射力比较分析——基于北京和上海经济圈的案例》，《广西大学学报》，2009年4月第2期，第30页。

从表1－1可以看出，长三角区域部分主要城市利用外资量是随着上海外资的增加而增加的。同时，上海还拥有我国最大的股票交易所和其他商品期货交易所，是中国最有影响力的金融中心。到2007年底，在沪经营性外资金融机构就已逾130家，近年来又有所增加。随着浦东新区的不断开放，上海金融中心的地位会进一步加强，中资、外资金融机构将进一步集中于上海。上海将发挥更重要的资金聚散功能，成为中国企业、特别是长三角地区企业融资的重要场所。因此，上海国际金融中心的建设，将有力提升上海在长三角区域城市中资金方面的辐射作用。

(2)在技术方面辐射长三角区域城市。进入21世纪以来，跨国公司研发机构进入上海的步伐不断加快，是因为上海具有独特的区位和综合环境优势。到2007年底，250多家外资研发机构落户上海，成为上海吸收外资的一大亮点。国内外研究表明，在研发过程中，由于跨国公司与当地企业和机构存在紧密互动，东道国可能会获得更多的技术溢出利益。在对上海外资企业的实证调查中，80％以上的外资研发机构表示未来3～5年研发机构资金、人员投入将进一步扩大。① 需要指出的是，70％以上的外资单位将选择与本地高校进行合作，这将使得我国高校大学生获得进一步实践的机会。同时，由于就业竞争压力的不断增大，上海高校毕业生以及高层次专业技术人员越来越不满足在一个地方就业，而是不断突破地方限制，择业的地区不断地向长三角区域各城市扩展。从这个意义上讲，上海国际金融中心建设将对长三角区域城市产生强大的技术辐射作用。

(3)在人才方面辐射长三角区域城市。长期以来，上海成为我国精英人才的聚集地，特别是“十一五”期间以来，上海面

---

① 裘文进：《对上海外资研发机构技术外溢的实证研究》，《世界经济研究》，2008年第7期，第65页。

临加快国际金融中心建设、推进浦东新区综合配套改革试点、办好中国2010年上海世博会、国家规划长三角区域发展等重大机遇。大量的海内外人才进一步涌入上海（尤以金融人才为多），由于上海和周边城市的紧密合作，这些人才逐渐面向长三角区域各中小城市发展，在人员技术培训体系方面形成了长效的激励机制，在人才培养方面较好地辐射到长三角区域城市群。可见，当上海成为国际金融中心之后，将像纽约、东京一样，成为一个辐射中心，可以促进大量资金、技术、人才的涌入，可以促使我国金融市场规模不断发展、金融机构实力不断扩大、金融服务水平不断提高、金融发展环境不断改善、金融人才不断集聚、金融中心辐射功能不断加强，从而为长三角区域城市金融一体化提供强大的动力。上海在人才、资金、技术等方面对长三角区域经济发展产生辐射的同时，在其他方面与周边城市进行紧密合作，最终将大力提升长三角区域城市群的竞争力。①

2. 上海国际航运中心建设

从国务院出台的这些《意见》和《规划》中可以看到，上海国际航运中心建设的主要任务，就是要求到2020年基本建成具有全球航运资源配置能力的国际航运中心。这就要求上海优化现代航运集疏运体系，发展现代航运服务，建立国际航运发展综合试验区，实施有利于现代航运发展配套政策并促进和规范邮轮产业发展；要充分发挥靠近国际主航线的区位优势，整合长三角区域港口资源，形成分工合作、优势互补、竞争有序的港口格局，推进内河航道、铁路、空港设施建设，增强综合运输能力。因此，在上海国际航运中心建设中，一系列具体规划得到落实后，上海的地理优势和金融贸易优势必然会更加凸显，进而带动其他方面的共同发展。这巩固和发展上海在国际经

---

① 苏宁：《推进"长三角"金融协调发展与建设上海国际金融中心有效互动》，《上海金融》，2008年第1期，第5页。

济与贸易中的地位，为上海的发展注入新的活力，更有利于实现长三角区域城市经济协调发展。实现上海国际航运中心建设的目标，主要有三个路径：一是建设并形成以上海为中心，以江浙为两翼，以长江流域为腹地，与国内其他港口合理分工、紧密协作的东北亚国际枢纽港。二是形成规模化、结构优化的现代化港口集疏运体系以及上海航空门户复合枢纽，实现多种运输方式一体化发展。三是形成服务优质、功能完备的现代航运服务体系，营造便捷、高效、安全的口岸环境和现代国际航运服务环境，增强国际航运资源整合能力，提高综合竞争力和服务能力。① 从这三个路径来看，上海成为国际航运中心将对长三角区域城市经济协调发展与服务起到以下三个方面的辐射作用。

(1)在航运货源上辐射长三角区域城市。上海作为国际航运中心，拥有良好的地理位置，具有地处长三角经济带的优势。从货运需求上看，上海有很强的产业优势，加上大量的航商在上海集聚，可以促进枢纽港的形成和上下游服务业的发展。特别是从 20 世纪 90 年代以来，上海港本身的基础设施很好，上海港集装箱吞吐量逐年递增，继 2005 年港口货物吞吐量名列世界第一位之后，2007 年集装箱吞吐量已经超过香港，居世界第二位；2010 年成为世界上最繁忙的港口。② 上海港的发展必将促进上海与长三角区域其他城市的联动，从而充分发挥长三角区域城市组合港的作用。上海可以利用长江水道将其腹地延伸到广大中西部地区，积极融入国家西部开发和制造业向中西部地区转移等战略中，加大与西部地区城市的经济合作，因而为长三角区域城市的各个港口带来数额庞大的国内货源。

---

① 吴明华：《“两个中心”：上海在新起点上向国家战略目标冲刺》，《航海》，2009 年第 3 期，第 28～30 页。

② 安呈瑶：《上海国际航运中心建设实现重大突破的若干思考》，《水运管理》，2008 年第 12 期，第 7 页。

另外，上海成为国际航运中心，其重要的国际地位也将为长三角区域城市的各个港口带来大量的国际货源。所以，上海将在货源方面对长三角区域城市产生辐射作用，能充分发挥上海国际航运中心的区位优势。

(2)在航运竞争上辐射长三角区域城市。上海成为国际航运中心是一项国家战略，也是一个整体性的区域概念。从客观上看，上海国际航运中心建设将会使上海处于长三角区域城市港口群的中心地位，在该区域内其他港口中起着示范带动作用，上海港先进的生产管理技术有可能会形成统一的管理理念，从而为长三角区域港口间引入良性竞争机制起着导向作用，有利于改变"各自为政"的过度竞争模式。只有从良性的竞争机制上辐射到长三角区域城市，才能让长三角区域内的航运优势互补，形成合力，不断推进长三角区域城市经济的协调发展。

(3)在航运合作上辐射长三角区域城市。上海成为国际航运中心就意味着，其一，它在长三角区域港口群的中心地位已经确立，上海国际航运中心地位带来的优质货源和先进技术等会加大对区域内港口群的整体指导，将使得长三角区域的港口充分发挥整体综合优势，增强国际航运的竞争力。其二，上海成为国际航运中心，将会进一步促进区域内各个港口的合作，使得苏浙沪两省一市通过加强资本合作、业务合作、技术合作等多方面的合作方式，形成你中有我、我中有你的新格局，最终突破长三角区域城市发展的行政界限，齐心协力打出长三角区域港口的"组合拳"，建设好真正意义上的国际航运中心。[①] 上海国际航运中心的建立将从各种航运合作方面进行渗透，形成合力，更好地辐射长三角区域港口经济的协调发展。

(4)在航运金融上辐射长三角区域城市。上海建设国际航

---

① 吴明华：《"两个中心"：上海在新起点上向国家战略目标冲刺》，《航海》，2009年第3期，第28～30页。

运中心和国际金融中心的两大优势是相辅相成的。从纽约、伦敦、东京、新加坡和香港等世界著名的五大国际航运中心看,这些国际航运中心与国际金融中心都是相伴而生的。事实表明,国际航运中心的形成与发展,离不开国际金融中心的支持。而上海正是具备了国际金融中心和国际航运中心的各种条件,才有利于更好地对长三角区域港口群进行辐射,有利于促进长三角区域城市的联动发展和整体竞争力的提高。

三、面临的问题

从上面的简要分析中可以清楚地看出,上海“两个中心”建设有利于促进长三角区域城市金融、贸易、信息、人才等资源优势集聚,同时也面临着一些不容回避的现实问题。从区域经济学角度看,各省市行政区划的限制往往会影响该区域的经济协调发展,在长三角区域城市经济发展中则面临着四个方面的不协调。

1. 微观经济基础不够协调

微观经济基础不够协调的原因,主要是企业所有制形式不同。因为,其一,长三角区域的企业所有制不是整齐划一的,它们都有自己的特点。例如,上海市具有国有企业比重大的特点,约占全市国民生产总值的50%,市场化整合力度不够。尤其是科研院所比较多,研究成果也相对较多,但转化为生产力的能力不高,在其他省市中也难以转化。浙江省具有民营企业主导全省经济发展格局和发展方向的特点,但企业是自发成长型,一般以家族式管理为主体,企业规模总体不大,难以在区域性城市资源整合中发挥重要作用。江苏省企业是政府主导下的成长型企业,同时具有外资企业众多的特点,这些企业发展到一定程度就想外迁至上海市,难以在其他中小型区域城市中发展。[1] 这三种不同类型的企业如何进行资源整合与经济协调是比较困难的，这就从客观上弱化了长三角区域城市经济发展的协调性。其二，长三角区域城市金融一体化过程中出现"以偏概全"现象，这是由于上海本身就是长三角城市区域的核心，再加上"两个中心"的重点建设，在金融一体化的建设中就很容易出现只关注上海而忽视长三角区域的其他城市，将金融一体化局限在上海一个"中心"上的现象。如不注意这个问题，就难以达到上海要"服务全国、服务长三角"的目标定位，从而就有可能失去建设"两个中心"的深远意义。目前的金融监管机构不能在长三角范围内实行统一的监管，而只是针对上海的金融业务进行较完善的监管；金融服务体系不能在长三角范围内实行统一的业务，出现大部分资金都涌入上海、苏浙两省的中小企业经常出现资金周转难的被动局面；金融信息平台还没有完全建成，还不能实现在长三角区域城市范围内实现金融技术信息的自由流动等。这些就有可能对长三角区域城市经济协调发展造成一定的负面影响。

2. 合作共赢机制不够协调

从长三角区域城市各自制定的"十二五"经济发展规划看，基本上都是立足于本地区经济社会发展的实际，同时，也探索利用其他城市经济发展优势的可能性，并希望对方能为自己提供更多的市场交易空间和服务平台，以此来促进产业发展和升级，实现本城区经济利益的最大化。但是，各城市又担心城市之间合作损害自身利益，这就产生了一些城市不愿与其他城市制定合作共赢的产业发展政策和经济协调发展规划的现象。例如，有些港口城市、产业集聚力很强的城市，为了区域一体化发展而让出了某些利益，结果却是有利于某些其他区域城市的

---

① 陈晓云等：《2006 长江三角洲城市经济协调发展报告》，上海：生活·读书·新知三联书店，2007 年，第 26 页。

发展，[1]这就形成了新的区域经济利益分享不公现象。长三角区域城市航运中心建设中之所以出现不良竞争现象，是因为长三角区域城市政府部门之间存在利益驱动和区位分工。20世纪90年代，中央在规划上海国际航运中心时提出“以上海为中心，江浙为两翼”的组合港概念，为此，交通部和上海市、江苏省、浙江省联合组建组合港管理委员会及其办公室，以协调港口间的规划、建设与合作。但是，在我国市场经济体制下，经济主体之间由于存在自主性和功利性，客观上导致了上海港及其周边城市港口之间的货源竞争日趋激烈，各港纷纷采取加快城市港口基础设施建设、降低港口使用费、减少交通运输收费等措施以吸引客户，出现了城市港口之间的不良竞争，上海国际航运中心建设步伐因而减慢，长三角城市的整体航运能力也削弱了，难以满足日益快速增长的区域经济协调发展的需求。所以，为了在长三角区域真正建成上海国际航运中心和国际港口群、提高整体国际竞争力，只有加强长三角区域城市港口之间的密切合作，[2]才能促进长三角区域城市内各个港口建设的协调发展。

3. 组织机构设置不够协调

从历史上看，党中央和国务院历来重视长三角区域经济协调发展的组织管理机构设置问题，先后设置了大行政区管理体制(1950)、华东协作区体制(1957)、中央局体制(1961)、上海经济区机制(1982)、长三角城市经济协调会(1992)、苏浙沪经济合作与发展座谈会合作机制(2000)，[3]这些组织机构的设置和更替，适应长三角区域城市经济不断发展的客观需要，在推进

---

① 陈晓云等：《2006长江三角洲城市经济协调发展报告》，上海：生活·读书·新知三联书店，2007年，第27页。

② 何骏：《上海建设国际航运中心的思考》，《现代经济探讨》，2007年第2期，第26页。

③ 陈晓云等：《2006长江三角洲城市经济协调发展报告》，上海：生活·读书·新知三联书店，2007年，第3～14页。

长三角区域城市经济协调发展中起到了积极作用。但是，从真正发挥作用的要求来看，还存在不够协调的现象，远未达到预期效果。从政府部门运作实践看，长三角区域包含两省一市，隶属于三个相互独立的行政区划单位，在协调上存在很大的难度。虽然三个地区一直在努力探索加强相互协调的路径，但在建设上海“两个中心”的过程中，还会因为各个地区的利益而出现各自为政的局面，特别是上海处于龙头地位，在其建设的过程中更要充分考虑苏浙两省城市的发展需要。否则，对长三角区域城市的整体发展是不利的，也有可能失去建设“两个中心”的战略意义。

4. 区域法律实施不够协调

从长三角区域城市经济法律实施看，长三角区域城市经济运行至今还没有一部比较统一协调的法律法规，在推进长三角区域城市经济协调中就必然缺乏统一的法律框架和相应的管理职能，这就造成行政区域壁垒和地方性法规抵触的不良现象。近年来，苏浙沪三地政府部门为了有序推进城市经济协调发展，相继出台了一系列地方性规范文件（见表 1－2），在推进城市经济协调发展中起到了一定的规范和引导作用。

表 1－2　苏浙沪近三年出台主要规范性文件一览表

区域名称	2009 年	2010 年	2011 年
上海市	《上海市产业结构调整专项扶持暂行办法》、《上海市城市网络化管理实施暂行办法》、《上海市鼓励跨国公司设立地区总部的规定》、《关于开展小额贷款公司试点工作的实施办法》、《上海市市长质量奖管理办法》（试行）、《促进国际服务外包产业加快发展的若干政策措施》等。	《关于促进服务外包产业发展的实施意见》、《关于促进知识产权质押融资工作的实施意见》、《关于推进信息化与工业化融合促进产业能级提升的实施意见》、《上海市集聚金融资源加强金融服务促进金融业发展的若干规定》等。	《上海市“十二五”规划纲要》（2011 年 1 月 21 日上海市第十三届人民代表大会第四次会议批准）、《关于进一步规范和加强行政执法工作的意见》等。

江苏省	《关于进一步提升开发区发展水平的意见》、《江苏省环境资源区域补偿办法》、《关于进一步支持苏北地区加快发展的政策意见》、《江苏省农民工权益保护办法》等。	《关于促进外向型农业持续稳定发展的意见》、《关于加快推进工业结构调整和优化升级的实施意见》、《关于进一步加强共建园区建设政策措施的通知》、《关于加快推进基本医疗保障制度建设的意见》等。	《江苏省"十二五"规划纲要》(江苏省人民政府于2011年3月22日发布)、《关于促进沿海开发若干政策意见》、《关于鼓励和引导民间投资健康发展的意见》、《关于进一步促进中小企业发展的实施意见》等。
浙江省	《关于进一步加快发展现代物流业的若干意见》、《关于促进全省外贸稳定健康发展的意见》、《关于开展小额贷款公司试点工作的实施意见》、《关于金融业深化改革加快发展的若干意见》、《关于金融服务"三农"发展的意见》、《关于进一步加快发展服务业的实施意见》等。	《创业风险投资引导基金管理办法》、《关于促进小额贷款公司健康发展的若干意见》、《关于搞活流通扩大消费的实施意见》、《关于加快推进基本公共服务均等化进一步改善民生的若干意见》、《关于进一步加大力度开拓国际国内市场的若干意见》等。	《浙江省"十二五"规划纲要》(浙江省人民政府于2011年2月25日发布)、《关于进一步加快中心镇发展和改革的若干意见》、《关于促进中小企业加快创业创新发展的若干意见》、《关于创建浙江省现代服务业集聚示范区的意见》等。

资料来源：根据河海大学出版社2009、2010、2011年出版的《长三角年鉴》整理。

但是，这些地方性规范文件主要适用于本省区城市经济协调发展范围，对其他省区城市经济协调运行没有法律约束力和引导力，在长三角城市经济协调发展与服务中就不可避免地产生许多矛盾和问题，最突出的有以下几个方面。一是由区域内各城市存在产业经济结构趋同化现象，产业之间存在盲目竞争和恶性竞争。例如汽车工业重复建设，目前该区域整车和改装车企业就达百家，而且多数城市都把汽车工业列为支柱产业，盲目发展。① 除上海外，其他城市汽车工业都是产量低、规模小。二是区域内许多城市都建立各自的经济开发区，为了招商引资，各开发区相互以优惠政策来吸引有限的外部资金。各开

① 吴维扬等：《长三角率先实现现代化有示范效应》《中国经济时报》，2004年2月5日，第3版。

发区分布散，不注重保护和治理环境，致使大气、河流受污染、水土流失，同时又难以发挥集聚效益、规模效益。这是存在以行政区分割为特征的制度性矛盾所导致的。三是立法内容不统一。长期以来，长三角地方政府出台的规范性文件的适用范围仅限于本省区，就是对同一项目（如产业发展规划、社保条例等）的立法都是不一样的，有时以长官意志代替法律规定，管理者对立法程序的科学性缺乏足够的认识。四是一些城市经济部门和地方的领导干部从本部门、本地区的利益出发，不顾整体利益。如有的地方为了保证本地的财政收入，对假冒伪劣产品的制造和交易进行庇护以至纵容，同时限制外地商品进入本地市场，实际推行地区经济封锁政策。五是法律实施工作薄弱。有法不依、执法不严的现象在一些城市中还相当严重。有的领导干部习惯于用行政命令的方法开展工作，习惯于封建的“家长制”工作作风，搞“一言堂”，滥用权力，在减免税收、征用土地、摊派费用、裁定罚没款等问题上，越权减免。少数司法和行政执法人员缺乏职业道德，不择手段地牟取个人私利，执法犯法，甚至贪赃枉法。有的与犯罪分子相勾结，玩忽职守，徇私枉法，充当犯罪分子的保护伞，甚至直接参与违法犯罪。因此，在长三角地区推进城市经济法律协调发展与服务中，必须采取措施解决这些问题，才能做到城市经济协调发展与法制建设同步进行。也就是说，没有相应的法律法规作保障，就难以实现长三角区域城市经济协调与服务这个大目标，也就难以推进长三角区域经济一体化发展的进程。

四、若干政策建议

从上面的分析中可以看到，建设上海“两个中心”对长三角区域城市经济协调发展具有重大的辐射作用，当然，在建设中可能会出现问题。因此，我们认为，要发挥上海“两个中心”建设对长三角区域城市的辐射力，就必须将上海“两个中心”建设和长三角区域城市经济协调发展与服务统一起来考虑，建立和完善四个协调机制。

1. 建立和完善长三角区域城市金融协调机制

在现代市场经济条件下，金融是现代经济的核心，也是一个区域城市经济协调发展与服务的核心。这就决定了长三角区域城市经济协调发展与服务的核心仍然是金融协调问题，这是推进长三角区域城市经济协调发展的前提条件。上海作为国际金融中心，在国家战略和市场机制的共同作用下，政策、资金、机构、人才等金融创新要素日趋完备，[①]在长三角区域城市经济发展中处于“领跑者”的地位。

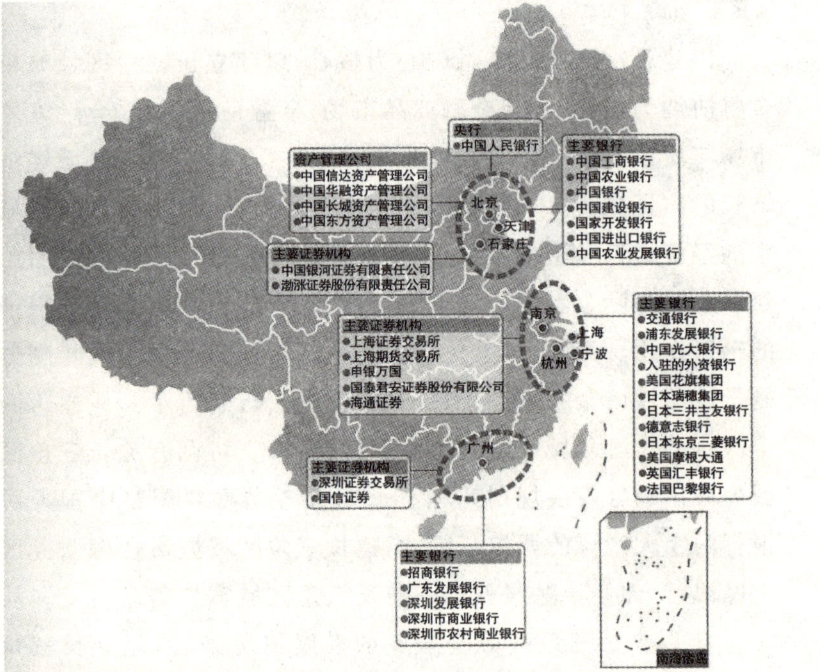

图 1—2 中国三大经济区主要金融机构

近年来，中国金融业市场化进程加快，金融中心建设取得

---

① 阎彦明：《聚焦陆家嘴金融城：上海国际金融中心建设的新境界》《上海经济发展报告(2010)》，社会科学文献出版社，2010 年，第 72 页。

新进展，金融服务功能不断增强。2005 年，长三角的存款余额为 63113.4 亿元，贷款余额为 47490.6 亿元，分别居三大经济区之首。

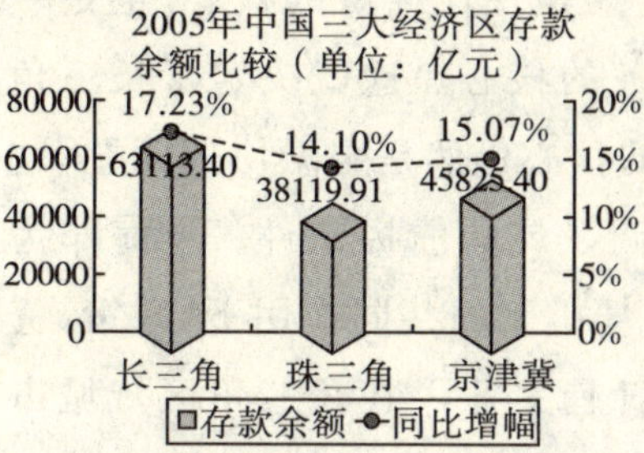

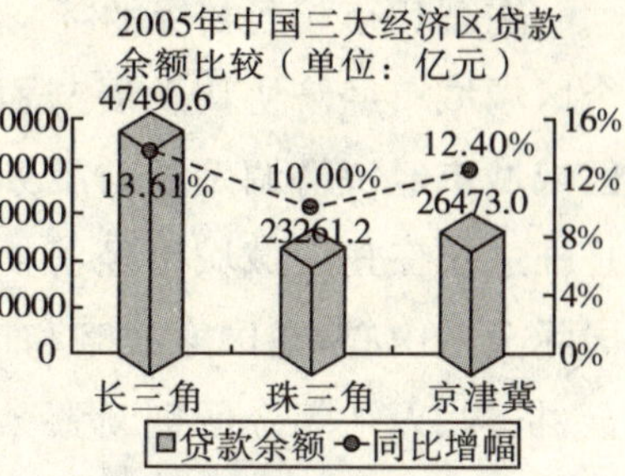

资料来源：参阅：《长江三角洲产业地图（2006—2007）》，社会科学文献出版社，2006 年，第 9 页。

以建设上海国际金融中心为核心，以建立长三角区域城市金融协调为主体，实现金融产品市场、金融信息市场、金融人才市场与城市经济的协调发展。刘桂荣在《金融发展与区域经济增长的实证分析》中通过多年的实证分析，认为长三角区域城市的经济增长和金融发展之间呈高度正相关的关系，①说明了建设上海国际金融中心对长三角区域城市金融协调具有很强的辐射作用。为此，一是建立长三角区域城市金融协调管理体制。按照城市金融协调管理的要求，由人行总行牵头成立跨两个区行的长三角城市金融协调管理局，负责协调有关长三角区域内城市金融发展规划问题。远期可考虑重新调整中国人民银行两个大区行的调控范围，组建长三角区域城市金融服务区人民银行，促使金融服务统一向长三角区域客户需求转变。从 2005 年以来长三角区域金融业的发展情况来看，建立长三角区域城市金融协调管理体制的条件已经基本具备，上海的资本市场、货币市场等功能不断向其他城市扩散，开拓多种融资渠道，优化区域内金融资源的配置，从而使上海“两个中心”建设

① 吴柏均、钱世超：《政府主导下的区域经济发展》，华东理工大学出版社，2006 年，第 363 页。

更好地在长三角区域城市经济协调中发挥辐射作用。二是加快建立长三角区域城市金融协调运行体系，按照城市金融协调发展的要求，由上海银监会牵头组建长三角区域城市金融协调运行局，负责协调有关长三角城市范围内的金融协调运行问题，主要制定一系列量化准入指标，如资本总额、资本充足率等，明确金融控股集团的设立条件和业务范围，为区域内经济主体按照规范操作提供保证。三是加快建立长三角区域城市金融交易信息平台。按照城市金融协调服务的要求，依托上海中国外汇交易中心已有的网络资源，以辖区人民银行各省会中心城市支行为网络服务结点，组建和开通区域城市金融产品交易信息网，为区域内城市金融机构有序地参与市场交易提供必要的市场平台，[①]才能使得金融协调机制成为推进长三角区域城市经济协调发展与服务的重要条件。

2. 建立和完善长三角区域城市经济运行协调机制

推进长三角区域城市经济协调发展是国家战略，当然需要政府来引导。但是，长三角区域城市经济运作又是在市场经济体制下进行的，这就需要以企业为主导来实现其城市经济协调发展这个大目标，这是推进长三角区域城市经济协调发展的核心内容。要实现这种“双导”模式的城市经济运行协调机制，必须创造条件努力做到：一是正确处理好城市经济运行中政府与市场的关系。坚持“政府搭台、企业唱戏”的发展思路，科学建立层次性利益分享机制。因为，我们在对长三角区域城市经济的调研中感到，推进长三角区域城市经济协调发展，是在各行政区划自然禀赋各异、生产要素不同的环境下进行的，这就需要创造平等竞争环境，使得各个城市经济主体之间有效建立平等竞争与合作共赢相结合的层次性利益分享机制，才能更好地进行城市经济协调与服务。为此，政府部门也只有在这种科学

① 刘志友：《构建“长三角”金融发达区的设想》，《数量经济技术研究》，2008年第12期，第28～30页。

发展的理念指导下，才有可能根据合作共赢的原则，在金融服务、信息服务、生态环境、产业集聚、现代物流等方面制定城市经济协调发展政策。二是要切实解决长三角区域内城市公共交通便捷化问题，这是长三角区域城市经济运行协调的必要条件。我们通过对苏浙沪两省一市诸多城市进行调研发现，苏浙沪城市公共交通的统一协调机制已经基本形成，使得16座中心城市、55座中等城市、1446个小城镇全部纳入“3小时都市圈”。[①] 一张纵横交错、通江达海的快速公共交通网络正在长三角区域城市中逐步形成。三是充分利用苏浙两地沿江、沿海现有的港口条件和资源优势，发挥浙江沿海、江苏沿江港口群体的作用，加大长江口及杭州湾海域港口资源综合开发的力度，并协调好两省一市沿海沿江岸线资源的合理开发及科学管理，[②]为长三角区域城市经济协调运行奠定坚实基础。四是建立苏浙沪中心城市核心数据资源库信息共享平台，使得诸如宏观经济、金融、航运、企业融资、物流、外贸进出口等各种经济信息以最快的时间自由流动，使得长三角区域中心城市在金融服务、信息服务、生态环境、产业集聚、现代物流等方面实现优势互补，以便更好地形成具有竞争力的产业生态链，[③]从而降低城市经济运行中的协调成本，使得城市经济资源得到最好的有效配置和最有效的运行。

---

① 刘志友：《构建“长三角”金融发达区的设想》，《数量经济技术研究》，2008年第12期，第28～30页。

② 周振华：《21世纪初长江三角洲地区合作与发展：态势、模式、机制》，国家社会科学基金1999年项目（批准号99BJL044）研究成果，1999年。

③ 朱森良：《经济一体化网络需先行》，《浙江省政协九届三次常委会议长江三角洲经济合作与交流课题调研和发言材料汇编》，2003年，第155～159页。

图 1—3　规划中的长三角城际轨道交通网

资料来源：参阅：《长江三角洲产业地图(2006—2007)》社会科学文献出版社，2006 年，第 19 页。

3. 建立和完善长三角区域城市间的政府协调机制

目前，国家已经出台了《长江三角洲地区区域规划》，对长三角区域内各城市经济协调发展与服务起着指导性作用，这就需要研究市场化条件下建立和完善长三角区域城市间的政府协调机制问题。为此，一是苏浙沪制定的“十二五”经济社会发展规划应当在国家这个总规划的指导下进行修改并实施。同时，还要制定符合长三角区域城市经济协调发展要求的区域性法律规范，要通过成立相应的组织机构来履行相关职责，这是推进长三角区域城市经济协调发展与服务的根本保证。从珠三角区域城市经济协调发展的经验看，它们之所以基本上实现了有效的经济布局和利益协调，其中一个重要原因，就在于珠三角地区属于广东省行政区划，协调成本较低。而长三角区域城市却不一样，它隶属于多个省区，协调起来有难度。因此，在推进长三角区域城市经济协调发展与服务中，要结合长三角区域城市经济发展实际，科学建立和完善长三角区域城市间的政府协调机制。二是建立一种“统一规划、灵活运行、科学管理”三位一体的协调机制，覆盖长三角区域各个城市。目前已有的交流和协调机制有长三角区域中心城市经济协调会、沪苏浙经济合作与发展高层座谈会等，但还需要进一步强化，其具体内容可以包括“长三角交通管理与规划”、“长三角工商管理和监督”、“长三角水务管理”和“长三角环境保护”等。[①] 三是强化长三角区域城市间的政府服务功能。政府应该在区域统一市场、基础设施、金融服务、信息共享平台、产业集群、城市体系、物流、生态环境保护等重点领域提供服务，更好地发挥本区域内各自县域经济优势，尽可能避免产业结构趋同，从而达到长三角区域城市经济协调发展与服务的战略目标，[②]这是城市经济协调发展与服务所必须解决的根本问题。

4. 建立和完善长三角区域城市经济法律协调机制

为了从法律法规上保障长三角区域城市经济协调发展与服务这个大目标的实现，要努力做到：(1)必须正确认识建立和完善长三角区域城市经济法律协调机制的迫切性。因为，一是长三角城市经济是主体多元化的。就其经济成分而言，包括国有企业、集体企业、个体企业、私营企业、中外合资企业、中外合作企业、外商独资企业、各种混合联合体等经济实体。这些经

① 沈玉芳：《长三角区域竞争、合作和联动发展》，《中国经济时报》，2004年2月2日。

② 吴维扬等：《长三角率先实现现代化有示范效应》《中国经济时报》，2004年2月5日，第3版。

济主体之间存在着复杂的产权关系、经营关系和交换关系。只有对这些复杂的经济关系加以法律引导和规范，使其各自的责权关系明晰化，能够独立享有民事权利并承担刑事责任，才能使各种经济主体依法参与长三角产业经济活动，保证长三角区域城市经济的协调发展。二是长三角区域城市经济是契约化经济。长三角区域城市经济运行使各种经济主体之间为实现一定经济目的而形成的合同关系和信用关系要求在法律上予以确认，成为受法律保护的一种契约关系。三是长三角区域城市经济是全面开放的经济。长三角城市群是中国改革开放的前沿阵地，它必然要打破地区和部门的界限，形成国内市场与国际市场相联系的经济协调与发展新体系，必然要求长三角区域城市经济法制化，以便与国际市场经济运行的一般法律规则相对应，依法促进城市经济向国际化方向发展。四是长三角区域城市经济主要是通过市场来运作的经济，而市场经济又具有负面性，主要表现为自发性、盲目性和波动性。在长三角区域城市经济发展中，市场经济的负面性也同样存在，如城市经济布局比例失调，盲目生产、重复建设现象较为突出，在一定程度上造成了人、财、物的巨大浪费，制约了长三角区域城市经济的协调发展。上述情况表明，要抑制市场经济的负效应，就必须加强法制建设，运用法律手段来规范市场经济主体的行为，维护长三角区域城市经济协调发展秩序，保证长三角区域城市经济在价值规律、供求规律、竞争规律的引导下，实现其合理配置社会资源的功能作用，从而更好地促进长三角区域城市经济的协调发展。(2)必须建立和完善具有层次分明、和谐统一、操作性强等特点的法律协调机制。一是制定长三角区域城市经济协调与服务机构设置管理法。在国家层面上成立区域经济管理机构的基础上，应成立分支机构即长江三角洲经济协调与服务管理机构，下属各省市设立办事处，依法履行职责，依法调整长三角区域的产业布局，提高产业结构素质和效益，在优化配置及协调三、二、一产业发展的基础上，增强产品的市场竞争能力。依法大力扶植培育长江三角洲区域的航母型企业集团。依法有序开发长江三角洲区域的旅游资源，推进旅游产业化的进程。① 二是制定长三角区域城市经济协调与服务效益评估和质量互认条例。依法确认和评估各种投资主体的投资质量、投资效益以及长三角区域产业协调发展对全国经济发展的贡献。通过对长三角区域城市经济协调发展效益和服务质量进行评估，引导长三角城市经济向一体化方向发展。主要包括：基础设施建设一体化、产业结构布局一体化、城市功能一体化等。② 同时，要依法建立一套长三角区域城市经济协调发展效益和服务质量评估体系，形成统一的技术标准和服务质量互认标准。这对克服和防止地方因标准不统一而产生的矛盾、提高长三角区域经济协调与服务效果具有重要意义。三是制定长三角区域城市经济合作与竞争法。依法引导各地政府和企业树立全局观念，在国家《规划》指引下，加强区域分工与合作。依法统筹长三角区域产业发展规划，打破条块分割，扶持发展各地的优势产业，避免产业结构趋同化。依法加强城市之间的分工协作，实现优势互补，在国内外竞争中占据更加主动的位置，为国家经济发展作出更大的贡献。③ 四是制定长三角区域城市经济协调与服务金融保障法。主要包括：长三角区域城市金融调控、城市金融服务、城市金融监管、城市金融交易、城市金融信息网络运作等方面的法律规范。因为，通过制定长三角区域城市经济协调与服务金融保障法，在区内才能逐步完善城市金融组织体系、城市金融调控体系、城市金融监管体系、城市

---

① 林丰：《长江三角洲区域经济发展研究》《上海综合经济》2001 年，第 5 期。

② 林峰：《长三角经济一体化的特点和趋势》《人民网》2003 年 12 月 29 日。

③ 吴维扬等：《长三角率先实现现代化有示范效应》《中国经济时报》，2004 年 2 月 5 日，第 3 版。

金融市场体系、城市金融服务体系等，实现在长三角区域范围内各类金融活动的有效性和有序化。同时，有利于提高该区域城市金融监管水平，理顺政府与企业和银行的法律关系，及时消除金融安全隐患，逐步形成有法必依、执法必严、违法必究的金融法制化环境。同时，要制定长三角区域产业发展税收法，对本区域内进出口商品实行统一税种、统一税率、统一优惠政策。另外，针对区域内就业、劳务和社会保障发展不平衡现象，制定长三角区域产业发展保障法，缩小长三角区域内社会保障差距，取消各城市间的隔阂，逐步达到长三角区域城市社会保障一体化水平。五是制定长三角区域城市经济协调发展环境保护法。为了做好长三角区域城市环境保护工作，必须依法禁止有污染的项目开发，重视本区域生态环境保护，依法建立三省市生态建设和环境保护的合作机制，重点抓好联合执法检查，为发展区域城市经济创造一个良好的环境，努力实现人与自然关系的和谐统一，真正为实现长三角区域城市经济协调发展与服务提供有效的法律保障。

综上所述，我们研究长三角区域城市经济协调发展与服务这个课题，主要是以国务院出台的《意见》和《规划》为依据，同时，根据上海市委市政府提出的“创新驱动、转型发展”的战略要求，把上海“两个中心”建设和长三角区域城市经济协调发展有机地结合起来，进行可行性分析，主要从城市金融发展、城市产业集群、城市环境保护、城市信息资源共享、城市物流等重要领域展开尝试性探索，为有效推进长三角区域城市经济协调发展与服务创造更加有利的知识创新环境，以更好地推进长三角区域经济健康、稳定和协调发展。

第二章　长三角区域城市金融协调与服务研究

金融是现代经济的核心，也是长三角区域城市经济的核心。国务院出台的《意见》和《规划》中也对推进长三角区域金融协调与服务提出了明确要求。① 本章所研究的长三角区域城市投融资协调与服务，主要指大长三角区域的范畴，即上海市与江苏、浙江两省的在投融资协调与服务方面的区域合作。长三角区域城市金融协调与合作是长三角区域经济一体化发展目标的重要组成部分。通过金融合作促进长三角区域经济、金融的协调联动进而推动长三角地区的共同发展，促进长三角区域在国内金融市场一体化进程中核心地位确立，并为长三角区域金融市场国际化创造有利条件。

一、长三角区域城市金融协调与服务的背景分析

长三角地区是我国经济最具活力、最发达的地区，是我国综合实力最强的区域，同时也是世界六大城市群之一，在我国社会主义现代化建设全局中具有重要战略地位和带动作用。国家对长三角地区发展的高度重视、当地社会经济金融的巨大发展，为该区域城市投融资协调与服务发展提供了有力的支撑。

---

① 2010年3月在浙江嘉兴召开的长三角城市经济协调会第十次市长联席会议宣布，长三角核心城市群扩容，在此前16个城市的基础上又增加了盐城、淮安、金华、衢州等4个苏浙城市和合肥、马鞍山2个安徽城市，使城市数增至22个。

1. 中央支持长三角地区发展的重要政策

长三角地区经济社会发展对服务全国大局、推动区域经济一体化、带动周边发展具有重大意义，对于推进体制创新、健全体制机制、增强我国国际竞争力也具有举足轻重的作用。因此，中央对长三角地区的发展一直高度重视，2008 年以来，相继批准出台了《意见》、《规划》、《国务院关于推进上海加快发展现代服务业和先进制造业建设国际金融中心和国际航运中心的意见》(以下简称《上海“两个中心)意见》等重要政策文件。

(1)2008 年 9 月 7 日，国务院发布《意见》。它明确指出，一是要“把长江三角洲地区建设成为亚太地区重要的国际门户、全球重要的先进制造业基地、具有较强国际竞争力的世界级城市群……到 2020 年，形成以服务业为主的产业结构，三次产业协调发展；在重要领域科技创新接近或达到世界先进水平，对经济发展的引领和支撑作用明显增强；区域内部发展更加协调，形成分工合理、各具特色的空间格局；主要污染物排放总量得到有效控制，单位地区生产总值能耗接近或达到世界先进水平，形成人与自然和谐相处的生态环境；社会保障水平进一步提高，实现基本公共服务均等化”。二是实施发展面向生产和民生的服务业、发展旅游业、改善服务业发展环境等措施，以加快发展现代服务业，形成以服务业为主的产业结构；通过做大做强高技术产业和优势支柱产业、优化空间布局、提升企业竞争力，来推进工业结构优化升级、建设国际先进制造业基地；通过发展现代农业、完善农业生产经营流通等服务体系、深化农村改革、推进城乡一体化，来统筹城乡发展、推进社会主义新农村建设；通过构建具有国际竞争力的区域创新体系、实现关键领域和核心技术的创新突破、营造鼓励自主创新的政策环境、加强创新型人才的培养和引进等途径，来推进自主创新、加速建设创新型区域；通过构建完备的城镇体系、完善和提升各类城市功能、提高城乡规划和建设管理水平等措施，将长三角地区培育成具有较强国际竞争力的世界级城市群；通过完善综合交通运输体、构建区域能源安全体系、改善水利基础设施、改进和健全信息基础设施，推进重大基础设施一体化建设，以增强区域发展的支撑能力；通过提高土地节约和集约利用水平、推进节能降耗、强化环境保护和生态建设，来推进资源节约型和环境友好型社会建设，提高长三角地区可持续发展能力；通过加强社会文化建设、推进社会事业发展、完善就业和社会保障体系、强化对外来人口服务和管理，加强长三角地区文化建设和社会事业建设，促进经济社会协调发展；通过推进行政管理体制改革、推进非公有制经济发展和国有企业改革、加快市场化进程、构建规范透明的法制环境、推进重大改革试验等举措，着力推进改革攻坚，在长三角地区率先建立完善的社会主义市场经济体制；通过转变外贸增长方式、提高利用外资质量、加快企业“走出去”步伐，提升长三角地区对外开放水平。可见，《意见》对长三角地区进一步推进改革开放和经济社会发展提出了明确的要求，作出了详细的部署，成为指导长三角地区发展的纲领性文件，江苏省、浙江省和上海市都依据这一指导意见制定了与本省市相适应的《实施方案》，作为指导本地和区域协调发展的政策性依据。

(2)国务院《上海“两个中心”意见》。上海在长三角地区具龙头地位，推进上海加快发展现代服务业和先进制造业，加快建设国际金融中心、国际航运中心和现代国际大都市，有利于上海发挥比较优势和综合优势，更好地发挥带动示范作用，服务长三角地区、服务长江流域、服务全国。2009 年 4 月 14 日，国务院发布《上海“两个中心”意见》。它提出，一是在国际金融中心建设方面，“到 2020 年，基本建成与我国经济实力以及人民币国际地位相适应的国际金融中心；基本形成国内外投资者共同参与、国际化程度较高，交易、定价和信息功能齐备的多层次金融市场体系；基本形成以具有国际竞争力和行业影响力的金融机构为主体、各类金融机构共同发展的金融机构体系；基本形成门类齐全、结构合理、流动自由的金融人力资源体系；基本形成符合发展需要和国际惯例的税收、信用和监管等法律法规体系，以及具有国际竞争力的金融发展环境”；二是在国际航运中心建设方面，“到 2020 年，基本建成航运资源高度集聚、航运服务功能健全、航运市场环境优良、现代物流服务高效，具有全球航运资源配置能力的国际航运中心；基本形成以上海为中心、以江浙为两翼，以长江流域为腹地，与国内其他港口合理分工、紧密协作的国际航运枢纽港；基本形成规模化、集约化、快捷高效、结构优化的现代化港口集疏运体系，以及国际航空枢纽港，实现多种运输方式的一体化发展；基本形成服务优质、功能完备的现代航运服务体系，营造便捷、高效、安全、法治的口岸环境和现代国际航运服务环境，增强国际航运资源整合能力，提高综合竞争力和服务能力”。三是对于国际金融中心建设，要着重加强金融市场体系建设、加强金融机构和业务体系建设、提升金融服务水平、改善金融发展环境；对于国际航运中心建设，要重点优化现代航运集疏运体系、发展现代航运服务体系、探索建立国际航运发展综合试验区、完善现代航运发展配套支持政策、促进和规范邮轮产业发展。四是要“以现有制造能力为基础，以调整、优化和提高为方向，以研发、创新和增值为重点，不断提高制造业的核心竞争力和产业附加值”，以加快推进先进制造业和技术先进型服务企业的发展。

(3)《规划》。为贯彻落实《意见》、提升长三角地区整体实力和国际竞争力、深入实施区域发展战略，2010 年 6 月 7 日，国务院批准实施《规划》。依据《规划》要求，一是长三角地区发展的战略定位为亚太地区重要的国际门户、全球重要的现代服务业和先进制造业中心、具有较强国际竞争力的世界级城市群。其发展目标是到 2015 年，率先实现全面建设小康社会的目标；到 2020 年，力争率先基本实现现代化。“形成以服务业为主的产业结构，三次产业协调发展；在重要领域科技创新接近或达到世界先进水平，对经济发展的引领和支撑作用显著增强；区域内部发展更加协调，形成分工合理、各具特色的空间格局；生态环境明显改善，单位地区生产总值能耗接近或达到世界先进水平，形成人与自然和谐相处的良好局面；社会保障水平进一步提高，实现基本公共服务均等化；人民生活更加富裕，生活质量显著提高。”二是通过完善和提升各类城市功能、优化城镇人口布局、推进城乡一体化，来促进城镇发展与城乡统筹；通过优先发展现代服务业、做强做优先进制造业、加快发展新兴产业、巩固提升传统产业，推进产业发展、改进产业布局；通过建设区域创新体系、提高技术创新能力、营造有利于自主创新的政策环境，来增强自主创新能力、加快创新型区域建设；通过完善交通通道建设、加快综合枢纽建设、推进能源基础设施建设、改善水利基础设施、健全信息基础设施，来推进基础设施建设与布局；通过合理利用土地资源、加强生态建设与环境保护，来提高资源利用、强化生态环境保护；通过优先发展教育事业、提升医疗卫生服务水平、加快文化事业发展、完善就业和社会保障体系，来推进社会事业与公共服务；通过深化行政管理体制改革、推进非公有制经济发展和国有企业改革、加快市场体系建设、开展重大改革试验、加强法制环境建设，来推进体制改革与制度创新；通过提高开放型经济水平、加强国内外区域合作，来扩大对外开放与合作。《规划》还为长三角地区各区域进行合理布局、科学分工、相互协调提供了指导和依据，成为地区经济社会发展的具体蓝本。

2. 长三角地区经济发展状况①

长三角区域总面积 21.07 万平方公里，其中陆域面积 19.33万平方公里，总面积占全国国土面积的 2.1%。截至

---

① 本节数据如无单独说明，则均来自《长三角年鉴(2011 年)》，河海大学出版社，2011 年 12 月出版。

2010年年末，区域内常住人口14542.58万人。

(1)长三角地区经济总体情况。长三角地区是我国经济综合实力最强的区域。2010年，长三角两省一市GDP总量达85524.9亿元，占全国GDP总量的21.49%；社会消费品零售总额为29806.66亿元，占全国总量比重的18.99%；外贸进出口总额10881.62亿美元，占全国进出口总量的36.60%；固定资产投资总额为40989.95亿元，占全国固定资产投资总额的14.74%；实际利用外资总额506.19亿美元，占全国实际利用外资总额的47.89%。第三产业吸收外资增多，跨国公司地区总部、投资性公司、外资研发中心增加，外资利用质量得到提升。

表2—1　2010年长三角主要经济发展指标

单位：亿元，亿美元，%

	长三角		全国		占全国比重
	总量	增速	总量	增速	
GDP	85524.90	18.23	397983	10.30	21.49
社会消费品零售总额	29806.66	17.91	156998	18.30	18.99
外贸进出口总额	10881.62	35.30	29728	34.70	36.60
出口	6318.34	33.25	15779	31.30	40.04
进口	4563.28	38.24	13948	38.70	32.72
固定资产投资	40989.95	17.23	278140	23.80	14.74
实际利用外资	506.19	10.62	1057	17.40	47.89

数据来源：2011年上海市、江苏省、浙江省统计年鉴，2010年全国国民经济与社会发展统计公报。

在三次产业布局方面，长三角地区的产业结构正在不断转变，第三产业比重不断提高。2010年，长三角地区第一、二、三产业比重分别为4.69、50.30、45.01，较前一年第一、二产业比重分别下降0.2和0.04个百分点，而第三产业比重则提升了0.24个百分点。与全国三次产业结构相比，长三角地区第一产业比重比全国平均水平低5.49个百分点，而第二、三产业分别高于全国平均水平 3.44 和 2.04 个百分点，其中上海市第三产业比重更是较全国平均水平高出 14.04 个百分点，反映出长三角地区已初步具备较好的产业结构布局。

表 2—2　2010 年长三角及两省一市产业结构与全国对比

单位：%

	长三角	上海	江苏	浙江	全国
第一产业	4.69	0.68	6.13	5.00	10.18
第二产业	50.30	42.32	52.51	51.86	46.86
第三产业	45.01	57.01	41.35	43.14	42.97

数据来源：2011 年上海市、江苏省、浙江省统计年鉴，2010 年全国国民经济与社会发展统计公报。

(2)长三角区域内两省一市经济发展地位。在长三角区域，上海市一直处于领先地位。但随着上海市将转变经济发展方式、推动产业结构优化升级作为当前的经济发展战略，各项经济指标在长三角地区所占比重均趋于下降。2010 年，上海市地区生产总值为 17165.98 亿元，按可比价格计算比上年增长 10.3%；全年完成规模以上工业总产值 30114.41 亿元，增长 3.2%；进出口总额完成 3688.69 亿美元；实际外商投资金额为 111.21 亿美元。2006—2010 年，上海市地区生产总值在长三角地区生产总值中所占比重分别为 21.79%、21.55%、20.91%、20.76%和 19.89%，5 年累计占比减少 1.9 个百分点；规模以上工业总产值在长三角的占比分别为 20.84%、19.94%、19.26%、17.89%和 17.35%，5 年累计占比减少 3.49 个百分点；进出口总额在长三角地区所占比重分别为34.96%、34.96%、34.80%、34.53%和 33.90%，5 年累计下降 1.06 个百分比；实际外商直接投资金额在长三角地区占比分别为 21.26%、19.71%、22.27%、22.55%和 21.04%，5 年总体占长三角地区比重基本持平。

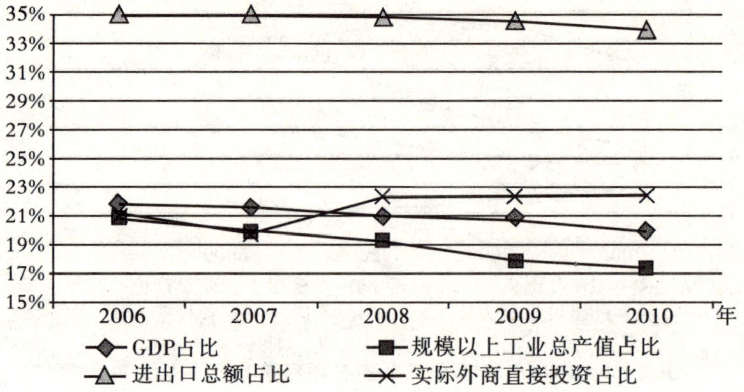

图 2—1　2006—2010 年上海市各项经济指标占长三角比重

江苏省凭借良好的经济基础和巨大的经济规模，各项主要经济指标在长三角两省一市中均处在居前位置。2010 年，江苏省地区生产总值为 41425.48 亿元，比上年增长 12.7%；全年完成规模以上工业总产值 21223.8 亿元，增长 16.0%；进出口总额完成 4657.93 亿美元；实际外商投资金额为 285.0 亿美元。2006—2010 年，江苏省地区生产总值在长三角地区生产总值中所占比重分别为 45.30%、45.50%、46.28%、47.53%和 47.99%，5 年累计占比增加 2.69 个百分点；规模以上工业总产值在长三角的占比分别为 46.47%、47.75%、49.44%、52.62%和 53.04%，5 年累计占比增长 6.57 个百分点；进出口总额在长三角地区所占比重分别为 43.65%、43.20%、42.38%、42.13%和 42.80%，5 年累计占比略微下降 0.85 个百分点；实际外商直接投资金额在长三角地区占比分别为 52.15%、54.49%、55.48%、54.18%和 53.93%，5 年累计占比提高 1.78 个百分点。

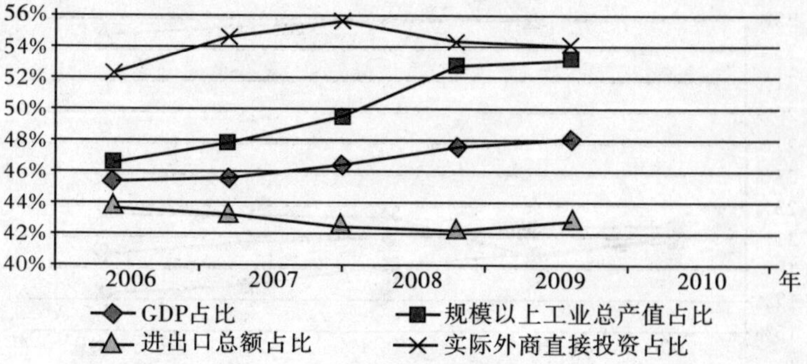

图 2—2　2006—2010 年江苏省各项经济指标占长三角比重

浙江省在长三角地区经济发展中的地位相对稳定。2006—2010 年,浙江省地区生产总值在长三角地区生产总值中所占比重分别为 32.90%、32.95%、32.91%、31.71%和32.12%,5 年累计占比略微下降 0.78 个百分点;规模以上工业总产值在长三角的占比分别为 32.69%、32.31%、31.30%、29.50%和 29.61%,5 年累计占比下降 3.08 个百分点;进出口总额在长三角地区所占比重分别为 23.29%、23.91%、25.38%、23.34%和 23.30%,5 年累计占比基本保持不变;实际外商直接投资金额在长三角地区占比分别为 26.59%、25.80%、22.25%、23.27%和 25.03%,5 年累计占比下降 1.56 个百分点。

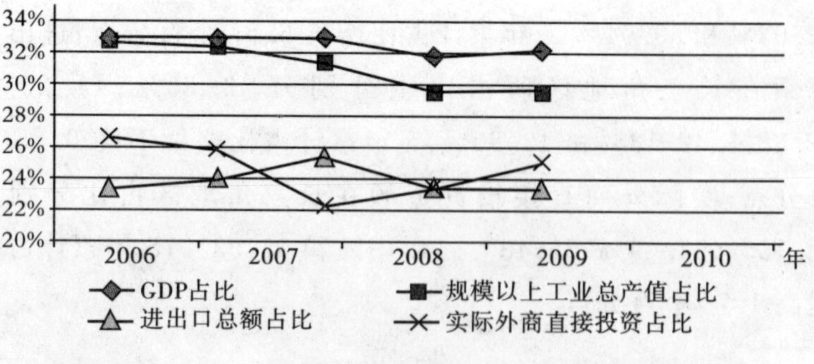

图 2—3　2006—2010 年浙江省各项经济指标占长三角比重

3. 长三角地区金融发展状况①

长三角是我国金融最为发达的地区。2010 年，长三角地区金融机构各项存款总额达 165652 亿元，较上年增长 19.53%，存款总额占全国比重为 22.59%，金融机构各项贷款总额为 123214 亿元，较上年增长 18.24%，贷款总额占全国比重为 24.20%；保费收入总额 2881 亿元，增长 29.88%，占全国比重为 19.83%；在沪、深证券交易所新上市企业 100 家。

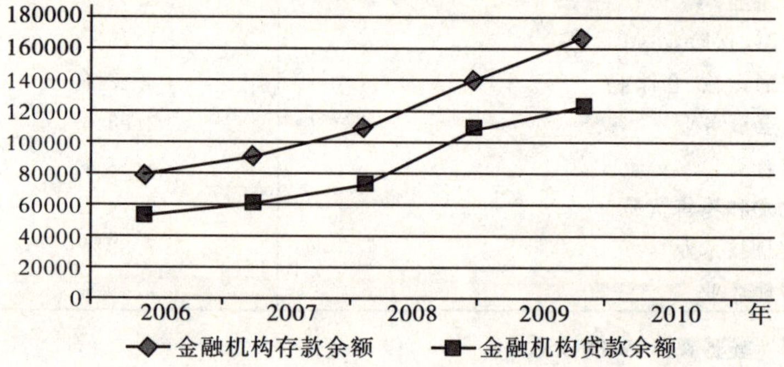

图 2—4　2006—2010 年长三角地区金融机构存贷款余额(单位：亿元)

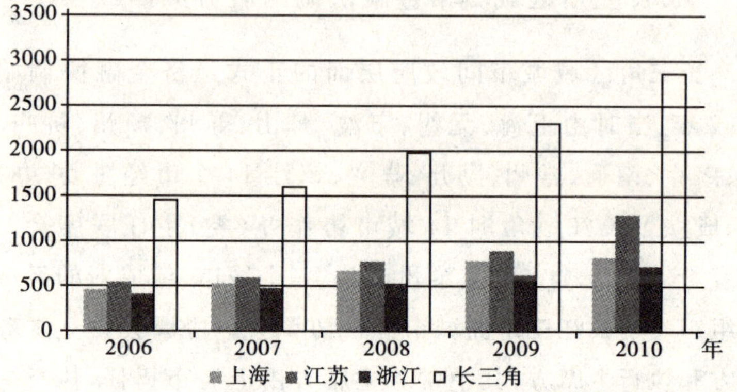

图 2—5　2006—2010 年长三角地区保险机构保费收入趋势图(单位：亿元)

截至 2010 年底，长三角地区共有 570 家公司在沪、深证券交易所挂牌上市，该年年末上市公司总资产规模达到 112414

① 本节数据如无单独说明，则均来自《长三角年鉴(2011 年)》，河海大学出版社，2011 年 12 月出版。

亿元,净资产规模达到22961.4亿元。

表2—3　2010年底长三角上市公司行业分布

上市公司所属行业	占全部上市公司比例
制造业	61.75%
采掘业	0.18%
传播与文化产业	0.53%
农、林、牧、渔业	0.18%
电力、煤气及水的生产和供应业	1.23%
建筑业	2.45%
金融、保险业	1.75%
交通运输、仓储业	3.15%
社会服务业	2.98%
综合类	4.12%
批发和零售贸易	6.14%
信息技术业	7.89%
房地产业	7.19%

数据来源:WIND资讯

二、长三角区域城市金融协调与服务的回顾

长三角区域城市间政府层面的正式经济金融协调始于1992年,当时由上海、无锡、宁波、舟山、苏州、扬州、杭州、绍兴、南京、南通、常州、湖州、嘉兴、镇江14个市经协委(办)发起,成立了长江三角洲14城市协作办(委)主任联席会。到1997年,这14个市加上泰州市共15个城市,组成新的经济协调组织——长江三角洲城市经济协调会。协调会设立常务主席方和执行主席方,其中常务主席方由上海市担任,执行主席方由除上海市之外的其他成员市轮流担任,最初规定每两年举行一次正式会议,2003年后改为每年举行一次,除2008年因国际金融危机未召开外,至2012年已举办12届。2008年第十次会议上正式将其更名为长三角城市经济协调会市长联席会议。2007年11月30日,沪、苏、浙两省一市政府与人民银行在上海共同签署了《推进长三角地区金融协调发展支持区域经济

一体化框架协议》(下称《框架协议》),正式开启了长三角金融一体化的大门,长三角地区金融协调发展工作正式启动。根据《框架协议》,长三角金融协调发展将依据“市场主导,政府推动;总体规划,协调推进;重点突破,共同参与;优势互补,互利共赢”的原则,“着眼于区域经济金融协调、稳健、可持续发展,着眼于培育新的经济增长极,着眼于创造条件不断消除制约区域金融协调发展的各种障碍,加大金融创新力度,实现金融的区域性联动,促进金融资源在更大范围内的合理流动和优化配置,为区域经济一体化发展提供更加优质高效的金融服务,实现区内各方的互利共赢”。协议各方将就金融基础设施建设、金融市场融合与创新、资金跨地区流动、金融机构发展合作、外汇管理改革创新、经济金融信息共享平台创建、改善金融发展环境、建立金融风险的共同预警和防范机制、加大金融人才引进和培训力度等方面,加强协调,并完善具体措施。根据《框架协议》,两省一市按上中下三个层面设立常设协调机构。最高层面为区域联席会议制度,负责统筹整个长三角区域经济活动的重大事宜及布局建设,制定一体化的长期发展规划与战略目标。会议主席实行轮值制,由两省一市的最高领导轮流担任。联席会议每年召开一次。中间层面为交通、金融、教育、环保等专业委员会,负责落实联席会议制订的发展规划与战略。第三层面是更为细化的工作组,把各专业委员会的工作具体分解到相关部门。《框架协议》还确立按照“联合主办、轮流承办”的方式举办“长江三角洲地区金融论坛”,将其作为推进区域金融协调发展的重要平台,原则上每年举办一次。

1. 长江三角洲地区金融协调发展工作联席会议

根据《推进长三角地区金融协调发展支持区域经济一体化框架协议》,自 2008 年起,苏、浙、沪两省一市每年按期召开长江三角洲地区金融协调发展工作联席会议,研讨推进长三角金融协调发展。

(1)第一次联席会议签署《共建“信用长三角”合作备忘录》。2008 年 4 月,长江三角洲地区金融协调发展工作第一次联席会议在南京召开。在这次联席会上,苏浙沪两省一市人民政府与中国人民银行共同签署了《共建“信用长三角”合作备忘录》。根据此协议,中国人民银行将以其全国统一的企业和个人信用信息基础数据库为依托,积极支持和推进沪、苏、浙地方信用体系建设,改善区域信用环境。苏浙沪两省一市人民政府将积极支持信贷征信体系建设,大力支持中国人民银行加强对当地信贷征信市场的监督管理。会议确定建立由沪、苏、浙人民政府信用管理部门和中国人民银行上海总部、南京分行、杭州中心支行为成员单位的工作小组,建立定期通报和沟通机制,协调推动共建信用长三角工作。

(2)第二次联席会议签署《共同应对金融风险合作备忘录》。2009 年 4 月,长江三角洲地区金融协调发展工作第二次联席会议在杭州召开。苏浙沪两省一市人民政府和中国人民银行共同签署《共同应对金融风险合作备忘录》。在协议框架下,将建立人民银行和两省一市政府间的金融稳定信息交流机制,各方将共同研究分析长三角地区经济金融形势、产业发展政策以及影响金融稳定的潜在风险,共同监测分析国际金融危机等国内外重大事件对长三角地区金融业的影响。备忘录还提出,要推动长三角地区金融稳定评估一体化,建立政府有关部门、人民银行分支机构参与的长三角地区金融稳定评估机制。

(3)第三次联席会议签署《共同推进金融服务一体化发展合作备忘录》。2010 年 3 月,长江三角洲地区金融协调发展工作第三次联席会议在上海召开。苏浙沪两省一市人民政府和中国人民银行签署了《共同推进长三角地区金融服务一体化发展合作备忘录》。根据协议框架,各方将以上海世博会为契机,大力支持长三角地区深入开展金融基础设施建设,鼓励创新业务先行先试,密切金融市场联系,加强长三角地区金融服务合作交流。协议内容包括:共同加强票据信用管理,推动建立长三角地区商业承兑汇票不良支付信息通报制度;建立长三角地区防范和打击银行卡犯罪信息沟通与预警机制;建立农村支付服务改善工作保障机制,制定改善农村金融服务的具体措施;研究鼓励中小商户受理银行卡的激励措施,推动银行卡在各行业的广泛应用;加强对提供支付清算服务的非金融机构管理,规范电子货币发行与清算;鼓励商业银行、相关企业开展商业承兑汇票和授信支票等业务创新;支持长三角地区金融 IC 卡发展,鼓励发展银联标准的预付费卡;利用银行卡现有成熟的发行、受理和清算网络及服务体系,建立标准统一、资源共享跨行业和区域的小额支付体系。

(4)第四次联席会议签署《共同推进贷款转让市场发展合作备忘录》。2011 年 5 月,长江三角洲地区金融协调发展工作第四次联席会议在南京召开,本次联席会议与长三角地区金融论坛和第三届中国(南京)金融博览会一起举办。会上,沪苏浙两省一市人民政府和中国人民银行签署了《共同推进长三角地区贷款转让市场发展合作备忘录》。本次会议将长三角区域贷款转让市场发展合作作为新突破点,指出要大力发展长三角地区贷款转让市场,支持自主创新及重点支持产业企业发行股票、债券、短期融资券等,提高直接融资比重;推动经常项目下跨境交易人民币结算,积极试点相关的融资、担保、对外直接投资等资本项下跨境人民币业务;提高沪、苏、浙金融机构面向境外研发和提供本币金融产品与服务的能力,奠定长三角地区作为全球主要人民币资产交易、定价和清算中心的地位;合理引导民间资本流向,通过地方金融发展有效转化民间资本为产业资本;鼓励金融组织创新和金融业态创新,积极推动小额贷款公司、村镇银行、融资租赁公司等地方中小金融机构的发展。

2. 长江三角洲城市经济协调会

自 1997 年长江三角洲城市经济协调会组建以来,至 2012

年已召开过12次协调会，并且自2003年第四次协调会后每年按期召开(2008年因受国际金融危机影响未召开)。长三角城市经济协调会为长三角核心城市间经济金融协调与服务提供了有效的框架和机制。

(1)第四次会议推动长三角联动发展。2003年8月，长三角城市经济协调会第四次会议在南京举行，会议主题为“世博经济与长江三角洲联动发展”。会议通过了《关于接纳台州市加入长江三角洲城市经济协调会的议案》和《关于以承办世博会为契机，加快长江三角洲城市联动发展的意见》。会议提出要完善和巩固高层次的双边和多边联席会议制度，以世博经济推进长江三角洲的联动发展，加强招商引资工作的分工与合作，共筑信息平台，加强电子政务、电子商务的联网建设，共筑长江三角洲信息交换平台，加强社会信用数据库的资源共享，共同提高在交通、商贸、现代物流、旅游、金融等服务体系的信息化应用水平，加快旅游一体化进程，联合构筑完善、畅通的交通运输网络，联手维护可持续发展的生态环境，以及推动现代物流产业和商贸业的发展。

(2)第五次会议完善协调机制。2004年11月在上海召开的长三角城市经济协调会第五次会议，以“完善协调机制，深化区域合作”为主题，讨论并通过《关于修改长江三角洲城市经济协调会章程的提案》、《关于设立长江三角洲城市经济协调会专项资金的提案》、《关于充实长江三角洲城市经济协调会常设机构的提案》、《关于设立信息、规划、科技、产权、旅游、协作专题工作的提案》。会议通过了《长江三角洲城市经济协调会章程修正案》，签署了《城市合作协议》。本次会议确定成立“长三角城市经济协调会办公室”，驻地设在上海，负责协调、组织和实施长三角区域经济合作日常事务。

(3)第六次会议促进区域物流一体化。2005年10月在南通召开的长江三角洲城市经济协调会第六次会议，以“促进区域物流一体化,提升长三角综合竞争力”为主题,重点推进长三角区域物流规划对接、通关对接、信息对接和政策法规对接,推动区域内生产要素合理流动、资源互补共享,打造中国东部物流大通道,增强长三角地区的综合实力和国际竞争力,促进区域经济的全面、协调、可持续发展。本次会议上,长三角协调会成员城市共同签署了《长江三角洲地区城市合作(南通)协议》。

(4)第七次会议研究区域发展规划。2006 年 11 月,长三角城市经济协调会第七次会议在泰州举行。会议以“研究区域发展规划,提升长三角国际竞争力”为主题,签署了《长三角城市合作(泰州)协议》,涉及交通一卡互通、高校毕业生就业、长三角资料信息中心筹建等三个方面合作专题。会议还研讨了长三角地区“一核六带”的区域总体布局框架。

(5)第八次会议推进全方位合作。长三角城市经济协调会第八次会议 2007 年 12 月在常州召开。会议旨在推进全方位合作,加强区域经济社会一体化发展。协调会提出了科技、交通、环保、能源、完善创新体系、完善对外开放一体化、推进市场一体化、信息一体化、打破政策法规壁垒、建立联合联动机制等十个合作专题。会上,16 个会员城市共同签订了《长江三角洲地区城市合作(常州)协议》,商定在港口合作、旅游标志规范、交通卡互通、信息共享、环境保护、统一市场、世博主题体验之旅等方面进一步深化合作。

(6)第九次会议推动金融医疗会展合作。长江三角洲城市经济协调会第九次会议于 2009 年 3 月在湖州市举行。会议批准继续深化“长三角世博主题体验之旅”、“协调会自身建设”等两个合作专题,新设“长三角金融合作”、“长三角医疗保险合作”两个专题和“长三角会展合作”课题。会上,16 个成员城市领导共同签署了《长江三角洲地区城市合作(湖州)协议》。

(7)第十次市长联席会议推进城市群发展。2010 年 3 月,长三角城市经济协调会第十次市长联席会议在嘉兴举行,会议主题为“用好世博机遇、放大世博效应，推进长三角城市群科学发展”。本次会议吸收合肥市、盐城市、马鞍山市、金华市、淮安市、衢州市6个城市为协调会会员。同时大会正式更名为长江三角洲城市经济协调会市长联席会议。会议批准继续深化“长三角医疗保险合作”、“长三角金融合作”、“长三角会展合作”等三个合作专题，新设“长三角园区共建”专题和“长三角异地养老合作”、“长三角现代物流业整合和提升”两个课题。会上，22个成员城市领导共同签署了《长江三角洲地区城市合作（嘉兴）协议》。

(8)第十一次市长联席会议促进高铁时代城市合作。2011年4月，在镇江举行的长三角城市经济协调会第十一次市长联席会议，以“高铁时代的长三角城市合作”为主题，探索建立交通拥堵治理的合作机制。会议就高铁对传统经济社会管理方式带来的考验及如何抓住高铁时代带来的机遇进行了研讨。会议确定的“治理交通拥堵合作研究课题”，针对长三角中心城市在交通拥堵方面的共性问题开展研究，分析各中心城市已经采取的治理措施，评价其所取得的效果及推广的可行性，并从长远及区域共同治理的角度，研究提出交通拥堵治理的合作机制和具体措施。会议确定长三角各中心城市将共同研究出台治理交通拥堵措施，建立“治堵”合作机制。

(9)第十二次市长联席会议推动陆海联动。2012年4月，长三角城市经济协调会第十二次市长联席会议在台州举行。会议以“陆海联动，共赢发展长三角城市经济合作”为主题，签署了《长三角城市合作（台州）协议》。根据协议，22个成员城市将充分发挥长三角协调会平台作用，进一步推进长三角城市群一体化发展，加快长三角城市转型发展，进一步完善长三角城市合作机制，提高城市合作活力与成效，同时适时吸纳安徽皖江城市带承接产业转移示范区相关城市和江苏省、浙江省相关城市加入协调会。

三、长三角区域金融协调与服务的现状分析

通过苏浙沪当地政府、中国人民银行、金融监管部门以及金融机构的共同努力，长三角地区金融协调与服务取得了明显的进展，有力地推动了区域经济金融的发展。

1. 区域金融分层协调机制化、常态化

目前，长三角区域金融合作已形成决策层、协调层和执行层分层协调机制，并且整个协调机制已形成常态运作，成为苏浙沪地区加强金融交流与合作、支持区域经济一体化发展、促进区域经济转型升级的一项重要工作机制。

在决策层方面，由苏浙沪两省一市主要领导参加的长江三角洲地区金融协调发展工作联席会议，自 2008 年以来每年召开一次，负责商议长三角金融协调与服务的重大问题，为区域金融合作指明了方向。2008 年在南京召开的第一次联席会议签署了《共建“信用长三角”合作备忘录》，2009 年在杭州举行的第二次联席会议签署了《共同应对金融风险合作备忘录》，2010 年在上海举行的第三次联席会议签署了《共同推进金融服务一体化发展合作备忘录》，2011 年在南京举行的第四次联席会议签署了《共同推进贷款转让市场发展合作备忘录》，这些协议极大地推进了不同时期长三角区域金融协调与服务的重点工作，使长三角地区金融一体化得以阶段化推进。

在协调层方面，一是由长三角核心城市主要负责人参加的长江三角洲城市经济协调会，自 1997 年以来迄今已召开过 12 届，为长三角核心城市间经济金融合作提供了直接而有效的协调服务机制和对话平台；二是负责落实金融发展工作联席会议制定的发展规划与战略的各专业委员会，涵盖交通、金融、交通、教育、环保等各领域，有效保障了区域金融一体化相关规划、战略、阶段重点工作的落实和推进。

将各专业委员会的工作具体分解到相关部门的工作组以

及相关管理部门、行业协会、金融机构是长三角区域金融协调与服务的具体执行者、落实者甚至推动者。在它们的推动下，建立起了长三角两省一市金融稳定评估协调机制，长三角地区票据业务联席会议定期召开，建立起了长江三角洲区域合作信息库，核心城市间建立了合作工作信息交流制度，筹备建立长江三角洲区域合作专家咨询委员会。依托长三角金融协调发展联席会议制度框架和长三角区域信用体系建设专题组协调机制，沪苏浙两省一市人民政府信用管理部门和中国人民银行上海总部、南京分行、杭州中心支行作为成员单位成立信用协调工作小组，建立定期通报和沟通机制。

2. 信用一体化稳步推进

经过苏浙沪两省一市的协作与努力，长三角地区金融基础设施已得到明显改善。信用是现代市场经济的基石。信用体系不健全，会严重阻碍区域金融的深化发展。长三角地区金融协作的快速推进，其标志之一（同时也是成果之一）就是区域信用一体化的巨大进展。

根据2008年长江三角洲地区金融协调发展工作第一次联席会议签署的《共建"信用长三角"合作备忘录》，中国人民银行依托其全国统一的企业和个人信用信息基础数据库，对苏浙沪地方信用体系建设予以支持。苏浙沪两省一市人民政府充分发挥各级政府在长三角信用体系建设中的作用，协同推进区域信用一体化。

2009年，人民银行上海总部、南京分行和杭州中心支行联合主办第二届"长三角信用评级一体化"联合评审会，进一步扩大了评级结果的互认共享范围，促进信用评级机构跨区域合作。

长三角通过强化区域信用联动奖惩机制、培育信用服务机构、加快信用示范试点建设等措施，不断深化区域信用合作，协同加强区域信用监管，建立健全区域性守信激励和失信约束机制，积极推动地区信用一体化建设。

在加强信用联动奖惩机制方面，长三角联合着手建立信用信息查询与信用产品使用制度，对信用信息实行共享和披露，建立征信管理制度，支撑并规范征信活动，并为每个主体建立信用档案，建立完善的信用记录。

在信用服务机构培育方面，截至 2011 年年底，上海备案的信用服务机构达 72 家，江苏备案的征信和信用评级机构有 35 家，浙江正通过发展信用产品、培育和引进信用服务机构，发展壮大信用服务行业。信用信息和信用产品使用量正逐步增加，以满足商品市场、信贷市场、货币市场、资本市场信用需求。

在信用示范试点建设方面，长三角区域在信用制度趋同、信用信息共享、备案机构互认、信用环境营造等方面合作不断深化，现已成为我国区域信用体系建设起步较早、融合较好、水平较高的示范区。浙江省以实施温州金融综合改革和丽水农村金融改革试点为契机，建立、健全了小微企业和农村信用体系，为小微企业发展和区域经济建设提供信用保障。江苏省选取睢宁县、江阴市、兴化市和南京市六合区，开展社会信用体系建设县级试点工作。上海在 12 个重点领域中选择了建设市场使用信用产品、公务员职业信用建设等 13 个试点专项，以点带面推动全市的信用体系建设。

3. 金融风险联合防范初步形成

金融风险往往给经济带来沉重打击，而且它具有突出的扩散性和蔓延性，因此对金融风险的预防和防范亟需区域联动，群防群治。

在 2009 年长江三角洲地区金融协调发展工作第二次联席会议上，苏浙沪人民政府和中国人民银行签署了《共同应对金融风险合作备忘录》，使长三角地区在防范应对金融风险方面开启了合作之门。

长三角两省一市以及中国人民银行间建立起金融稳定信

息交流机制和地区金融稳定评估机制。这些机制，使参与各方能够共同研究分析地区金融稳定潜在风险，监测国内外重大事件对地区金融业的影响。2009 年，为积极协调应对国际金融危机，发布了《长三角一体化金融稳定评估报告》，为地区共同防范金融风险提供了决策支持。

在金融监管方面，中国人民银行上海分行与南京分行积极推进建立促进信息沟通和交流相关制度措施。目前，中国人民银行在长三角地区的清算业务已经突破行政区范围，如人民银行上海分行的区域性票据交换覆盖到苏州、嘉兴和湖州，而南京分行的票据交换则覆盖到了镇江。在防范跨区域业务风险方面，长三角两省一市金融调控、监管部门采取异地贷款备案、跨区域银团贷款协调等措施加强了信息沟通。

4. 金融服务一体化取得进展

长三角开展区域金融协调合作以来，在金融服务一体化方面已取得突破性进展。各方在加强票据信用管理、防范打击银行卡犯罪、推广银行卡在各行业的应用、商业承兑汇票和授信支票业务创新、金融 IC 卡推广、跨行业和区域的小额支付体系建设等方面和领域展开合作，并取得成效。

2007 年，为降低长三角区域内支票影像交换业务的退票率和逾期率，中国人民银行上海分行、南京分行和杭州中心支行统一制定了加强长三角区域支票影像交换业务管理的具体措施。苏浙沪两省一市相关部门进一步细化了支票影像交换业务的有关操作要求，明确了开展支票影像交换业务监督检查的具体内容以及对违规行为进行整治和处罚的具体措施。至该年 11 月，苏浙沪两省一市提出、提入业务量合计达到 161612 笔，占全国总量的 37.5%，三地间提出、提入的跨区域流通支票九成以上流向本区域内。长三角地区支票影像交换业务实现退票率、逾期付款率大幅下降。

2009 年，小额支付系统银行汇票业务在华东地区的苏、浙、皖、沪三省一市上线平稳运行，支票授信业务试点开始在上海正式启动，金融 IC 卡在长三角地区得到推广使用。

目前，区域内转贴现统一合同文本得到推广使用，以上海为中心的区域票据市场标准化建设进展顺利。全国首个区域性商业汇票贴现价格指数——长三角票据贴现价格指数也已正式发布，各方还共同签署了《票据承付自律公约》。

5. 金融市场不断走向融合

在“市场主导、政府推动”的区域金融协调下，长三角地区金融市场正不断走向融合，主要体现在：

(1)银行业市场融合明显。长三角区域内经济主体跨地区投资经营，以及区域内金融协调机构、机制的推进，促使商业银行不断跨区域联动，长三角地区银行业市场不断走向融合。一是作为长三角中心城市的上海，已成为各类金融机构在我国内地的主要集聚地。它设有全国统一的银行间同业拆借市场、债券市场和外汇市场，同时拥有证券、商品期货和黄金三个交易所。为了贴近金融市场一线，围绕金融市场和金融中心建设加强中央银行的调节职能和服务职能，2005 年 8 月，中国人民银行成立上海总部，其成为总行公开市场操作的平台、金融市场运行监测的平台、对外交往的重要窗口和一部分金融服务与研究和开发业务的中心。中国人民银行上海总部成立后，负责区域金融交流与合作，对现有上海分行辖区内人民银行分支机构进行管理，还管理着中国外汇交易中心、中国反洗钱监测分析中心、中国人民银行征信服务中心、中国人民银行数据处理中心等，并协调管理中国银联和上海黄金交易所。中国人民银行成立上海总部，凸显国家政策当局对上海国际金融中心建设及长三角经济金融发展的高度重视，极大地促进了区域金融协调特别是银行业市场的发展融合。二是各家银行金融机构也纷纷在上海设立各类总行级管理总部、营运中心等功能性机构，这些总部、中心更好地发挥了辐射长三角、服务区域经济的作用。在四大国有商业银行中，2012 年 3 月，中国银行在上海设立第二总部——人民币交易业务总部，将人民币市场交易业务、金融机构、黄金业务、跨境人民币清算业务的经营管理全部放到上海。事实上，中国银行集团在上海已设立中银基金、中银国际证券、中银消费金融公司、中银通支付商务公司，还将信息科技方面的开发、测试、备份中心以及国际结算的单账处理中心都设在上海。中国工商银行则将贵金属业务部、票据业务部等多个全国性业务部门布局在上海。中国农业银行将贴近金融市场的 8 个业务机构总部设在上海，包括农行数据中心、农行私人银行部、农行票据营业部、农行信用卡中心、农行审计局上海分局（主管上海、江苏、浙江、安徽等省市）、农行客户服务中心（上海）及农银汇理基金公司等。中国建设银行将信用卡中心设在上海。其他股份制商业银行中，交通银行、浦东发展银行总部设在上海。中国光大银行 2011 年 5 月在沪成立金融市场中心，专营金融市场业务。民生银行 2011 年在上海成立资金交易中心，并筹划在上海设立第二总部，规划将保理业务、信用卡、中小企业、票据、市场金融（同业）、租赁等部门归并入第二总部。三是对于外资银行，它们设置分支机构会较多地考虑区域经济发达程度及外资企业的区域分布。由于跨国公司总部多在上海，因此外资银行总部或者总代表处集聚上海。2007 年第一批成立的本地法人外资银行渣打银行、花旗银行、东亚银行、汇丰银行，都将总部设在上海。其后进入中国的外资银行中，仍有不少银行将总部选择在上海，如恒生银行、星展银行、华侨银行、南洋商业银行等。截至 2012 年 3 月，设立在上海的外资法人银行达 21 家，各类外资银行分行达 78 家，同城支行达 97 家，外资银行代表处达 89 家。上海外资法人银行在全国共设分行 190 家、支行 368 家，这些分支行辐射了整个长三角，其中尤以上海、杭州、苏州、南京、宁波为重要的辐射城市。四是各家商业银行也建立起区域内部联动机制。如中国建设银行从 2005 年开始深入推动区域发展战略，成立了长江三角洲地区协调委员会，扩大对重点中心城市分支机构的授权许可，加大资源配置和考核激励的力度；华复银行建立起苏浙沪三地分支行整体联动模式；光大银行在上海开设了华东区审贷中心。五是外汇管理合作不断加强。长三角区域内本外币兑换特许业务、民营企业境外放款、异地进口付汇集中备案、跨国公司外汇资金内部集中管理等项目顺利展开，苏浙沪三地建立起外汇检查联动机制，加强了跨区域外汇信息的共享和交流。

(2)证券业区域内协作活跃。由于上海证券交易所、上海期货交易所都是全国性的证券和期货市场，证券、基金、期货公司的大多数业务都不受地域限制。当前苏浙两省的中介机构、期货中介机构在上海设立营业部等分支机构的情况十分普遍，总部设在上海的证券公司、基金管理公司、期货经纪公司也积极到苏浙去拓展业务。比如苏州的东吴证券、宁波的天一证券等江浙证券公司都将公司总部迁往上海，上海的申银万国、海通等证券公司的业务重心均放在资金充裕的长三角地区，区域内互动与合作较为明显。

(3)保险业突破地域限制。相较银行业和证券业，保险业务在长三角地区跨区域开展有限，因为按照通行的国际保险业监管标准，保险经营实行严格的划区域经营，保险公司只能在核定的区域内展业，并且保险合同的签订必须在公司的注册地。但保险公司大多将总部设在上海，或将资产管理中心、运营中心等设在上海，以增强辐射长三角区域的能力。此外，在一些特殊险种方面也突破了区域限制。在这方面，目前长三角对异地企业和个人销售的保险主要是跨区域的运输保险，如国际货运保险、航空意外保险以及旅游保险、跨国公司统一承保的险种等。

6. 跨地区资金流动活跃

长三角地区两省一市在存贷款资源分布、上市公司分布、外商直接投资分布、政府预算资金等方面都存在差异，这些差异带来区域内资金跨地区流动的客观需求。随着区域金融协作与服务的发展推动，长三角地区已成为我国跨省、市资金流动最为活跃的地区。

在企业跨区域投资方面，上海是苏浙企业投资最多的城市。根据浙江驻沪企业协会统计，仅截至 2004 年，浙江进沪企业就有 6.1 万家。而同期江苏在沪企业超过 1 万家。在上海企业对外省市的投资中，江浙地区所占比例达 63%。[①] 以民营经济为主体的浙江，是长三角地区企业资本的最大输出地。

在银行系统跨区域借贷方面，长三角区域内金融机构跨行政区划及跨城市的资金流动不断增加。区域内异地贷款、跨地区票据交换、跨地区外汇资金清算、货币市场来往等业务发展迅速。部分商业银行对区域性信贷实现了统一授信管理。以区域内异地贷款为例，2004 年末，接受异地贷款较多的绍兴市企业获得的异地贷款余额为 366.71 亿元，占其金融机构贷款余额的 31.44%；其中 2003 年以后增加的异地贷款为 286.58 亿元，相当于本地金融机构同期增量的 63.67%。绍兴市异地贷款的前三位来源地都是在长三角区域内，分别是杭州、宁波和上海。[②]

长三角区域内城市商业银行的跨区域经营带来了资金的跨地区流动。2005 年，银监会按照“扶优限劣”的原则，对于达到现有股份制商业银行中等水平以上的城市商业银行，逐步允许其跨区域经营。同年，上海银行在宁波筹建分行，成为我国第一家跨省市设立异地分行的城市商业银行。截至 2010 年，浙商银行、南京银行、江苏银行、宁波银行、杭州银行、泰隆银行、温州银行等苏浙商业银行都在上海设立了分行。上海银行

---

① 引自：魏清《金融资源流动与长三角金融一体化研究》，苏州大学 2009 年博士论文。

② 金融时报 2006.05.10，转引自上海金融网。

在南京、无锡、杭州、宁波等苏浙城市设立分行。浙江的宁波银行、浙商银行、浙江稠州商业银行在江苏南京设立分行，宁波银行还在江苏苏州设立了分行。这些城市商业银行在区域内相互设立分行，进一步带来了区域内资金的跨地区活跃流动。

发达的银行间同业拆借市场引发了资金的跨地区流动。长三角地区参与同业拆借市场的机构类型涵盖中资商业银行及其授权分行、外资商业银行、中外合资商业银行、城乡信用社、证券公司、财务公司等广泛类别的金融机构。这些金融机构的金融资产总额已占金融体系金融资产总额的95%以上。由于融入资金量与资金使用效率、商业银行头寸管理水平等相关，因此具有金融中心特征的上海是区域内资金的主要融出地，而江苏和浙江则是资金净融入地。2011年，上海货币市场资金净融出4.8万亿，江苏净融入5.9万亿，浙江净融入0.9万亿。[①] 上海为全国仅次于北京的第二大资金融出地，江苏则为全国最大的资金融入地。

表2—4 2011年资金净融入(净融出)情况 单位：万亿元

省份	净融入额	省份	净融入额	省份	净融入额
江苏	5.9	湖南	0.9	贵州	0.1
山西	3.1	甘肃	0.9	西藏	0.0
天津	2.8	安徽	0.6	青海	−0.1
吉林	2.4	河北	0.5	海南	−0.2
山东	2.1	江西	0.5	新疆	−0.4
辽宁	2.1	重庆	0.5	广东	−0.4
湖北	1.8	内蒙古	0.4	四川	−1
河南	1.3	福建	0.2	上海	−4.8
广西	1.3	云南	0.2	北京	−23.1
黑龙江	1.0	宁夏	0.2		
浙江	0.9	陕西	0.2		

说明：负号表示资金净融出。

资料来源：《2011年中国区域金融运行报告》，中国人民银行。

① 引自中国人民银行《2011年中国区域金融运行报告》。

四、长三角区域城市金融协调与服务面临的突出问题

在政府、业界各方面的努力下，长三角地区城市金融协调与服务取得了令人瞩目的进展。但长三角城市金融协调与服务现状与区域经济发展的要求仍不相适应，区域金融协作与服务仍存在诸多制约因素及障碍。

1. 区域金融协调机制存在不足

长三角目前的区域金融协调机制为决策层、协调层、执行层分层协调机制，以苏浙沪两省一市主要领导参加的长三角金融协调发展工作联席会议、核心城市主要负责人参加的长三角城市经济协调会以及各专业委员会和相关管理部门、行业协会、金融机构组成的分层协调机制在协调区域金融发展、促进区域金融合作方面发挥了巨大的作用，在区域金融协调和服务初期扮演了无可替代的角色。但这一机制也存在着先天不足，逐渐制约了长三角地区金融协调与服务的进一步发展。目前的协调机制呈现出很强的地方政府领导推动的特征，无论是省级层面的金融协调发展工作联席会议还是地市级层面的城市经济协调会，都由相关层面的地方政府主要领导人参加并主导。这对于协调地方利益、解决金融协调中的突出重点问题、推动具体协作事项，都十分有效。但这种机制也存在很大不足，主要体现在：

(1)缺乏统筹性。目前的协调机制以长三角苏浙沪两省一市省级层面的金融协调发展工作联席会议为最高决策层，联席会议每年召开，通常每次围绕一个主题进行重点推进，如2008年第一次会议重点推进长三角信用体系建设，2009年第二次会议重点应对金融风险加强合作，2010年第三次会议重点推进金融服务一体化建设，2011年第四次会议着力推进贷款转让市场发展。这些议题的确立都与当时的经济金融形势及地方政府施政重心相关，虽然有集中力量解决当期重心问题的优

点，但对于整个区域金融协调系统建设来说缺乏统筹性、系统性。

(2)缺乏连贯性。由于金融协调发展工作联席会议和城市经济协调会都是由相关层面地方政府主要领导人参加并主导，这就不可避免地造成会议主题会根据地方政府主要领导人的施政偏好来确定的现象。随着各地方政府领导人的更迭换届，这些金融协调议题也会因新领导人的偏好变化而发生转向，从而影响区域金融协调体系的连贯性。这种联席会议的松散性，还可以从每次会议召开的时间、形式变化上体现出来。如长三角地区金融协调发展工作联席会议，第一、二次会议在当年 4 月召开，第三次会议在当年 3 月召开，第四次会议又调整到当年 5 月召开，而计划 2012 年召开的第五次会议直到当年 8 月底都还未召开。第一、二、三次会议都采取召开联席会议并同期举办金融论坛的形式，而第四次会议则将联席会议、金融论坛与第三届中国(南京)金融博览会合并举办。

(3)缺乏约束性。金融协调发展工作联席会议和城市经济协调会形成的会议结果多以《合作备忘录》和《合作协议》的形式出现，对各方约束力较弱。同时，这些会议上所达成的多为共识及观点，要加以实施还需具体部门细化、制定配套措施，由于地方利益、部门协调等方面因素的制约，导致部分区域金融协调构想、设计虽写进了备忘录，但实际仍悬在空中，难以落到实处。

2. 区域内金融发展不平衡

从全国来看，长三角的经济金融占据了重要的地位，上海在全国的地位较为突出，但是集聚程度并不高。在长三角区域内，上海作为金融中心，银行、证券、保险业都相对发达，而江浙两地除银行业实力较强，证券和保险业发展都相对滞后。长三角区域金融形成了一定的集聚效应，但金融资源集聚带有明显的行政区划特征，表现为上海以及杭州、南京等省会城市和苏州、宁波、无锡等省内经济重地具有更为明显的金融规模。在苏浙沪两省一市的16个核心城市中，2010年存贷款规模最大的4个城市占比(CR4)高达65.3%，存贷款规模最大的8个城市占比(CR8)达85.3%。不同城市间金融规模悬殊较大，金融发达程度差异明显，区域金融发展不平衡。

表2—5　2010年长江三角洲经济与金融总量的空间分布

单位：亿元，%

地　区	存贷款之和	占比(%)	GDP	占比(%)	两项比值差(%)
上　海	86344.21	33.7	16872.42	24.1	9.6
杭　州	32163.08	12.5	5945.82	8.5	4.0
苏　州	25057.11	9.8	9168.91	13.1	—3.3
南　京	23802.77	9.3	5010.36	7.2	2.1
宁　波	19169.72	7.5	5125.80	7.3	0.2
无　锡	15314.33	6.0	5758.00	8.2	—2.2
绍　兴	8882.00	3.5	2783.00	4.0	—0.5
南　通	7922.41	3.1	3417.88	4.9	—1.8
常　州	7562.14	2.9	2976.68	4.3	—1.4
台　州	6644.30	2.6	2415.12	3.5	—0.9
嘉　兴	6344.46	2.5	2296.00	3.3	—0.8
扬　州	3986.84	1.6	2207.99	3.2	—1.6
泰　州	3890.86	1.5	2002.58	2.9	—1.4
镇　江	3859.96	1.5	1956.64	2.8	—1.3
湖　州	3266.93	1.3	1301.73	1.9	—0.6
舟　山	2160.97	0.8	633.45	0.9	—0.1
CR4	167367.17	65.3	37745.15	54.0	11.3
CR8	218655.63	85.3	54275.87	77.7	7.6
合　计	256372.09	100	69872.38	100	0

资料来源：《上海金融年鉴(2011)》，上海人民出版社。

再看能够更好反映区域金融服务业在经济发展中重要程度的金融相关比率(FIR)指标。通常FIR指标是指某一时点上某一区域全部金融资产与全部实物资产(即国民财富)价值之比，是衡量地区金融发达水平相对于经济发展水平高低的基本指标。一般在一定国民财富基础上，区域内金融体系越发达，金融相关比率也越高。但在实际运用中，一般以存款和贷款余额之和近似反映金融资产，以 GDP 代表实物资产即国民财富。从图 2—5 可以看出，上海、杭州、南京处于第一梯队，FIR 远高于其他城市，金融服务业最为发达，经济金融化程度高。处于杭甬发展轴上的宁波、绍兴和舟山 FIR 指标在区域内也相对较高。宁波是通过发展港口经济使得地区金融发达程度提高，绍兴得益于周边城市的辐射带动，而舟山则是由于第三产业的迅速发展。在 16 个核心城市中，扬州、泰州、镇江金融相关比率最低，FIR 不足 2，甚至不到 FIR 最高的第一梯队 3 个城市的半数，反映出长三角区域金融发展的巨大不平衡。

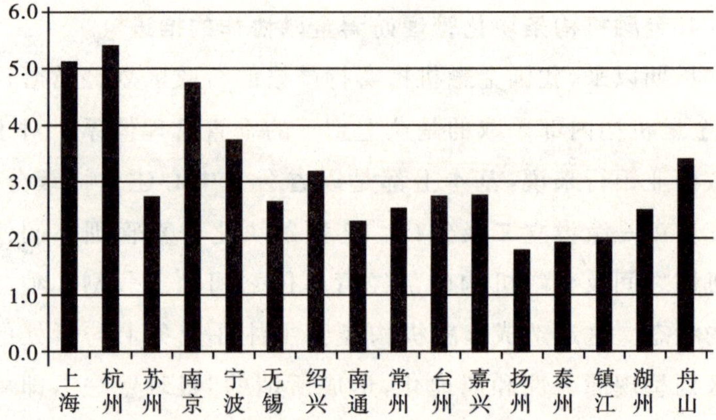

图 2—6　2010 年长三角苏浙沪核心城市金融相关比率(FIR)

数据来源：根据《上海金融年鉴(2011)》各城市数据计算。

区域内城市间金融规模及金融发达程度的巨大差距，给区域内金融业的合作带来困难，增加区域金融协调发展的难度。

3. 行政体制分割使竞争妨碍合作

长三角苏浙沪两省一市间虽然建立起了多层次的金融协调机制，但各省市之间的行政体制分割所带来的物理边界和财政边界，不可避免地使地方行政管理边界与区域金融发展功能边界相错位，从而妨碍金融要素的跨地区流动，降低金融资源配置效率，对区域金融协调发展形成阻碍。特别地，在利益协调未充分实现的情况下，各地政府会从地方保护主义的本能出发，限制本地金融要素流出，竞相吸引金融要素流入本地。激烈的竞争使得地方政府往往从地方利益出发，对金融合作心存疑虑。地方政府为了保护自身当前利益，往往对金融活动进行不合理干预，从而阻碍了区域金融协调与服务发展。这种区域内的相互竞争，往往造成竞争下的各自收益远小于信任合作收益的“囚徒困境”结局。这从各地为吸引招商引资而竞相出台优惠政策的现象中可见一斑。同时，行政体制分割带来的静态地方利益考虑，也限制了区域金融协作中所达成协议的落实与执行。这也是长三角金融协调发展工作联席会议等达成的相关协议落实并不顺畅的重要原因。

4. 金融机构条块化管理妨碍金融协作的推进

长期以来，我国金融机构实行严格的行政区划经营管理体制，金融机构内部采取的是从上到下的垂直管理体系。对于大多数商业银行来说，基本上都是以省会为中心建立一级分行，再在地市一级设立二级分行。这种条块化垂直管理体制使金融机构之间及金融机构内部经营单位之间处于分割和独立经营的状态。这还造成金融机构经营主体在业务上与所处的行政区划呈现同一性和属地化，形成所谓的“银政壁垒”，即由于行政区划、金融监管和金融机构内部垂直管理形成的金融资本割裂状况。此外，金融机构与地方政府往往形成利益同盟，金融机构在业务开展上过度依赖当地政府，助长了地方政府对金融活动的过度干预，打乱区域内正常市场秩序，扭曲了区域金融结构，也对区域内金融创新形成遏制，阻碍了区域金融合作。金融机构这种管理条块分割状态在国有商业银行中表现得最为突出，国有商业银行分行往往更为关注自身效益，注重本地市场发展，各级分行之间的跨省市合作以及跨行合作的动力不足。国有商业银行在市场上占有绝对份额，这也在很大程度上妨碍了区域金融协作与服务的推进。

5. 金融监管体系分割加大金融监管协调难度

长三角区域金融监管体系分割，相互之间仍缺乏有效的监管协调机制。就金融调控部门中国人民银行而言，在长三角地区，分别设立有上海分行和南京分行。其中上海分行负责上海、浙江和福建的金融调控，南京分行则负责江苏和安徽两省，这种调控框架与区域区划的不一致带来了区域金融调控协调的困难。就银行监管部门来说，长三角两省一市分属江苏、浙江、上海三个银监局，区域银行监管体系过于细化，在一定程度上给区域金融机构的合作增添了障碍。此外，长三角地区银监会、证监会、保监会的分业监管模式以及它们内部的垂直管理带来的条块化特征，难以适应长三角地区作为我国金融创新主阵地的客观发展需要，更加大了金融监管协调的难度。虽然早在 2004 年，银监会、证监会、保监会就签署了《金融监管方面分工合作备忘录》，建立了三方协调监管合作机制，但它只是一种对监管各方没有直接管辖权、不具备强制力的非制度安排，还不能满足长三角地区高度发展的金融协作所带来的复杂监管协调要求。

五、推进长三角区域城市金融协调与服务的若干建议

为改进长三角城市金融协调与服务，推动长三角地区金融协调发展，应遵循市场经济规律，适应长三角经济一体化的内在要求，针对目前所存在的突出问题与不足，大力加以改进，消除制约区域金融协调与服务发展的不利因素，促进区域内金融资源的合理流动和高效利用，推动区域金融创新，为经济一体化的发展提供有力的金融支持。

1. 设立区域金融协调长效机构

当前，长三角的区域金融协调机制由于缺乏统筹性、连贯性和约束性，虽然在长三角区域金融协调初期发挥了无可替代的作用，但随着长三角地区城市金融协调与服务的进一步推进，已经不再适应区域金融发展的客观形势，因此亟需建立起更为有效的长效协调机制。

在当前区域金融协调机制中，政府扮演决定性角色。但区域金融协调与服务不仅是政府的工作重心，同时也是市场发展的客观选择和企业经营的必然要求，因此更具效力的区域金融协调机制只有找到“政府、市场、企业”的合力点，才能大幅提高长三角地区城市金融协调和服务的效率。

具体而言，苏浙沪两省一市应联合设立长三角地区金融协调委员会，协调委员会作为常设实体机构，直接对接两省一市省级政府部门，同时衔接中国人民银行和银监会、证监会、保监会等监管部门，负责长三角金融协调与服务的整体规划与分步推进，制定具体落实措施，协调各方利益，破除行政边界，实现信息共享，推进区域金融一体化进程。在遇到地方利益协调困难时，再由地方政府主要领导人通过联席会议谈判协商、重点突破解决，从而改变原先由联席会议确定区域金融协调阶段重心的状况。

长三角地区金融协调委员会的设立将有利于构建起协调各地各方局部利益与总体利益、短期利益与长期利益、静态利益与动态利益的利益协调机制，促进地方政府、金融管理部门、金融企业的跨区域合作与协调，打破阻碍区域金融协调发展的“银政壁垒”。同时，金融协调委员会的设立还将有利于长三角城市间金融信息的共享交换，整合地方政府、金融监管部门、金融机构同业以及金融机构内部的信息系统，实现区域内金融资源的快速流动和高效配置，促进区域金融协调与服务向更深层次发展。

2. 金融协调与地区层级差异相结合

长三角地区的金融协调与服务必须考虑地区间的层级差异，与区域的实体经济紧密结合。在长三角地区，上海是经济、贸易、金融、航运中心，有着区域内最为完善的金融体系，同时也是总部经济的主要落足地。总部经济是长三角地区经济的一大亮点，根据商务部发布的调查报告，长三角以压倒性优势成为跨国公司在华投资的首选。同时,到长三角投资的跨国公司和知名企业在确定总部地点时,往往优先选择地理位置优越、经济金融发达的上海。上海是长三角最大的经济中心城市,也是长三角都市经济圈中产业结构最优、产业基础最好、城市综合竞争力最强的核心城市。而南京、杭州、宁波、苏州等城市或依靠省会城市优势,或得益于港口经济、园区经济,在区域经济中的地位高出其他城市一截,在金融资源集聚和辐射上也具有一定的区位优势,可以更多地与上海形成功能互补关系。同时,在长三角区域内,苏浙两省中小企业众多、产业转型资金压力更大。

因此,在进行区域金融协调中,需充分考虑长三角地区城市间经济差异。在进行区域金融协调时,应注意充分考虑区域内经济发展差异和地方产业布局,吸引资本更多流向资本紧缺地区和产业,提高资金使用边际效益,服务实体经济。通过重新整合区域金融体系,提高金融资源的使用效率。

3. 促进区域内金融基础设施建设

金融基础设施建设是区域金融协调与服务发展的重要保障。虽然近年来长三角地区在金融基础设施建设方面已取得明显进展,但与区域金融协调及一体化发展的要求仍不相适应。在进一步推进长三角地区金融协调与服务过程中,要着力推进区域金融基础设施建设。

在长三角地区金融基础设施建设中,首先,政府要发挥好规划、组织、协调作用。地方政府要就地区金融基础设施建设做好统筹规划、科学论证,制定分步推进方案,推进金融机构资源整合,与中国人民银行、金融监管部门紧密配合,吸纳金融机构积极参与,在不同主体之间做好协调。地方政府应从区域整体出发,减少人为障碍,着力推进金融市场化发展进程。中国人民银行及各金融监管部门应结合长三角地区金融协调与服务的现状与金融一体化发展的需要,破除条块分割,打破地区藩篱，共享金融信息，促进金融要素跨地区流动。要着力改变金融服务市场的人为割裂局面，鼓励金融机构大力发展异地贷款、银团贷款，在票据承兑、贴现、备用信用证、国际保理等方面加强合作。要通过地区金融基础设施的建设，构建经济金融信息共享平台，建设覆盖整个长三角的产业经济信息网络，促进区域内金融机构信息共享，加强联合研发，加快金融创新。

通过金融基础设施建设，畅通区域金融信息共享渠道，提高金融信息传播速度，促进金融资源合理流动，为全面反映区域金融运行状况及区域金融合作提供信息支持，为区域金融机构业务创新、金融业务协调发展提供基础支撑。

4. 推进区域金融创新发展

创新是金融发展的灵魂和不竭动力。自货币产生到现代金融衍生品的出现，每一次金融创新都带动了经济的跨越式发展。长三角地区城市金融协调与服务，离不开区域金融的创新发展。

一是创新金融组织体系，打造金融产业链。进一步推动金融机构在长三角区域开展综合经营，鼓励金融机构在长三角区域城市中建立区域性总部、大型金融控股公司，为金融机构跨地域经营和设立分支机构提供便利。此外，随着区域金融发展的不断深化，产业内部分工越发精细，依据区域经济金融发展打造金融产业链愈发显得重要。从长三角整体来看，仍存在金融集聚程度不高、金融功能分工有待细化、区域金融联系有待加强等不足。因此，应积极引导金融机构细化分工，找准各自在金融产业链上的定位，促进金融产业链的分解与整合，打造体系完整、分工科学的金融产业链，提升金融运作的效率和服务质量。

二是推进产业资本与金融资本的融合。长三角区域城市金融的协调发展，必须与实体经济紧密结合。既要积极引导产业资本和社会资本进入金融领域，也要支持、鼓励金融资本有效介入产业领域，以金融作后盾，培育先进产业。

三是推动金融衍生品市场发展。应借鉴粤港有益经验，积极创新金融产品，推动金融机构信贷产品、支付手段、中间业务创新，推动金融服务方式转变，培育金融衍生品市场，并推动其由上海向苏浙梯度发展。通过建立风险对冲机制，推出房地产投资信托产品、投资担保基金、有限合伙基金，发展、壮大民间担保机构，推动长三角区域金融衍生品市场壮大发展。

四是积极发展中小金融机构。长三角地区民间资金丰富，中小企业发展也十分迅速。但受制于企业性质、规模以及信用体系等因素，它们难以从大型金融机构获得贷款，因此迫切需要来自中小金融机构的支持。长三角地区应积极发展中小金融机构，积极推动小额贷款公司、村镇银行、融资租赁公司等地方中小金融机构的发展，使之成为区域金融体系的重要组成部分，并合理引导民间资本流向，将民间资本有效转化为产业资本，使其成为推动区域经济增长的有效动力。

五是促进区域内外汇资金流动的便利化。长三角区域也是我国外向型经济比较发达的地区，外汇资金流动量大，迫切需要为外汇资金跨地区流动提供便利。因此，应通过进一步推进进口异地付汇集中备案制度、支持民营企业拓展境外融资渠道、开放金融机构跨区外汇服务、完善长三角外汇检查协作机制等措施，推进外汇管理创新，促进外汇资金在长三角区域的合理流动，顺应地区外向型经济发展的需求。

5. 构建一体化监管体系

构建长三角地区一体化监管体系，是区域金融协调与服务的重要支持和保障。长三角地区要以构建区域金融监管部门信息共享系统为基础，加强金融监管机构间的衔接和协同，建立全区域统一的一体化金融监管体系。

鉴于目前各金融监管机构条块分割、协调不足的现状，长三角地区应着力改进现有监管主体的责任领域和管辖范围，塑造真正具有独立和自主执法权的监管主体，设立区域金融监管协调机构，优化金融监管部门的职能分工，理顺区域监管部门的职责，整合监管部门的机构区域设置，加强监管机构间的横纵向协调，简化长三角地区监管的重复作业，构建金融监管部门信息共享系统，提高区域金融监管效率和水平，为区域金融健康发展保驾护航。在构建区域一体化监管体系过程中，各地政府和金融监管部门在出台相关法规时，要做好金融法规在地区间的统一和协调，防范金融风险，维护长三角区域城市金融的持续、协调、健康发展。

第三章　长三角区域城市产业集群协调与服务研究

根据国务院出台的《关于进一步推进长江三角洲地区改革开放和经济社会发展的指导意见》和《长江三角洲地区区域规划》的要求，在以产业集群为基础的城市经济运行中，推进长三角区域经济协调发展。本章就如何推进产业集群协调与服务方面进行深入研究。

一、长三角区域城市产业集群协调与服务的理论分析

1. 产业集群的概念

集群化是指产业呈现区域集聚发展的态势。不同时期对产业集群现象的称谓有所差异，诸如产业集群（industry cluster）、区域企业集群（regional cluster of enterprises）、地方生产系统（local production system）、产业区（industrial district）、地方创新环境（local innovation milieu）、区域创新体系（regional innovation system）等。尽管不同时期对“产业集群”均有定义，但波特可称为最早系统全面阐述“产业集群”概念的学者。他将产业集群定义为在某特定领域中一群在地理上邻近、有交互关联的企业和相关法人机构以彼此的共通性和互补性（commonalities and complementarities）相联结的集合体。① 通过检索文献，梳理、整合学界对产业集群概念的发展渊源，如下表所述。②③④

---

① 迈克尔·波特. 竞争论[M]. 北京：中信出版社，2003 年，第 1～18 页。

② 翁智刚. 产业集群理论模型与实证研究[M]. 四川：西南财经大学出版社，2011 年，第 11～30 页。

③ Porter, M. E. Cluster and the New Economics of Competition[J]. Harvard Business Review, November, 1998 年，第 28～77 页。

④ 臧新. 产业集聚的行业特性研究——基于中国行业的实证分析[M]. 北京：经济科学出版社，2011，第 8～25 页。

表 3—1 产业集群概念列表

作者	提出时间	概念	定义
Marshall	1890 年	产业区	为一种由历史与自然共同限定的区域，其中大量中小企业积极地相互作用，企业群与社会趋向融合。
Becattini	1990 年	新产业区	由具有共同社会背景的人们和企业在一定自然地域上形成的社会区域生产综合体。
Porter M. E	1990 年	产业集群	一组通过垂直或水平关系连接而成的产业。
Becattini	1991 年	新产业区	由同业工人及其企业群在特定地域内大规模自然地、历史地形成为特征的区域性社会实体。
Pyke	1992 年	企业集群	在生产过程中相互关联的企业集群，通常在一个产业内根植于地方社区。
Enright	1995 年	产业集群	一个或几个产业与技术创新环境的结合。
Schmitz	1995 年	企业集群	企业在地里和部门的集合，这些企业之间存在着范围广泛的劳动分工，并且拥有参与本地市场竞争所必备的范围广泛的专业化创新。
Alex	1997 年	产业集群	一系列相互大量地使用各自产品的产业。
Rosenfeld	1997 年	企业集群	为了共享专业化的基础设施、劳动力市场和服务，同时共同面对机遇、挑战和危机，从而建立积极的商业交易、交流和对话渠道，在地理上有界限且集中的一些相似、相关、互为补充的企业群。
Porter	1998 年	产业集群	在某特定领域中一群在地理上邻近、有交互关联的企业和相关法人机构以彼此的共通性和互补性相联结的集合体。集群通常包括下游产业的公司、互补产品的生产商、专业化基础结构的供应者和提供培训、教育、信息、研究和技术支撑的其他机构。
OECD	1998 年	产业集群	由创造附加价值的生产链把众多相互依赖的企业（包括专业化的供应商）、知识生产机构（大学、科研院所和技术支撑机构）、中介机构（经纪商、智囊团）以及客户所组成的一种生产网络。
Feser	1998 年	集群	不仅是指相关的和支持性的产业和机构，更应该指那些由于关联性而更有竞争力的相关和支持性机构。
Bergman	1999 年	产业集群	趋向位于同一地方的一组经济活动，产业集群的判断标准是这一组经济活动中任何两种经济活动的就业人数之间是否存在相关性。
仇保兴	1999 年	中小企业集群	由一群彼此独立自主但相互之间又有着特定关系的小企业组成；在这种特定关系中隐含着专业分工和协作现象，即产业集群中企业间的互为行为、互补竞争关系、信任与承诺等来维持集群的运行并使其在面对外来竞争时拥有其独特的竞争优势。
Bagelsa	2000 年	企业网络	存在投入—产出关系、受共同的社会规范约束、相互之间充满正负两种溢出的中小企业在特定地理区域内高度集中形成的企业网络。
Roelandt	2000 年	创新网络环境	为了获取新的和互补的技术、从互补资产和利用知识的联盟中获得收益、加快学习过程、降低交易成本、克服或构筑市场壁垒、取得分工合作效益、分散创新风险、相互依赖性很高的企业包括专业供应商、知识生产机构（大学、研究机构和工程设计公司）、中介机构（经纪人、咨询顾问）与客户通过产品链、增值链和信息链相互联系形成的网络。
王缉慈	2001 年	企业集群	是大量专业化的产业（企业）仅相关支撑机构在一定地域范围内的柔性集聚，它们结成密集的合作网络，植根于当地不断创新的社会文化环境。
Scott	2002 年	产业集群	给予合理劳动分工的生产商在地域上结成的网络（生产商、客商、供应商以及竞争对手等的合作与链接），这些网络与本地的劳动力市场密切相连。
金祥荣	2002 年	专业化产业区	以同类产品生产企业在特定地理区域内高度集中为其主要特征，企业之间形成高度专业化分工，规模普遍很小，企业同质性强，并存在强烈而残酷的生存竞争。

随着理论知识的延伸，学者研究产业集群的视角趋向多元化，逐渐从传统的产业经济学、区域经济学视角向全球市场、区域创新、供应链等新视角转变，结合上述学者对集群概念的陈述，在下文归纳产业集群的内涵。①②③

第一，产业集群的企业在地理上高度集中，具有空间上相互接近的特性。空间距离是影响产业集群形成的基本变量，但对于不同的产业类型其作用机制和表现形式不太一样，有时侧重于运输成本的节约，有时侧重于信息等其他交易成本的节约。

第二，产业集群内部的企业在经营活动上存在密切的联系。有些集群以纵向的投入—产出关系为主，有些集群以横向的竞争—合作关系为主，企业间分工合作的精细化使集群更加具有高度的专业化水平。

第三，产业集群内部具有非常活跃的创新交互过程。特别是在高科技产业集群中，知识转移和分享活动比较频繁，技术外溢效益明显，产业集群中的技术进步与创新活动密集。

第四，产业集群的发展是一个逐渐演进的过程。集群成员从互相选择到密切协作需要时间的积累和磨合，集群中的组织结构、相互依存方式和程度是动态调整的。

第五，产业集群的产生和发展源于多元的动力。产业集群的产生和发展不仅有经济上的动因，还有很多社会性的动因。社会网络、社会基础设施及社会资本等都是产业集群的基本动

① 赵娴、车卉淳．产业经济热点问题研究 2009[M]．北京：中国经济出版社，2010 年，第 270～310 页。

② 唐利如．产业集群的竞争优势：理论和实证[M]．北京：中国经济出版社，2010 年，第 6～33 页。

③ 谯薇．四川产业集群发展研究[M]．四川：四川大学出版社，2010 年，第 11～32 页。

力，有利于促进集群的形成和演进。①

2. 产业集群的特征

产业集群是工业化的必然结果，产业集群具有提高企业生产率、改善激励和绩效的评估、提高创新率并增加技术渗透和外溢效果、降低企业生产成本并形成规模经济效应、减少集群企业间的交流障碍、营造良好的生产交流环境等作用。随着全球经济的发展，产业集群现象更趋明显，几乎每个国家都有产业群，例如美国拥有高科技信息产业集群的硅谷和 128 公路、汽车集群的底特津（有“汽车长廊”之称）、电影娱乐集群的好莱坞、金融产业集群的华尔街、房地产开发集群的达拉斯；欧洲拥有米兰的纺织品集群、英国剑桥的生物技术产业集群、法国索菲亚科技园集群、德国慕尼黑的汽车产业集群、瑞典电影产业集群等；亚洲有日本的电子电信产品集群、印度的班加罗尔信息产业集群、韩国的汽车集群、中关村的电子高新技术集群、长三角珠三角的生产制造业集群等。②③

（1）企业、专业机构在地理空间上集聚。地理空间上的集聚是产业集群形成的必要条件，没有集聚就没有集群。地理上的邻近带来的不仅仅是运输成本的节约，更主要的是便捷的企业间交流、更详尽的市场竞争信息等，因此空间上的集聚具有极高的价值。如此说来，以往的虚拟企业、战略联盟等经济组织形式，尽管一定程度上有相应的分工协作、专业化生产等属性，但由于缺乏空间的集聚，因而是不能称为产业集群的。

（2）产业集群内部企业之间存在分工协作和同行竞争关系。众多企业和机构之间的分工协作关系是决定集群效率和本质的

---

① 王述英、白雪洁、杜传忠. 产业经济学[M]. 北京：经济科学出版社，2006 年，第 15～40 页。

② 何雄浪. 产业集群演进机理与区域发展研究[M]. 北京：中国经济出版社，2009 年，第 5～28 页。

③ 蓝庆新. 基于竞争优势的产业集群动态创新能力研究[M]. 北京：对外经济贸易大学出版社，2009 年，第 2～57 页。

主要特性。集群经济使同一产业内部的分工更加精细化，使一家企业可以集中在某一道工序或某一种中间产品的生产，从而通过专业化大规模生产节约成本，提高效率。但通常集群企业内部的一体化程度很低，集群环境与企业内部一体化程度有着直接的联系，有学者称诸如“产品内分工”的现象为产业链的“纵向裂解”。此种现象在发展中国家尤为常见，诸如在我国产业集群的中小企业中很少有负责产品的“从头到尾”全套工序的企业，导致集群企业的垂直一体化程度普遍很低。例如，在年产50亿双袜子、产值近百亿的浙江大唐袜业产业集群中，袜子生产在当地自然形成了约10个生产环节，并且不同的环节由不同的企业负责生产，其中袜子生产企业有8000多家、原料经销商有1000多家、300多家缝头卷边厂、5家印染厂、100多家定型厂、300多家包装厂、200多家机械配件供应商、600多家袜子营销商和100多家托运服务企业。虽然浙江的大唐袜业产业集群分工精细，但产业群单个企业的一体化生产能力低下，当生产链的任一环节出现故障时，将会形成不可估量的损失。[①]

(3)产业集群能够提高企业的生产效率。产业集群促使生产过程中形成高度的专业化分工和协作，在很大程度上提高了企业的生产效率。第一，产业集群使生产企业更好地接近供应商及专业人才，产业集群集中了大量的供应商，可以降低交易成本并使原材料及备件的库存降到最少，产业集群吸引了大批专业人才，降低企业的搜寻成本；第二，易于获得专业信息，由于集群内企业之间的密切联系，有关市场、技术、竞争的信息在集群内的集中与传播更为迅速；第三，中小企业集群内成员之间提供的产品和服务具有明显的互补性和配套性；第四，公共设施的增效作用，集群的形成使政府更愿意投资配置教育、福利等公共设施，公共设施明显地促进了企业的发展；第五，产业

① 张元智、马鸣萧.产业集群获取竞争优势的空间[M].北京：华夏出版社，2006年，第33～79页。

集群内的企业相互熟悉产品及相关活动成本、费用及技术状态，易于进行业绩比较，在内部竞争压力的推动下可以促进企业的进步。

(4)产业集群可产生“品牌效应”。产业集群品牌是集群企业核心竞争能力的重要来源，产业集群由于同类企业之间的竞争，会不断提高产品的质量，从而提高该地区产业集群中核心产品的影响力，形成产业集群品牌。产业集群可以通过统一对外促销、规范品质标准、推广区域品牌、集中广告宣传等手段来获取差异化竞争优势，通过对集群内众多品牌的筛选和整合，发挥更广泛、更持续的品牌效应。[①]

表 3—2　2007 年中国品牌省区分布情况

地区	名牌数（个）	百分比（%）	排名	地区	名牌数（个）	百分比（%）	排名
浙江	129	15.1	1	陕西	12	1.4	19
广东	129	15.1	2	天津	8	0.9	20
山东	117	13.7	3	江西	7	0.8	21
江苏	99	11.6	4	山西	6	0.7	22
福建	41	4.8	5	新疆	6	0.7	23
上海	39	4.6	6	内蒙古	4	0.5	24
河南	31	3.6	7	贵州	4	0.5	25
辽宁	30	3.5	8	云南	3	0.4	26
北京	26	3.0	9	甘肃	3	0.4	27
湖北	26	3.0	10	宁夏	2	0.2	28
四川	21	2.5	11	海南	1	0.1	29
安徽	20	2.3	12	西藏	0	0.0	30
河北	18	2.1	13	青海	0	0.0	31
吉林	16	1.9	14	东部	539	63.2	
湖南	15	1.8	15	中部	236	27.7	
重庆	14	1.6	16	西部	78	9.1	
黑龙江	13	1.5	17	全国	853	100.0	
广西	13	1.5	18				

① 刘世锦，任兴洲．中国产业集群发展报告（2007—2008）[M]．北京：中国发展出版社，2008 年，第 2～31 页。

产业集群发展在带来效率提升的同时，也存在一些诸如专业性高级生产要素供应不足、区域创新环境不理想、行政区划导致的政府间过度竞争、集群内企业的“搭便车”行为等弊端，因而，在大力发展产业集群的同时，也应适当防范产业集群产生的负面效应，以便于产业经济的有效协调与发展。①

3. 产业集群的理论基础

产业集群是指在某特定领域中，一群在地理上邻近、有交互关联的企业和相关的法人机构以彼此的共通性和互补性(commonalities and complementarities)相联结的集合体。以下按照产业集群的研究时期和研究视角的不同，大致从马歇尔的外部经济理论、韦伯的集群经济理论、波特的钻石理论、克鲁格曼的新经济地理学理论到麦莱特的区域创新理论进行介绍。②③

表 3—3　产业集群理论发展历程

	年代	代表人物
外部经济理论	20 世纪初	马歇尔
集群经济理论	20 世纪 20 年代	韦伯
钻石理论	20 世纪 80 年代	迈克尔・波特
经济地理学理论	20 世纪 90 年代	克鲁格曼
区域创新理论	20 世纪 90 年代	麦莱特

(1)马歇尔外部经济理论。马歇尔最早地在《经济学原理》(第三版)中提及“产业经济”的定义，在对“内部经济规模”和“外部经济规模”的研究中，马歇尔发现了外部规模经济同产业集群之间的密切关系。他认为，生产和销售同类产品的企业或

① 贾生华，疏礼兵. 产业演进、协同创新与民营企业持续成长：理论研究与浙江经验[M]. 浙江：浙江大学出版社，2007 年，第 10～93 页。

② 张明龙. 产业集群与区域发展研究[M]. 北京：中国经济出版社，2008 年，第 5～32 页。

③ 邵云飞. 基于网络视角的产业集群创新：创新网络结构特征对集群创新影响的理论与应用[M]. 四川：电子科技大学出版社，2008 年，第 9～29 页。

存在产业关联的上中下游企业集中于特定的地方，会使用专门人才、专门机构、原材料等产生很高的使用效率，而处于分散状态的企业远远不能达到这种使用效率，这种高效率形成规模经济，从而促进企业集中在一起，形成产业集群。这种许多因性质相同的中小企业集中在特定产业区而获得的经济叫做“外部经济”。

外部经济主要体现在三个方面，一是地方具有专用性劳动力市场；二是生产专业化而取得的中间产品；三是可获得的技术与信息。“这种经济往往能因许多性质相似的小型企业集中在特定的地方——即通常所说的工业地区分布”，马歇尔把专业化产业集群的特定地区称作“产业区”，是指一个中小企业集聚的地区，区域内创新氛围浓郁，新工艺、新思想能很快被接受、传播，各个中小企业之间形成一个既有效竞争又合作交流的网络。马歇尔认为“产业区”具有六个特征：①与当地社区同源的价值观系统和协同的创新环境；②生产垂直联系的企业群体；③最优的人力资源配置；④产业区理想的市场——不完全竞争市场；⑤竞争与合作并存；⑥富有特色的本地金融系统。马歇尔将“产业区”界定为“一种历史和自然共同限定的区域，其中的中小企业积极地相互作用，企业群与社会趋于融合”。马歇尔对产业区的研究侧重于从规模经济外部性和交易费用节约等静态效率角度对产业空间集聚进行分析，强调地域集聚的经济主体间既定知识和信息的流动。进而，马歇尔提出空间集聚的三个基本诱因：①专业劳动市场的存在；②供应商和服务提供商能供给专用的投入品；③商业知识在企业间相对较快的流动导致技术溢出。

(2)韦伯的工业区位理论。继马歇尔对产业集群现象定义后，阿尔弗雷德·韦伯(1909)从工业区位论角度讨论“产业集群”，在《工业区位论》(1929)中，韦伯把区位因素分为区域因素和集群因素。韦伯认为，产业集聚分为两个阶段，第一阶段是企业自身的简单规模扩张，形成产业集中化，这是产业集聚的低级阶段；第二阶段是依靠大企业来完善的组织方式集中于某一地方，并引发更多同类企业的出现，此时大规模生产的显著经济优势便是有效的地方集聚效应。韦伯将产业集群的影响因素分为四个方面：①技术设备的发展。随着技术设备专业化的整体功能加强，技术设备相互依存会促使地方集中化。②劳动力组织的发展。由于大量综合的、专业化劳动力组织的存在，有利于产业集群化。③市场化因素。产业集群可以最大限度地提高批量购买和出售的规模，产业集群可以积累信用上的优势。④经常性开支成本，主要从电力、煤气、自来水等公用基础设施建设的角度分析。韦伯收集数据对产业集群进行定量的分析，并提出产业集聚程度的测度方法（临界等运费曲线分析方法），韦伯通过集聚所带来的工厂成本的节约与运费的增加进行权衡来寻找最优的工厂区位。但韦伯的区位研究法仍有不足之处，这种方法由于仅限于对经济因素的考虑而忽视了产业集群形成中的制度、文化、社会、历史等因素，使得韦伯的产业集群理论长期游离于主流经济学之外。

（3）波特钻石理论。波特的产业集群理论主要根据不同国家和地区之间的产业集群竞争特点对国家竞争优势进行具体的比较分析。在《国家竞争优势》（1990）中，波特认为，国家只是企业的外在环境，政府的目标是为国内企业创造一个适宜的环境，而评价一个国家产业竞争力的关键因素是该国能否有效地形成竞争性环境。在《国家竞争优势》一书中，波特提出“钻石理论”，认为影响国家竞争力的关键因素主要有四方面：①要素条件；②需求条件；③相关支柱产业；④企业战略、结构和竞争状况。这些要素为企业产生和学习如何竞争创造了国内环境。此外，影响竞争力的相对重要的因素还有机遇和政府。上述要素构成波特的钻石模型。该模型作为一个动态系统而运作，钻石上每一点都是在国际竞争中获得成功的必要条件。

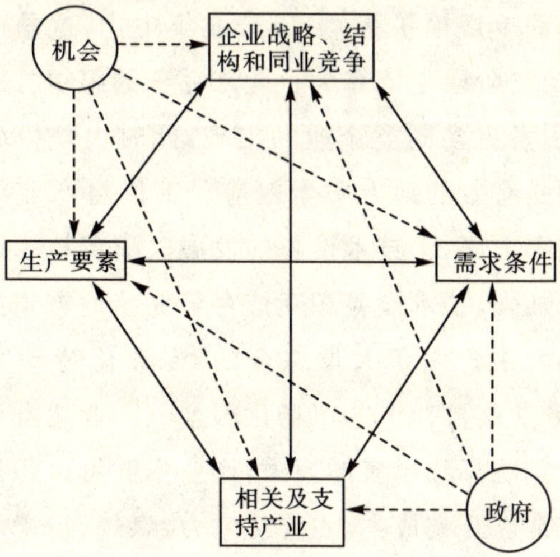

图 3—1　波特的国家竞争力分析模型(钻石模型)

集群的可持续能力是集群动力的函数,而集群动力是集群“钻石”四大元素之间互动的函数。波特把产业集群和竞争优势关系总结为:

第一,集群式某一特定领域内相互联系的企业以及机构在地理上的聚集体,该聚集体内部存在产业链上企业的纵向联系和竞争企业与互补企业之间的横向联系。其中纵向生产链联系包括一系列相关联的专业和其他一些与竞争有关的实体,同时有集群外围支撑机构:政府、大学、标准化机构、智库、职业培训机构及商会等,这些机构提供专门化的培训、教育、信息、研究和技术支持。

第二,产业集群对产业竞争优势的重要作用,主要表现在三方面:一是集群提高了其间企业的生产率;二是集群可以推动创新并为将来的生产率提高做好准备;三是集群促进新企业和新商务的形成。所有的因素都将降低新企业的进入风险,同样,如果企业经营不成功,企业退出集群的障碍也不大。集群的这种拓展强化了集群自身的发展活力,集群使得其成员在丝毫不削弱原有灵活性的情况下能够获得只有大企业或正式联盟才拥有的规模优势。

(4)克鲁格曼经济地理学理论。20世纪90年代克鲁格曼在《收益递增与经济地理》(《政治经济学期刊》1991年第3期)中提出新经济地理学理论阐述产业集群概念,克鲁格曼以规模报酬递增、不完全竞争的市场结构为假设前提,在迪克—斯蒂格利茨的垄断竞争模型的基础上,定义产业集群是由企业的规模报酬递增、运输成本和生产要素移动通过市场传导的相互作用而产生的。

克鲁格曼的工作实际上为主流经济分析理论框架下研究空间集聚状态的多样性开辟了空间。他证明了经济发展中"区位是重要的,市场结构对产业区位格局和贸易关系的影响仍然重要,尤其是跨国生产组织中出现大量的差别产品市场的不断细分使得市场因素在地区间贸易中扮演越来越重要的角色,实际上市场结构的转变反映了地方专业化的趋势"。克鲁格曼的模型为人为的产业政策扶持提供了理论依据,产业政策有可能成为地方产业集聚诞生和不断自我强化的促成因素(包括贸易壁垒),产业集群所依赖的不确定因素很多。也就是说,克鲁格曼将最初的产业集群归于一种历史的偶然——初始的优势因"路径依赖(path dependence)"而被放大,从而产生"锁定(lock—in)"效应,因此不存在空间上各要素报酬趋于相等的自动均衡,集聚的产业和集聚的区位都具有"历史依赖性"。内部的、外部的规模经济给集群内企业带来的集群外企业无法取得的收益诱使集群外企业纷纷携带资金、技术、劳动力等资源向集群靠拢,使得路径依赖更为强烈。由于外部经济规模的存在和路径依赖的存在,在集群形成前就进入的企业可能面临更多的成本问题,产生更多的外部性,而后加入的企业往往可以免费享有这种外部性资源。①

(5)区域创新理论。以麦莱特为代表的创新环境理论将

---

① Krugman, P. Geography and Trade. Cambridge, MA: MIT Press 1991, p3～66。

“创新环境”的概念延伸运用到成员集群层面，他指出，区域创新环境的核心机理和标志特征是“群体学习行为”。麦莱特根据创新环境方法对本地生产系统、创新环境和城市系统的关系——本地经济内生发展模式进行研究指出，区域内生性发展由三个过程构成：创新过程、文化整合过程、再生产过程。其中创新过程最终取决于当地的技术和市场环境，文化整合过程的主要作用在于促进集群内部的协调和防止本地资源的瓦解，再生产过程就是对昔日构成要素的复制（代理人、资源、诀窍、规则、关系资本等）。

创新环境理论展示了创新环境如何为本地生产系统掌舵，如何促进、激活和引导创新、文化整合以及再生产过程中的孵化、捕捉和扩散行为。因此创新环境并不是地方生产系统的一个特殊种类，而是地方组织系统发展的认知框架，是作为一种认知基础作用于地方技术和关系等要素的。这种创新环境是面向外部的开发性生产综合体的，这种综合体是面向技术环境和市场环境开放的，对诀窍、规则、关系资本等要素进行重新整合和运用，因此创新环境构成了集群当地生产系统的基础结构。

创新环境是不断调整和转变过程的综合体，这些过程主要是由内部的互动机制和学习机制所驱动，其中内部互动机制取决于集群内部创新主体——企业的合作能力和相互间的依赖关系，在创新网络中则是通过依靠他们在发展中所建立起来的关系资本。由于通过群体学习可以促进新诀窍和技术的创造，促进企业间竞争和合作关系的平衡，并且更容易找到解决问题的新方法等，因此学习机制主要通过影响和改变集群产业企业在技术和市场环境中的行为方式来达到开发新项目和创造新资源的目的。[①②]

4. 产业集群的主要模式

随着产业经济的发展，产业集群的形式趋向多元化，根据产业内企业组织和关联结构的不同，可以将产业集群分为马歇尔式、轮轴式、卫星平台式三种类型的产业集群。[③④⑤]

(1)马歇尔式产业集群。马歇尔式产业集群是指由大量、无核心、专业化的中小企业组成的产业集群，如号称“第三意大利”(主要是意大利东北部和中部地区)的中小企业集群，因为这类集群类似于马歇尔所描述的产业区，因而也称为马歇尔产业集群。该类集群的特点为：企业规模小，主要满足区域内的市场需求，区内企业联系紧密，与区外企业的合作和联系程度较低，区域内自成一个生产—消费体系。在这类产业集群中，如果企业生产的产品是相同的，企业的合作竞争关系更接近于完全竞争的市场。在这样的市场中，企业数量多，规模相当，大多数的企业是价格的接受者，企业的利润来源于成本的节约和产量的决策。在这种产业集群中，企业的技术大多类似，通过对同类企业技术、产品、生产流程和工艺的模仿及学习以提高自身的技术水平，随着技术的进步相关产业将不断升级并且使得集聚效应进一步强化。

(2)轮轴式产业集群。轮轴式产业集群是指那些围绕一种或几种产业的一个或多个主要核心企业形成的产业空间组织

---

① 吕巍.基于集聚效应的长三角都市圈企业竞合研究[M].上海：上海人民出版社，2009 年，第 1～21 页。

② 王述英、白雪洁、杜传忠.产业经济学[M].北京：经济科学出版社，2006 年，第 200～260 页。

③ 陈平，盛亚.集群发展的国际经验：提升我国产业集群竞争力[M].浙江：浙江大学出版社，2007 年，第 58～83 页。

④ 刘家顺、杨洁、孙玉娟.产业经济学[M].北京：中国社会科学出版社，2006 年，第 41～78 页。

⑤ 邱风.产业经济学案例[M].浙江：浙江大学出版社，2005 年，第 2～51 页。

形式，如日本丰田汽车城、美国底特律汽车城等。这类企业集群由于以集群的内部某些关键企业为核心，其他企业和机构与核心企业之间常常形成像成品商和中间商之间的上下游投入—产出关系，其结构像汽车的轮子和轴，因而被称为“轮轴式”产业集群。“轮轴式”产业集群的特点是：①区域内由一个或几个大型垂直一体化的企业支配。这些企业是产业集群的轴心，也是区域经济的核心，供应商处在它们的外围。②核心企业与外围供应商之间存在密切的合作和联系，通常形成长期的契约关系。③核心企业常常控制着资金、技术、商业服务等等，地方政府在该模式中扮演比较重要的角色。

(3)卫星平台式产业集群。卫星平台式产业集群中的成员企业通常是由本地企业和外部核心大企业投资形成，在我国长三角、珠三角比较常见，如东莞的 PC 制造业产业集群。卫星平台式产业集群的特点是：①总部在区域外的大型企业居于集群经济的支配地位；②这种产业集群是一个生产线的集中区，区内企业之间缺乏上下游关系，缺乏与地方供应商的长期合作；③地方政府在基础设施、减免税和其他优惠政策等方面的作用非常明显。在这种市场结构中，企业间的关系更适合于寡头垄断竞争模型，因为在该产业集群中大企业、地方政府、地方开发商的数量有限，它们依赖于市场垄断能力来决定竞争战略，其中大的经济主体是价格和产量的制定者和决策者。以上三种产业集群的特点及比较将在下表中归纳。[①]

---

① 吕巍.基于集聚效应的长三角都市圈企业竞合研究[M].上海：上海人民出版社，2009 年，第 8～30 页。

表 3—4 产业集群分类

	马歇尔式	轮轴式	卫星平台式
主要特征	①以中小企业居多 ②专业性强 ③地理集中 ④基于信任的关系	①大规模地方企业和中小企业 ②明显的等级制度	①以中小企业居多 ②依赖外部企业 ③基于低廉的劳动成本
主要优点	①柔性专业化 ②产业质量高 ③创新潜力大	①成本优势 ②柔性 ③大企业的显著作用	①成本优势 ②技能/隐性知识
主要弱点	①路径依赖 ②面临经济环境和技术突变 ③适应缓慢	整个集群依赖少数大企业的绩效	①销售和投入依赖外部参与者 ②有限的诀窍影响了竞争优势
发展轨迹	①停滞/衰退 ②内部劳动分工的变迁 ③部分活动外包给其他区域	①停滞/衰退(如果大企业停滞/衰退) ②升级,内部分工变化	①升级 ②前向和后向工序的整合,提供客户全套产品或服务
政策干预	①集体行动形成区域优势 ②公共部门和私营部门合营	大企业/协会和中小企业支持机构的合作,从而增强了中小企业的实力	中小企业升级的典型工具(培训和技术扩散)

5.产业集群对区域经济的影响

理论和实践均证明产业集群是推动区域经济发展和提升区域经济竞争力的有效方法,产业集群是区域经济发展的特色和主力军,以下将从区域经济的三方面(区域工业化、区域城市化、区域产业化)探讨产业集群发挥的作用。

(1)产业集群对区域工业化的影响。产业集群是工业化过程的普遍现象,是市场经济条件下工业化发展到一定程度的必然产物,也是现阶段产业竞争力的重要来源和集中体现,因而产业集群的发展是实现区域工业化的重要途径。

1)产业集群会产生明显的外部规模效应。产业集群所在区域一般都形成了实质性工业园区和与产业配套的专业化市场,每天进出集群区的生产原料和供销售的产品都将达到规模批量,所在区域的政府部门都为产业集群优化使用土地资源、统一建设公用设施创造了有利条件,促使单个企业降低生产和流通环节的成本，因而企业易于从集群区获取技术和市场信息，有利于公共技术推广和普及，使产业集群表现出明显的外部效应。

2)产业集群有利于大批中小企业向专业化、社会化发展，产生较强的内部规模效应。由于产业集群内同类生产企业的激烈竞争，每个企业都面临降低成本和提高产品差异化的激烈竞争，这种压力将促进企业向专业化、社会化、协作化迈进，相当一批企业从彼此竞争的关系转变为上下游配套的伙伴关系，不仅能降低生产成本，而且推进创新能力的提高，改变了单个企业势单力薄、无力开发的被动局面。优胜劣汰的机制促进集群内形成内部规模效应，在每个集群区都能产生有较强影响力的核心企业。

3)产业集群能有效扩大就业规模，实现充分就业。产业集群的形成需要大量生产工人和专业技术人才的加入，特别是一些资本密集型、劳动力密集型的产业中必须有一批产业工人作为强大后盾，如此将对解决工业化过程中的就业问题发挥作用，进而提供新的工作岗位，吸纳劳动力就业(尤其是农民工)。例如2003年，沈阳市农业高新技术开发区中的辉山乳品城有效解决农村剩余劳动力和城市职工再就业3.5万人；广东的以万事利实业有限公司和信昌林产工贸公司为龙头的产、加、销、出口一条龙的竹器编织产业集群吸纳10多万户约20万人就业，有效解决了农村部分剩余劳动力的就业问题(刘世锦，2008)。在工业化进程中难免会遇到产业结构调整，遇到农转非人员就业、原产业下岗工人再就业等难题，届时产业集群创造的就业岗位使就业需求能得到有效的解决途径，有利于实现充分就业，维持社会稳定，推进社会主义和谐社会的进程。

(2)产业集群对区域城市化发展的影响。从具体城市化的发展过程来看，产业集群的出现是发展城市化的良好路径，产业集群对城市化的推进作用主要表现在三个方面，即产业集群为城市要素集聚奠定基础、产业集群增强城市集聚效应、产业集群导致城市空间结构的演化。

1)产业集群为城市要素集聚奠定了基础。埃尔德里奇(H. Eldridge)认为,人口的集中就是城市化的全部含义。我国著名人口学家邹沧萍认为,随着工业的发展,人口愈易从分散走向集中。美国经济学家赫希认为,没有空间集中,生产只能以有限规模接近产品消费而进行,即城市是生产要素及各类经济活动在地理上规模集中的产物。根据国内外的发展经验,产业在实现集聚的进程中带动了资本、技术等生产要素的集聚,同时也带动了人口的大量集聚,为城市化进程的推进提供了必要的条件。

2)产业集群增强了城市集聚效应。城市作为经济的景观,本质上便是空间集聚的经济。集聚效应是城市形成、生存和发展的重要动力和基础,城市集聚效应收获的不仅是量的集聚,更是质的集聚。首先,大量的企业为了获得规模经济和外部经济集聚效应,通常会使企业的雇员固定地定居于特定的场所以节约成本,从而引发人口的集中,这是量的集聚。其次,建立在专业化分工以及价值链基础上的产业集群有利于产业组织结构、产品结构、技术结构和区域结构的优化与升级,不断增强城市集聚效应的质的变化。根据相关统计数据,现代化产业集聚后可以节约土地30%,提高能源利用率40%,节约行政管理费用20%左右。

3)产业集群导致城市空间结构的演化。克拉克(Clark)定义城市化为第一产业人口不断减少,第二、三产业人口不断增加的过程。在利润最大化动机的推动下,生产的空间组织和企业经济活动集中,在空间上导致经济活动综合体的形成。随着城市现代产业的进一步集聚,城市集聚效应增强,更多的产业和居民向城市空间集聚,如城市土地利用结构实现多元化,居住用地、商业用地、办公用地和公共用地的空间布局进一步优化,这个过程可称为城市建成区的空间结构调整。现代产业在城市空间的集聚上增强了城市可持续演进的自增强动力机制,导致城市地域的外延与扩展，进而形成具有网络特性的城市经济区。其中城市经济区空间结构形成的途径有二：一是大量现代化产业在一定地域空间范围内的集聚；二是城市内外交通运输系统影响和改变着城市的空间结构。①

二、长三角区域城市产业集群协调与服务的现状与问题

1. 长三角区域产业集群的发展状况

长三角区域由两省一市构成，主要包括上海，江苏省的南京、苏州、无锡、常州、扬州、镇江、南通、泰州，浙江省的杭州、宁波、湖州、嘉兴、绍兴、舟山、台州等 16 个城市。长三角的土地面积仅为全国的 1%，人口占全国的 6%，但每年创造的 GDP 约占全国的 18%，完成的财政收入占全国的 21%，实现的外贸出口占全国的 28%，人均 GDP 高达 2730 美元(相当于全国平均水平的 3 倍)。长三角地区是产业集群密集的典型地带，该地区的产业集群不仅数量众多，而且集群的销售收入和利润贡献卓著。“长三角”江浙沪三地的产业集群具有明显的地区优势，其中上海主要是以高新技术集群为主，江苏主要以建立园区、招商引资的规划引导性产业集群为主，浙江则以民营企业集群为主，“长三角”三地的产业集群比较如下表所示。②

表 3－5 “江浙沪”三地产业集群比较

地区	产业集群模式	地区优势
上海	规划引导型	技术、信息、金融
江苏	规划引导型 产业转移型 自发成长型	熟练工人、当地优惠政策
浙江	自发成长型	产业基础、创业文化

① 吕巍. 基于集聚效应的长三角都市圈企业竞合研究[M]. 上海：上海人民出版社，2009 年，第 17～45 页。

② 《中国产业集群发展报告》课题组. 中国产业集群发展报告[M]. 北京：机械工业出版社，2009 年，第 1～19 页。

(1)浙江。浙江产业集群发展以中小民营企业为主，产业主要集中在纺织、五金、服装、办公用品等行业。浙江集群以传统优势性产业集群和市场带动型产业集群为主，是自发成长型产业集群模式的典型。浙江的地理条件、经商传统是形成产业集群的重要条件，本土传统经济的发达为浙江形成产业集群提供了有利条件。同时浙江销售队伍的壮大与专业市场的发达带来了市场需求的旺盛，带动了相关产业的迅速发展，如义乌的小商品和温州的低压电器集群。从集群发展规模的贡献来看，2005 年产值过亿的产业集群有 600 多个，其中过 10 亿的有 285 个，集群的工业总产值超过万亿，占全省总量的一半多。

表 3—6　浙江主要产业集群

地区	集群名	地区	集群名
杭州	杭州安防产业集群 杭州萧山钢结构产业集群 海宁皮革产业集群 海宁经编产业集群 富阳白板纸产业集群	宁波	宁波服装产业集群 宁波北仑塑料机械产业集群 余姚模具产业集群 慈溪家用小电器产业集群 宁海文具产业集群
台州	桐乡濮院羊毛衫产业集群 桐乡崇福皮草产业集群 台州制笔产业集群 黄岩・塑料模具产业集群 玉环五金水暖产业集群 玉环中低压阀门产业集群 路桥区金属固废处理产业集群 缝纫机产业集群	绍兴	平湖出口服装加工产业集群 绍兴轻纺产业集群 绍兴软件科技园区 绍兴汽车装备产业集群
嘉兴	海盐紧固件产业集群 平湖光机电产业集群 嘉兴通用设备产业集群	舟山	舟山渔业加工产业集群 舟山港口物流产业集群 舟山临港工业产业集群

资料来源：中国产业集群网 http://www.csic99.com/portal/

(2)江苏。江苏省产业集群发展模式比较具有代表性，一是以苏、锡、常为代表的苏南模式，它是政府主导下的以集体企业、中型企业为主的自发成长型模式；二是通过建立苏州新加坡工业园、苏州新区、无锡高新技术开发区、常州高新技术开发区等国家级开发区和一系列省级开发区，形成规划引导型产业集群模式。江苏省主要以形成龙头企业来带动区域经济的发展。全省中小企业产业集群已初具规模，中小企业的产业集聚度达40%。据2009年统计数据，155个统计范围内的产业集群实现销售收入13434.85亿元（占全省的40%），利润总额高达771.3亿元（占全省的53%）。其中产出50亿元以上的产业集群79个，主导产业突出、特色明显的产业园区约40个（占50%以上）。从行业的分布来看，主要集中在传统优势产业和规划型的高科技产业中，其中纺织、服装、机械、轻工、冶金等行业集聚程度较高。

表3—7　江苏的主要产业集群

地区	集群名	地区	集群名
南京	南京化学工业产业集群 南京仪器仪表产业集群 南京生物制药产业集群 南京食品饮料产业集群	苏州	昆山笔记本产业集群 昆山精密机械产业集群 昆山千灯电路板产业集群 昆山模具制造产业集群 常熟服装产业集群 太仓精细化工及润滑油产业集群 吴江盛泽丝绸纺织产业集群 吴江横扇缝纫机产业集群 张家港黑色金属冶金及加工产业集群
无锡	无锡新区电子产业集群 宜兴电线电缆产业集群 宜兴陶瓷产业集群 锡山电动车产业集群	南通	南通家纺产业集群 启东电动工具产业集群 海门家纺产业集群
常州	武进纺织产业集群 常州生物医药产业集群	镇江	丹阳眼镜产业集群 扬中工程电器产业集群
泰州	泰州医药产业集群 兴化不锈钢制品产业集群	扬州	汽车产业集群 电气机械产业集群

资料来源：中国产业集群网 http://www.csic99.com/portal/

（3）上海。上海是我国最重要的经济中心，上海对外交流密切，研发能力极强，凭借上海的“四个中心”建设，上海产业集群的发展进程将进一步加快。上海主要以服务金融产业、信息技术产业为主，其中有著名的陆家嘴金融产业集群、一汽大众制造园区以及众多的高新科技加工园区。据统计，上海产业集群的生产总值占整个上海市的60%，从规模总量上看，有石油化工、精品钢材、汽车制造、电子信息、生物医药、造船和装备等产业集群;从行业分布来看,上海市的产业集群主要集中在全国高竞争优势的支柱产业,如汽车、金融、钢铁、石化等。

2. 我国其他区域产业集群发展经验

随着改革开放的持续推进,我国逐步形成了众多的产业区(经济开发区),其中以长三角、珠三角、环渤海经济圈的发展为典型,因而本文将通过描述珠三角、环渤海经济圈的发展经验,展示我国区域经济发展的绩效,利于其他中西部地区发展借鉴。

(1)珠三角。珠三角是以广东珠海为核心的经济区,其依据良好的区位优势和低廉的劳动力成本吸引众多的外商直接投资,因而珠三角可称是在外商直接投资驱动下的外向型加工业集群。20 世纪 80 年代,香港等地区面临第二次产业转型,劳动密集型产业失去了比较优势,但珠三角依靠水、电、土地等低廉的要素优势,吸引着大量服装、鞋业、箱包、玩具、钟表、电话机等生产型中小企业的进入。20 世纪 90 年代,珠三角的生产成本提高,劳动密集型产业逐渐失去吸引力,此时赶上台湾等地电子产业的国际化转移,于是在东莞、深圳等地兴起发展 IT 产品的高科技产业浪潮。珠三角能够敏锐感觉市场风向变化以及善于利用政府的优惠措施,使得珠三角地区的产业集群发展迅猛。以广东为例,在改革开放的初期,广东凭借优惠政策、廉价的劳动力、土地资源吸引着大量的外商直接投资,并且通过"三来一补"的方式,大力发展外向型经济,因此广东可称为"产业转移型集群模式"的代表。但广东产业集群的产品外向型依赖性强,广东全省的产业集群产品出口量占总产量的一半,以电子信息制造、汽车、家电、纺织、鞋业、玩具等产品为主,因而当经济危机来袭,珠三角的经济会受到极强的干扰与阻碍。

(2)环渤海经济圈。京津冀经济圈是继珠三角、长三角之后极具增长潜力的第三大经济板块。京津冀经济区的产业定位是以北京为研发中心，强化在金融、信息、创新方面的区域主导地位和对周边地区的辐射作用；天津通过自身的工业基础和科技实力逐渐实现区域研发转化中心的目标；河北则根据其相应的城市规模、生产要素的比较优势，定位为京津冀地区的配套生产基地。这种定位结合专业化分工和协作的原理，充分突出北京的知识型、天津的加工型、河北的资源特色型，打造我国第三大经济区。

1)北京。北京高校和科研机构密集，研究能力强大，科研人才较多，并不断吸引外国知名高科技型跨国企业如谷歌、微软的入驻。北京以中关村为代表的高科技产业集群发展迅速，其打造的创意产业集群在不断壮大，属于典型的科技带动型和园区规划型集群模式。

2)天津。天津依托直辖市的政策优势、邻近北京的地理优势以及传统的机械制造历史，逐渐形成产业集群。据统计，天津 17 个重点产业集群实现销售收入 944.57 亿元、利润总额 54.3 亿元的成绩。天津市主要依据电子信息、汽车、化工、现代冶金、医药、新能源、环保六大支柱产业，以及其他诸如移动通讯、新型冶金、医药、PVC 产品制造、生物技术、无缝钢管制品等行业发展。

3)河北。河北省依托传统的药材生产、农产品加工形成了一系列自发成长型的产业集群，并利用毗邻北京、天津的地理优势，积极加入环渤海经济圈，并为北京、天津的发展提供配套服务。河北的产业集群主要分布在冶金、建材、机械制造、化工医药、纺织服装、农产品加工、电子信息、皮革皮毛、板材家具、电线电缆等行业。

长三角、珠三角、环渤海经济圈是我国区域经济发展的典型，在我国二线、三线城市以及农村地区也存在产业集群现象，诸如辽宁的重工业基地、成都武侯鞋业集群、湖北汽车产业集群、景德镇陶瓷烧冶集群、西藏绿色产品生产集群等。下面将通过表格罗列归纳我国各地区产业集群的特征和行业分布。[①]

表 3—8 我国主要产业集群区域发展模式和行业分布

区域	省市	主导发展模式	重点行业
长三角地区	浙江	自发成长型	纺织、服装、制鞋、五金、低压电器、办公用品
	江苏	规划引导型 产业转移型 自发成长型	纺织、服装、机械、轻工、冶金
	上海	规划引导型	汽车、钢铁、石化、电子信息、金融、生物医药
珠三角及福建	广东	产业转移型	电子信息、电器设备、石油化工、纺织服装、食品饮料、建材
	福建	产业转移型	电子、纺织服装、制鞋、陶瓷、石材
[illegible]渤海经济圈	北京	规划引导型	电子信息、汽车、金融、软件、创意
	天津	自发成长型 规划成长型	汽车、机械加工、轻纺、金属冶炼
	河北	自发成长型 规划成长型	冶金、建材、机械制造、医药化工、纺织服装、农产品加工
	山东	自发成长型	机械加工制造、电子信息、家电、纺织服装、化工医药、食品饮料、建材
东北地区	辽宁	资源驱动型 规划引导型	装备制造、食品、石油化工、金属冶炼、非金属矿物、纺织服装
西南地区	四川	自发成长型	家电、纺织、装备制造、家具、建材、食品
	重庆	自发成长型 产业转移型	汽车、摩托车、装备制造、医药化工、电子信息、轻纺
西北地区	陕西	自发成长型 规划引导型	电子、汽车、医药、机械制造、纺织
中部地区	湖北	资源驱动型 规划引导型	汽车及零部件、纺织服装、食品加工、冶金、机电、电子信息、化工、建材、医药
	河南	资源驱动型 自发成长型	冶金、食品加工、纺织、煤炭、汽车配件

3. 长三角地区产业集群发展特点

长三角地区产业集群同我国其他经济集群相比，起步较早、发展相对成熟，产业集群优势比较明显，不仅对江浙沪地区的经济增长贡献很大，在很大程度上成为我国企业产业集群地区模范，推进了我国区域经济的发展。上海已经或正在形成众

① 《中国产业集群发展报告》课题组. 中国产业集群发展报告[M]. 北京：机械工业出版社，2009 年，第 52～103 页。

多颇具市场竞争力的特色产业集群，这些产业集群遵循世界产业发展规律，借助自身地方优势，充分利用高科技和先进技术，成为区域和地方经济发展的支柱。综合来看，长三角地区产业集群的特点可归纳为以下四点：①②

（1）地理位置优越，经济基础坚实。长江三角洲是目前我国城市化水平最高的地区之一。随着经济全球化的发展、新国际劳动地域分工的形成和环太平洋时代的到来，中国参与国际大循环的强度和中国城市参与全球经济的力度明显增大，长三角都市化进程及城市间区域整合明显加快，大中城市经济中心的辐射带动作用增强，区域内形成产业集群的生产要素的集聚和流动性提高。同时，长江三角洲一个比较重要的优势是[illegible]内既重视国际经济、金融、贸易和航运中心建设（四个中心）的上海，又有具有明显工业基础优势的江浙两省，上海与江浙两省彼此在产业上有很大的互补和合作空间，这就为打造各具特色的产业群并实现专业分工与合作打下了坚实的基础。

（2）产业链条完善，集群竞争力强。近些年，随着长三角地区的发展和产业升级的进程加快，许多产业在原有的基础上产业链条不断延伸，配套能力不断加强，并且通过重新树立竞争优势以形成具有较强竞争力的产业集群。以上海为例，东部微电子产业带、南部化工工业区、西部国际汽车城、北部精品钢材基地等四大产业基地集群正在形成，同时浦东航空港和洋山深水港之间也正在发展成一个与国际航运中心相匹配的装备工业产业区，外高桥、长兴岛地区正在打造船舶制造业基地。“扎堆”投资相同行业、抱团作战并形成集群的主要是在业内享有一定地位的国际企业或跨国公司，如总投资额超过 80 亿美元

---

① 刘斌. 产业集聚竞争优势的经济分析[M]. 北京：中国发展出版社，2004年，第 107～161 页。

② 王诣杉. 长三角产业集群国际竞争力分析[J]. 商业文化，2009，(05)，第 89 页。

的上海化工区；世界三大化工巨头——英国石油、德国拜耳、巴斯夫公司的若干重点项目均在上海落户；规划 22 平方公里的浦东微电子产业带，包括中芯国际、宏力、华虹、泰隆、英特尔等一些国际芯片大厂亦趋向在上海扎根投产。

(3)集群整体科技发展速度快。20 世纪 90 年代以来，以高新技术产业为主要动力的知识经济发展迅速，推动发达国家经济向知识密集型产业升级，产业结构向知识化、高度化发展。国际产业转移和技术传递又带动承接地区产业再度升级换代。长三角发达的经济基础、优越的资源尤其是区域内优势集聚的科研教育资源使长三角形成高新技术产业集聚地。现已有 8 个国家级高新技术产业开发区分别分布在上海、南京、杭州、苏州、无锡和常州，以上海为中心，南京和杭州为次中心，逐步形成了环太湖和沿沪宁、沪杭甬铁路线的高新技术产业密集带，促进城市间的联动发展。目前长三角已经成为电子通信、生物工程、新材料等诸多高新技术产业的重要基地，以微电子、光纤通信、生物工程、海洋工程等为代表的高新技术产业也居全国领先位置，许多城市已经成为高科技产品和高附加值产品的集聚地。

(4)国际合作前沿，发展机遇良好。作为沿海开放地区，30 年来外资持续进入对长三角地区产业集群产生了重要的作用，跨国公司的大量进入使得全球的各种生产要素不断向长三角地区集聚，发挥着弥补了长三角地区资本不足、带动产业结构升级、加快产业集聚、创造增加就业、促进技术进步、加快贸易增长和加快工业化进程等作用。特别是在 20 世纪 90 年代后第四次全球产业转移浪潮加快了长三角先进制造业基地建设，使得长三角日益成为承接国际产业大转移的前沿阵地。这次大转移的主要特点是：①不仅是加工制造能力的简单转移，而且是依次包括生产加工、研究开发、销售总部、管理总部、发展总部等多层次、全方位的转移；②产业的层次比较高，主要是重化工业和电子信息等高新技术的转移;③国际制造业向我国转移加快的趋势日益明显,尤其是以上海为龙头的长江三角洲地区。[1]

4. 长三角地区产业集群发展存在的问题

在改革开放三十年中,长三角产业集群取得了快速的发展,但相比美国、英国等发达国家的产业集群,我国长三角地区产业集群仍处于发展的初级阶段,其中经济规模较小、单位面积产出较低、自然资源供应不充分、创新机制不完备等都是制约长三角地区产业集群发展的因素,因此长三角地区的产业集群优势是不能持久、欠稳定的。波特在《国家竞争优势》中指出,当国家把竞争优势建立在初级和一般生产要素时,它通常是浮动的、不稳定的。同时,波特在"钻石模型"中也指出,决定一个国家产业竞争力的主要因素有:①人力资源、自然资源、知识资源、资本资源、基础设施;②需求条件,主要是本国市场的需求;③相关产业和支持产业的水平,即这些产业和相关上游企业是否有国际竞争力;④企业的战略、结构、竞争对手的经营策略。但要分析产业集群存在的问题和面临的挑战,还需要建立、健全完备的产业集群创新系统。一个完整的产业集群创新系统主要包括环境要素、主体要素、联结要素、资源要素和功能要素五方面。因而要正确有效解决产业集群发展中遇到的问题,应紧密结合相应的理论基础。

(1)国际贸易环境和国内宏观政策导向威胁产业集群的发展。一是从国际需求环境分析,国外针对中国制造的产品在国际贸易中通过设置反倾销等贸易壁垒,推行歧视性的贸易政策;同时,在产品质量的相关技术指标上的严格设置导致长三角地区贸易摩擦不断;再加上我国人民币面临来自国际的升值呼声,均使以出口导向为主的长三角地区的产业集群发展受到

---

① 吕巍.基于集聚效应的长三角都市圈企业竞合研究[M].上海:上海人民出版社,2009年,第121~156页。

影响。长三角地区产业集群大多属于劳动密集型产业，时常会面临国际上的反倾销压力，技术性贸易壁垒在不断威胁长三角(尤其是浙江)产业集群的劳动密集型产品的出口，长三角地区劳动密集型产品的利润空间不断受到压缩。典型的是纺织服装产业集群，这是我国产业集群发展最成熟且占据集群比例最高的行业，但纺织服装行业面临反倾销指控的压力也最大，大量集中纺织产业的江苏、浙江两省受到的打击最严重。二是从国内政策层面分析，首先是国家对生态环境保护日益重视，提出的绿色环保、循环经济和可持续发展战略对企业的资源利用水平和节能减排要求日益提高。其次，出口退税政策的调整对产业集群发展有影响。我国 2007 年 7 月 1 日宣布取消或调低部分商品的出口退税率，并将部分商品由出口退税改为出口免税政策，主要取消了 533 项“高能耗、高污染、资源性”产品的出口退税，降低服装、鞋帽等 2268 项容易引起贸易摩擦的商品出口退税率。这项政策对浙江、江苏两省以传统资源依赖型和传统产品粗加工与出口贸易为主的产业集群带来极大的威胁。国内外宏观政策环境的变化，一方面对我国产业集群的技术升级提出更高的要求；另一方面，它造成了企业的生产成本增加，导致企业利润下降。目前江苏吴江、浙江温州等地的鞋业和纺织集群中大量企业倒闭和停产便是很好的例证。

(2)区域内部资源与要素供给不足制约集群发展。波特将生产要素划分为初级生产要素和高级生产要素，其中初级生产要素是指天然资源、气候、地理位置、非技术工人、资金等；高级生产要素是指现代通信、信息、交通等基础设施，受过高等教育的人力、研究机构等。目前，上海在逐步摆脱对“初级生产要素”的依赖，大力发展信息金融产业，但江苏、浙江两省依然严重依赖“初级生产要素”，其产业集群大多以劳动密集型产业为主。在长三角产业集群发展的过程中，资源要素的问题日益突出，主要表现在：①资源要素供给紧张，集群外部约束日益严厉，如土地、资本等要素供给不足，土地使用成本高企。目前，长三角地区的工业用地近乎枯竭，尤其是上海高额的房价明显增加生产成本。在这些地区发展起来的很多传统产业集群主要是基于当地丰富的土地、劳动力、资本、自然资源等价格低廉的基本生产要素，但这些以粗放式生产为主的产业集群在资源日益贫乏的现状中恐难维系。仅在浙江省三年间因土地涨价、电力紧张、劳动力短缺等因素的影响，转到外地投资的企业逾500家，转移资金达4000亿元。②高级要素匮乏，主要是指熟练工人、专业技术人员、高级技工以及高素质管理人才的缺乏，集群内部研发机构、信息传播机构缺乏，知识的生产和传播水平低，导致企业缺乏自主创新的人才基础和科研条件。产业集群发展到高级阶段，其优势的发挥必须依赖知识、技术、资本运作、管理水平等软件要素的配合。而长三角地区产业集群主要集中在劳动密集型产业中，企业员工素质普遍较低，使得企业在提高产品质量和科技含量方面困难重重。

(3)粗放式经营使外延扩张矛盾日益凸显。从产业资源利用效率上看，长三角地区的产业集群主要是粗放式的生产，粗放式的发展模式使得投产过程中的资源问题、环境问题日益突出。据统计，江苏省和浙江省如果按照目前的用地方式，8～10年内将用完除基本农田以外的耕地。在环境问题中，长三角地区的16个城市中有14个属于酸雨控制区，虽然在上海、江苏的高新科技工业园区中研发生产的是节能环保型产品，但实质上是能耗和污染大户，如太阳能硅晶片的生产。浙江省的大多数纺织服装产业集群中也大多依赖高能耗、低附加值的粗放式生产模式。据统计，15家纺织服装产业集群的平均毛利率为9.72%，比全国平均水平低0.88个百分点。其中浙江温州市的纺织服装产业集群中，全市园区每亩产值仅为全市规模以上工业平均水平的52%。长三角地区的产业结构及产业布局亟待调整，尤其是江苏、浙江的某些劳动密集型产业集群应在全国经济转型的浪潮中进行调整以维持利润与收益。

(4)区域政府间联系不密切,存在行政壁垒。由于产业博弈涉及不同区域之间、产业之间的互动,产业在博弈中获得的利益将直接影响区域经济的发展进程,因此区域政府在此过程中会由管理者变成参与者,产业博弈中蕴含着不同区域政府之间的博弈,两项博弈之间存在着互动关系。尽管长三角地区是我国产业集群的典型与模范,但其同我国其他经济圈的交流依然不容忽视。政府竞争与合作的目的、类型以及博弈均衡结果都将影响产业博弈。政府间的竞争是通过影响企业、家庭和个人行为来影响产业运行和博弈结果的。区域政府合作的目的从根本上说是通过行政力量并基于对市场规范的共识,扫除行政壁垒,促进区域内部要素的流动,实现资源的有效配置,最终形成统一的地域经济组织(即区域经济共同体),合作机制必须是建立在分享共同利益的基础之上的合作行为。在市场经济深入发展和各地方政府利益独立化的制度背景下,区域内各地方政府之间的合作行为是一种利益驱动下的战略选择,区域政府合作框架必须基于各地的共同利益之上,并且是区域内的地方政府意识到只有选择合作战略才能增进和分享共同的利益。①②③

三、推进长三角区域城市产业集群协调与服务的若干建议

为了更好地推进长三角城市产业集群协调与服务,我们分别从战略决策、经济环境、竞争力和制度建设等四个层面提出

---

① 吕巍.基于集聚效应的长三角都市圈企业竞合研究[M].上海:上海人民出版社,2009年,第143～190页。

② 《中国产业集群发展报告》课题组.中国产业集群发展报告[M].北京:机械工业出版社,2009年,第68～155页。

③ 刘世锦,任兴洲.中国产业集群发展报告(2007—2008)[M].北京:中国发展出版社,2008年,第160～243页。

政策建议。

1. 战略决策层面

(1)整合模式选择。产业集群的“整合模式”,是通过企业主体与市场运作的整合、品牌整合与生产整合、资本和知识整合等方式对已有的产业进行整合。① 长三角产业集群之所以要进行“整合模式”,就是要使集群产业形成和获得外部规模经济、降低交易费用、提高创新能力的优势,从而在全球化的经济竞争中赢得优势。目前,长三角城市已经具备各种产业集群,通过对产业的整合,可以建立完善的生产制造体系、严密的产业组织、配套的基础设施、社会服务系统、技术和人力资本积累等方面的综合优势。长三角的各级各类城市必须按照“模式整合”圈的客观要求,加快转变经济发展方式,充分发挥各自的比较优势,在产业集群和产业演进中走向错位发展、特色发展和梯度发展。结构调整,不仅可以在彼此发展中集聚各自优势产业,实现产业连接,而且有利于打破它们在产业集聚、城市成长上相互制约的体制障碍。

(2)产业布局调整。长三角城市产业集群的布局方面,首先,上海作为长三角地区的核心城市,应强化和发挥自身的区位优势和辐射作用,成为长三角地区发展的引导者和创新者,并促进地区内的均衡发展。南京和杭州作为次中心城市,应发挥产业优势,重点发展以现代技术装备的石油化工、交通运输设备、电气机械、电子及通讯设备等基础产业和装备工业以及以引进、消化和自主研发创新为技术支撑的高新技术产业。杭州重点发展以现代技术改造装备的日用消费品加工、纺织与纺织加工、电子电气等轻型加工业,及有一定基础的电子信息、软件开发、生物医药等高新技术产业。苏州、无锡、常州三市地域相邻,是长三角都市圈的中心地带,要正确定位城市产业,应重

---

① 徐泰玲.长三角产业集群模式比较及发展策略[J].东吴学术,2010,(03),第94页。

点发展机械制造业、纺织服装业、化学工业以及旅游业。无锡应重点发展纺织服装业、机械制造业以及钢铁工业等。常州是纺织业、服装业及其他纤维制品制造业。

(3)集团形式发展。企业集团是建设长三角产业集群的重要力量之一,企业集团的优势是利用其资本、技术、品牌和购销网络以及企业的传统、企业在不同的发展阶段不同的发展要求等因素,整合产业结构。都市圈各个城市的资源禀赋和产业发展水平的差异,决定了各个城市在比较优势上的差异,客观上具备产业组织整合的基础。[①] 通过各种形式的联合、合作和合营,形成以大企业为龙头的大型集团,本来分属不同城市的企业,通过各种形式的联合、合作和合营,成为某一企业集团内部的成员企业,按照比较优势的原则在企业内部配置生产力,从而实现某一产业在长三角城市的产业集群,避免了各个城市为了各自行政范围内的企业专门"配套"而发展小集群,导致重复建设的发生。另外,以大企业为龙头,在市场导向下,整合地区产业资源,改变各地"大而全"、"小而全"的发展模式,组建大企业集团,既有微观层面的内部驱动力,又有区域性的效率改善,是最为理想的建设产业集群的途径。

(4)产业链分工组合。在长三角地区产生以市场为导向的自我联合效应,加速基于产业链分工的产业集群的形成。长三角地区很多城市在大的产业层面存在"同构"现象,而在具体的产品层面则存在着产业内水平分工现象,甚至,有些产品还形成了小产业集群。而且这些小产业集群正好形成环环相扣的产业链,并构成了产业链的垂直分工,在市场力量的推动下,这种分工模式自然会演变为一种基于地方产业集群组合的产业集群。在这种产业集群内,存在着产业组织与运营模式创新的空间,政府需要做的是顺势而为,加速横向与纵向和网状企业

---

① 吴晓隽,高汝熹.长三角都市圈发展广域产业集群的构想[J].学习与实践,2008,(07),第35页。

的整合，变“同构”式集群为“价值网”式集群，变“内向型”集群为“外向型”集群；加速产业集群间的信息标准化和交流、产品扩散、产品互通，变“割据式”集群为“价值链”式广域集群，变“刚性”集群为“柔性”集群。[①] 长三角地区城市产业最终形成环环相扣的产业链，构成产业链的垂直分工。譬如，某个产业形成以上海为龙头、江浙为两翼的互补共荣的产业集群，这就是基于产业链分工的长三角城市产业集群的组合。

(5)形成战略联盟。目前我国尚处于经济转轨时期，受长期的计划经济的影响，政府在降低不确定性和交易费用上具有相当大的比较优势，完全排斥政府的作用是不经济的。尤其在一些国有资产力量强大、受传统体制下条块分割影响较深、地区行业间壁垒较高的产业部门，没有政府的引导与适度参与，促成不同行政区之间各种所有制相关企业的联盟、广域产业集群在短时间内是不可能形成的，或者说成本是很高的。比如长三角都市圈地区发展较为分散的汽车产业的情形就很典型，上海的小客车，南京、常州的中型和大型客车，浙江的汽车配件，各有优势，虽然上海的整车生产规模、研发能力、服务能力在区域内首屈一指，然而直接的跨地区的购并活动，由于涉及各地方利益、各投资方利益而变得十分复杂，交易成本高昂。如果政府能参与其中，本着共利、共赢的思想，引导企业以股权安排、合资企业、研究开发伙伴关系等战略联盟的形式逐步推进跨地域的资源整合，进行产业合作，那么不仅会推动汽车行业的较大发展，而且会成为现阶段推进广域产业集群的一种重要的形式。[②]

2. 经济环境层面

(1)优化产业结构。众所周知，在不同的经济发展阶段经

① 吴晓隽，高汝熹．长三角都市圈发展广域产业集群的构想[J]．学习与实践，2008，(07)，第 35 页。

② 吴晓隽，高汝熹．长三角都市圈发展广域产业集群的构想[J]．学习与实践，2008，(07)，第 36 页。

济的产业结构不同，经济增长过程中存在显著的结构效应。在许多研究中都有大力发展长三角第三产业的提议，同样地，我们也认为，高水平的第三产业是长三角城市产业集群的基础，因此，大力促进第三产业的发展、打造良好的产业集群大环境是长三角面临的主要任务之一。当前，长三角地区 GDP 产业结构均呈现“二三一”类型、从业人员产业结构均呈现“三二一”类型。从各产业生产效率因素看，长三角地区第一产业劳动生产率虽持续提高，但其在三大产业中最低；第二、三产业劳动生产率增长较快，且出现三产接近二产业的迹象，且大大高于第一产业。今后，长三角地区第一产业的比重将继续稳步下降，农业劳动力将向第二、三产业大量转移，结构偏大的第二产业所占比重会小幅下降，第二产业内部结构调整将加快，高新技术产业的需求将持续增强，第三产业比重将加速提高。因此，应在发展第一、二产业基础上，加强第三产业的比重和对经济的带动作用，把提升高新技术产业和第三产业的比重作为优化三次产业结构的主攻方向。

(2)要素市场建设。加快长三角统一的区域性要素市场建设速度，有助于推动长三角区域产业集群结构调整，形成合理集群。首先，共建区域性的商品物流共同市场、产权交易市场、人力资源共同市场、科技成果及知识产权保护共同市场、基于信息实现生产要素的自由流动以及产品和服务的彻底开放。要致力于实现生产要素在区域内的自由流动，必须有发育完善的市场体系和区域性的要素市场。其次，资金市场方面，要以上海国际金融中心建设为核心深化长三角金融合作，建设金融基础设施平台和金融合作网，培育一批以长三角为发展腹地的投资公司、控股公司，使资金在共同市场内合理流动，财尽其用。在加强金融改革的同时，开展一些民间的资本融通等。再次，在人力资源要素方面，组建长三角人才大市场；在人才和劳动力市场方面，发挥市场机制的作用，实现择业决策的自由化、就业的弹性化和劳动力交换的双向性，形成劳动力合理流动机制。最后，在产权交易市场方面，建立以上海产权交易市场为龙头、联系三地的区域性产权交易市场，完善长三角统一的产权交易法规。

(3)非国有经济发展。关于促进非国有经济的发展问题。截至2010年底，在长三角地区两省一市中，上海市的工业总产值为31038亿元，国有经济占37%，外资占42%，非国有内资仅占21%；江苏省的工业总产值为92056亿元，国有经济11%，外资占40%，非国有内资占49%；浙江省的工业总产值为51394亿元，国有经济占13%，外资占25%，非国有内资占62%。非国有内资的行业分布广泛，其中不乏具有很强竞争力的企业。但从总体上看，企业规模偏小、研发能力不强是其重要特征。然而，从长期来看，这类企业必然会成为现代制造业发展的重要力量，也会成为与外资抗衡的重要力量。对于长三角地区城市来说，更为重要的是，如何创造一种公平的竞争环境，迅速消除这类企业实现自身产业组织现代化的政策障碍，消除这类企业进入某些行业的成分歧视。另外，在金融体系方面，也应对这类企业一视同仁，真正地推动非国有经济发展。

(4)促进合作交流。首先，需要推进集群企业跨地区联合。通过这种联合和合作，组建跨地区大型企业集团，注重提高集群企业的规模和质量，同时充分发挥这些跨地区大型企业集团对整个区域经济的拉动作用，带动其他企业的发展，形成以这些大型企业集团为核心的产业带。其次，促进科技中介的协同与整合。逐步转变政府职能，打破条块分割的管理体系，鼓励中介机构在长三角区域范围内公平竞争、合作共赢，走市场化运作之路。充分发挥市场在资源配置中的作用，实现科技中介资源跨区域的合理流动和高效配置，构建和完善长三角区域中介联盟。两省一市可以现有科技中介机构为基础，联合建立几家服务于整个长三角区域的专门化中介机构。最后，在集群战略规划上形成合作。根据区域产业结构、能源结构、土地资源储备和环境承载力等对产业发展提出的总体要求，统一制定长三角区域产业集群布局规划纲要和相关条例，统一制定区域性的产业集群发展战略、规划、计划和政策，统一制定长三角产业集群的发展规划，以高层次龙头企业或大型企业集团的引进和培育为核心，重点发展支柱产业集群和培育新兴产业集群。①

(5)优化发展环境

首先，优化政策法规环境。重点是完善长三角知识产权保护协作网络，构筑一体化的行政、司法和行业相结合的知识产权管理和保护体系。促进长三角各个城市在科技政策层面的协调与对接，促进现有技术标准、规范、资质认证制度的统一，联合颁布新的区域性科技政策，为长三角产业集群发展提供法律保障。其次，净化社会诚信环境。加快社会信用体系建设，建立、健全企业与个人诚信体系，严厉查处不诚信行为，逐步净化社会信用环境。发挥政府主导作用，规范政府行为，建立政府信用，从而为长三角城市产业集群发展提供良好的信用环境。再次，强化区域合作意识。加大对内、对外宣传力度，营造科技合作氛围，弘扬科技合作文化，增强长三角区域一体化意识，促进集群内部、集群与集群之间的协作，形成集群内企业在产业链上的梯度分布、不同集群在空间价值链上的错位发展。②

3. 竞争力层面

(1)技术创新战略。长三角地区多数产品属于低端产品或者处于价值链低端的产品，因此，企业要充分利用本地区的研究机构和企业研发部门的技术力量，发挥本地区的专业性人力

---

① 杨耀武，张仁开．长三角产业集群协同创新战略研究[J]．中国软科学，2006年，增刊，第139页。

② 杨耀武，张仁开．长三角产业集群协同创新战略研究[J]．中国软科学，2006年，增刊，第139页。

资本的优势，掌握产业核心技术，使企业产品加快更新换代的步伐，并发展技术含量高的新兴产业。为此，长三角要努力发展科技型产业集群，市场竞争加剧是传统型产业集群向科技型产业集群演进的主要驱动力量，科技型产业集群的大量出现，会促使地区企业创新能力的提高，并推动产业的升级。同时，为加快创建区域创新系统，在长三角产业集群区还要加强企业间的交流与合作，增强协同效应，增强集群区产业间的关联性，使产业集群区形成一种积极、充满活力的创新环境，从而提升产业集群的整体竞争力。当今的市场，技术进步不断加快、产品生命周期日益缩短，在这样的市场中提高区域竞争力、取得竞争优势的最佳方式就是不断地创新。政府必须制定产业集群政策鼓励和促进产业集群内企业的创新，例如：税收优惠、知识产权保障措施、向企业提供 R&D 津贴或贷款等等。①

(2)培养竞争优势。比较优势是由一国或地区资源禀赋和交易条件所决定的静态优势，是一国或地区在国际贸易中普遍遵循的原则，但过多依赖比较优势会使区域陷入“比较优势陷阱”。目前，长三角地区的产业集群(例如加工贸易)就表现出“凝滞化”倾向，这类产业集群中的企业长期享受国内劳动力充足供给和成本低廉的优势，缺乏转型升级动力，缺乏在国际市场中的竞争力。而且，长三角地区不能通过出口导向战略实现经济的长期发展，因为 2008 年的国际金融危机对实体经济的冲击，已经警告了长三角地区，必须转变外贸增长方式，保持适度贸易规模，将贸易重点放在提高产品竞争力、优化贸易结构上来。只有这样才有可能规避国际市场的冲击，促进长三角地区城市经济发展方式的转变。这需要政府加强宏观调控，积极培育具备竞争优势的微观主体，优化软环境，从根本上促进产业结构、贸易结构的互动升级。

---

① 徐泰玲. 长三角产业集群模式比较及发展策略[J]. 东吴学术，2010，(03)，第 95 页。

(3)发展高新科学技术。利用高新技术尤其是信息技术和现代科技成果推动现代制造业的发展,全面提高长三角城市产业集群整体实力和经济效益。目前来看,长三角城市产业集群还处于低级阶段,集群化水平低、效益差,迫切需要提升。从历史发展来看,信息技术的推广极大地节约了成本,提高了资源配置,提升了经济运行的效率,依托信息技术和现代科技成果,加大信息化在产业集群发展中的运用,不断提升产业集群的技术含量和运行效率,是提升产业集群的重要手段。更进一步地,能够建立长三角城市高新技术产业集群,并能够进行制度创新和制度安排,当然,这还需要大幅度提高高新技术产业集群的微观基础和制度创新的互动水平。同时,还需要通过制度创新,来提高长三角本地区集群企业对外资投资企业的合作能力和学习能力,最大限度地提高高新技术产业集群的溢出效应。此外,还需要有适应高新技术产业集群的长三角地区人力资本积累、区域创业文化和创业制度安排等方面的配合。

(4)技术主导权利。如何掌握重要行业的技术主导权一直是影响长三角城市产业集群发展的问题。目前,长三角城市的诸多产业已经成为国际著名跨国公司垂直生产贸易链的一部分,但是基本上处于这个体系的末端,即处于"品牌商——主要零部件供应商——零部件分包商"这一链条中的最后一环。在这样的分工体系中,国内企业或合资企业的中方所获得的直接利益是有限的。现在的问题是,中方如何掌握关键技术或核心技术,以便能从分工链条的末端向中端和前端移动,以获得更多的分工利益。① 在当前这种开放的经济大环境中,长三角城市产业集群虽然不可能在多数技术领域获得控制权,但是,在一些重要行业掌握核心技术还是必要的,也是有可能实现的。那么,风险性研发应当如何进行,谁进行投资?这是一个关键

---

① 陈家海等.长三角产业结构调整升级与防止重复建设[J].上海经济,2004年,增刊,第25~28页。

问题。在现代工业经济中，许多产品的研发投资是大规模的、高风险的，一般中小企业难以承担。长三角城市产业集群的规模和水平偏低，难以与大型跨国公司进行研发竞赛。因此，就需要长三角地区政府迅速消除体制障碍，推动中资企业规模扩张，使其获得研发投资实力，或者，由政府建立风险投资基金，扶持企业进行核心技术开发。

(5)形成扩散效应。发挥长三角城市产业集群的扩散效应，加快建设“泛长三角”地区共同市场。这里的“泛长三角”地区指的是上海、江苏、浙江、安徽、江西等四省一市。为实现这种扩散效应和形成“泛长三角”地区共同市场，必须做好以下几个方面工作：第一，应积极探索长三角与长江下游省份安徽及江西组建新的地区产业集群或者产业战略联盟的现实可能性，通过与安徽、江西两省的全面合作，共同打造以申、苏、浙、皖、赣四省一市为合作主体的“泛长三角”，形成长江下游及河口地区的整体联动发展新态势。第二，充分利用安徽和江西两省的资源、地理、交通运输、信息通讯等优势，以及这两省处于长三角产业转移承接的位置，推动上海、江苏、浙江三地产业集群结构的优化升级。随着全球化进程的加快，全球产业正向中国大转移，给经济区域化的进一步发展带来了新的刺激和驱动力，“泛长三角”已经成了一种趋势，也将使该地区成为最具活力的经济增长区域和最具国际竞争力的中心区域。

4. 制度建设层面

(1)转变政府职能。积极转变政府职能，当好产业集群的服务者，这是长三角城市产业集群发展的一项根本的制度保障。政府是地区经济发展的决策者，对于产业集群来说，政府更应该发挥好公共服务功能，如提供各种优惠的政策，创造良好的制度环境、基础设施环境和社会人文环境等。首先，长三角各城市政府应做好产业集群的规划工作，在有资源、区位、传统产业等优势的地区发展特色产业集群，避免产业集群的盲目发展，避免造成集聚不经济。其次，长三角各城市应根据自身优势进行错位发展，避免产业同构、恶性竞争。同时，政府应制定优惠的产业集群政策，完善本地区各项基础设施条件，吸引企业的入驻。[①] 最后，政府应积极打破行政区阻隔，创造产业集群的统一竞争环境，积极破除地方利益至上的思想，积极促进各城市间的协调、可持续发展；重视科技创新对产业集群的推动作用，通过提供更多信息、资金等支持，提高产业的创新能力和竞争能力，积极支持高科技产业的集群发展，提高地区科技水平。

(2)消除体制障碍。这里所谓的“消除体制障碍”，指的是消除国有企业规模化扩张的体制障碍。20 世纪 80 年代中后期，外资尚未大规模进入。对于国有企业还拥有这样的机会，即通过市场竞争，让优势企业兼并弱势企业，迅速实现国有企业的跨区域的规模扩张。然而，由于体制改革面临困难，这个机会没有顺利地实现。90 年代初开始至中后期，外资迅速进入长三角地区大部分的现代产业，并在许多重要的行业逐步取得了优势地位。这时，出现了一个突出的现象，本地区的国有企业在规模和实力上均无法同外资相抗衡。现在，长三角城市政府需要作出理性的选择，尽快建立一种新的合作机制，在地区内各城市之间主动消除国有企业规模扩张的体制性障碍，让那些仍有某种优势的国有企业获得迅速成长的环境。当然，这里有一个重要的操作环节是，必须建立一种利益补偿机制，使那些在资产和业务重组过程中受损的企业和城市获得合理的补偿。只有基于国有企业的迅速发展和壮大，才有可能实现长三角城市产业集群协调发展和服务经济的功能。

(3)打破本位主义。所谓“打破本位主义”，就是要突破行政壁垒，建立区域内平等的竞争机制，实现包括上海、苏南、苏

---

① 王春雷，涂婷. 产业集群与区域经济发展探析——以长三角地区为例[J]. 南通职业大学学报，2009，(03)，第 16～21 页。

中、浙北、浙东在内的整个长三角城市产业集群协调与发展政策的基本统一，构建长三角地区统一大市场。主要包括：统一地方税税种与税率，避免引起地区间经济政策的不平衡；统一协调财政补贴政策；统一协调投资政策，特别是在需要重点扶持的产业上游各个项目上必须实行政府层面的协调；统一协调引资政策；土地政策的协调，规范土地使用政策；统一开发区规划，避免官方政策与财政因素的干扰，避免非市场化的恶性竞争与财税资源、土地资源的大量浪费；吸收外省市企业进入本区域进行经营，以扩大产业阵容。① 努力为长三角城市产业集群的快速、协调发展铺平道路，同时为产业集群服务功能的发挥提供条件。

(4)政府对话机制。长三角城市政府建立对话协商机制、加强联系和对话，明确自身在城市产业集群发展中的优劣，对城市功能进行科学定位，并根据自身状况制定相应的产业集群发展规划，具有重大的意义。针对当前各城市在选择主导产业时存在严重的雷同现象，政府要改变自身盲目狭隘的发展观念，主动融入长三角城市产业集群这一大的发展蓝图中来。比如，上海的汽车制造业已经发展到了一定的程度，周边地区汽车生产与之相比处于明显的劣势。当地政府可以有选择地放弃一部分没有规模优势的汽车生产厂家，促进汽车产业链在长三角的形成，进而推动本地区汽车产业集群的建立和发展。在其他领域，诸如纺织、化工、机械制造等产业，为实现长三角城市产业集群协调与服务，也应当采取类似的措施。当然，这些措施的实施，都需要确立政府对话机制这个基本前提。

(5)产政学研合作。实现产政学研一体化，实现产业部门与高等院校、科研院所有效结合，政府以经济人身份参与产业集群。目前，在长三角地区有多种形式的产业集群和大学、研

---

① 王英，王国华.论推动长三角城市群产业集群发展[J].当代经济，2006，(05)，第 29～30 页。

究院，依靠这样的载体实现了一定数量企业和知识的集聚。在这一基础之上，长三角在建立产业集群和大学城时，就应当多从招商引资和解决办学条件、兼顾拉动城乡接合部的经济发展的角度出发，着重建设与生产、教学有关的基础设施，并以产业集群的理论指导建设大学和研究院的发展。只有这样的产业集群和大学、研究院才能够发挥它们的外部经济性。作为全国经济发展新引擎的长三角，其目标绝不仅在于此，更在于实现技术创新和产业创新，在于实现产业结构优化升级。所以，我们需要的是包括政府、大学和研究机关共同参与的产业集群。因此，政府应在促进科研院所、大学与产业相结合的方面加大研究力度，克服各种不足，并以经济人的身份积极参与产业集群，最终实现长三角城市产业集群的协调发展与服务功能。

第四章 长三角区域城市环境保护协调服务研究

根据国务院出台的《关于进一步推进长江三角洲地区改革开放和经济社会发展的指导意见》和《长江三角洲地区区域规划》的要求，长三角区域各城市在环境保护方面必须联合行动，推进环境保护一体化进程。本章就如何推进长三角区域各城市环境保护的协调与服务进行探索。

长三角区域是我国经济最发达的区域之一，经济发展速度和城市化水平都居于各省市的前列。然而，在区域经济高速增长、城市化水平不断提高、人口不断增加的同时，区域内各城市的生态环境也在日益恶化，水的跨界污染、大气污染特别是SO_2污染等问题在长三角地区已非常严重，长三角已成为我国新的生态环境脆弱带。实践证明，要使长三角各城市的环境保护取得理想的效果，除了靠长三角各城市内部加大环保资金投入、完善法律法规、创新机制提高群众的环保意识等方式外，长三角区域各城市必须联合行动，建立一体化的环境保护制度，这就需要政府做好长三角各城市环境保护的协调和服务工作。

一、长三角区域城市环境状况

近年来，随着长三角区域经济的高速发展，城市环境的总体状况也出现了一定程度的恶化，具体表现在以下几方面：

1. 能源消耗巨大，污染物排放增加

随着长三角各城市工业的不断发展，能源消费总量呈逐年增长态势。“十五”期间，长三角能源消费总量从 2000 年的 2.07亿 tce 增加到 2005 年的 3.72 亿 tce，年均增长率达到了

12.49%，高于同期国家能源消费10.15%的增长速度。其中，上海的增长速度为8.61%，低于全国平均水平；江苏和浙江两省分别为14.43%和12.90%，均高于全国平均水平。"十一五"期间前两年，长三角两省一市的能源消费总量继续增长，2006年为4.1亿tce，2007年达到4.49亿tce，年增量为0.38亿tce，占国家2006年新增能耗总量2.16亿tce的17%，占国家2007年新增能耗总量1.92亿tce的20%。[①] 与发达国家相比，苏、浙两省的单位GDP能源消耗大约是日本的6倍、美国的2.2倍、韩国的1.8倍。大量的能源消耗导致废气和废水的过量排放。

表4－1 2003—2009年长三角两省一市工业废气排放量（立方米）

废气排放量 \ 年份 / 地区	2003	2004	2005	2006	2007	2008	2009
上海	7799	8834	8482	9428	9591	10436	10709
江苏	14633	17818	20197	24881	23606	26726	27432
浙江	10432	11749	13025	14702	17467	17620	18860

数据来源：长三角联合研究中心：《长三角年鉴(2010年)》，河海大学出版社，2010年。

从表4－1可以看出，从2003年到2009年，上海市工业废气排放量从7799亿标立方米增加到10709亿标立方米，年均增加6.2%。江苏省工业废气排放量从14633亿标立方米增加到27432亿标立方米，年均增加约14.6%。浙江省从2003年到2008年工业废气排放量也增加了68.9%，年均增长13.78%。长三角部分地区SO_2浓度有所上升，导致酸雨频繁发生，江苏南部、上海和整个浙江都是酸雨的重污染区，给长三角区域的工农业生产发展和人们的身体健康带来了很大的负面影响。2009年，浙江省废水排放量36.5亿吨，其中工业废水排放量

① 环境生态网，长三角节能减排现状及发展思路，2009年9月14日。http://www.eedu.org.cn/Article/es/envir/edevelopment/200909/40130.html

为20.34亿吨，生活废水排放量为16.16亿吨。同年，江苏省废水排放总量为50.56亿吨，其中工业废水排放量为26.88亿吨，生活废水排放量为23.68亿吨。上海废水排放总量为18.93亿吨，其中工业废水排放量为4.12亿吨，生活废水排放量为18.93亿吨。[①] 长三角各省市的废水排放量都较2003年有了很大的增长。另外，随着长三角区域经济的发展，人们的生活水平得到提高，私家车的购买量也逐年上升，私家车消耗的能源和排放的废气也在逐年增大。近年来，机动车尾气污染已逐渐成为长三角各中心城市空气污染的主要来源。

2. 水污染加重，水质型缺水明显

由于太湖、长江、东海以及错综复杂的水系把长三角各方连接成一个有机整体，该地区水资源非常丰富，江、河、湖往往跨行政区域分布，这些水资源为这些地方的经济发展作出了重要贡献，然而也同时遭受这些地区经济发展带来的污染，并且，一个地方的污染会影响到整个区域。京杭运河长三角地区段，太湖、长江下游段，钱塘江段等水资源都受到不同程度的污染，其中以太湖污染最为严重。2007年5月底，太湖水域大规模暴发的蓝藻再一次为长江三角洲地区的环境恶化敲响了警钟。调查显示，除长江、钱塘江干流的水质保持良好外，长江三角洲地区其余中小河流的水质污染均很严重。大多数城市河流都存在比较严重的有机物污染问题，水质均远劣于Ⅴ类标准，出现季节性的或终年的水体黑臭现象。2005年沿海省（自治区、直辖市）近岸海域海水活性磷酸盐平均含量的比较，上海市位居第一位，已经达到严重污染的程度；浙江排第四位，属于中度污染；江苏排第九，属于较清洁、轻度污染。近5年的监测结果显示，我国沿海赤潮主要发生在东海区，其赤潮发生次数和面积明显高于其他三个海区，分别占5年来赤潮累计发生次数和

① 长三角联合研究中心，长三角年鉴（2010），河海大学出版社，2011年12月。

面积的61%和72%；其中，浙江近岸海域赤潮发生次数和面积占全海域5年来赤潮累计发生次数和面积的38%和61%。[①]长三角地区虽然水资源总的拥有量虽然较多，但由于人口众多，人均拥有量却较少。该地区人均水资源拥有量为775立方米，仅相当于全国水平的1/3，尤其是上海和苏中南地区，人均拥有当地水资源仅为246立方米，加上水体污染的加剧，都已进入缺水城市的行列。另外，据2005年由南京地质矿产研究所主持的《长三角地区地下水资源与地质灾害调查评价》报告显示：由于地下水资源被过度开采，长三角地面沉降大于0.2米的范围近1万平方公里，上海、苏锡常和杭嘉湖的最大累计沉降量分别达到2.63、1.80和0.82米。地面沉降对长三角地区造成的直接和间接损失已经达到3150亿元，包括对建筑楼房、道路桥梁、地下管线等造成的损失。

3. 空气质量基本稳定，酸雨有所加重

近年来，长三角区域的整体空气质量基本保持稳定，但是部分地区 SO_2 浓度有所上升，导致酸雨频繁发生，江苏南部、上海和整个浙江都是酸雨的重污染区。2007年江苏13个省辖城市空气质量级别属于优秀或良好的天数占全年总天数比例均在80%以上，江苏全省城市环境空气质量大部分时间处于良好以上状态；13个省辖市降水年均pH值范围为4.33～7.32，全省酸雨（pH值小于5.6）发生率为39.8%。无锡市酸雨发生率最高，达83.1%；苏州和南通市次之，分别为70.3%和69.2%；南京、扬州及泰州三市酸雨发生率有所下降；徐州、淮安、盐城和宿迁4市未监测到酸雨。浙江全省环境空气质量总体良好，78%的省控城市达到国家二级标准，但酸雨污染仍较严重。省监测站降水pH年均值都在5.60以下，全省平均

① 国家海洋局网站，2005年中国海洋环境质量公报，2006年1月1日。http://www.soa.gov.cn/hyjww/hygb/hyhjzlgb/2007/09/1190166471036915.htm

为4.32,比去年上升0.02;平均酸雨发生率为92.6%,比去年上升1.0个百分点。32个省控城市中有27个为重酸雨区,较去年增加2个。上海市环境空气质量总体与2006年基本持平。环境空气质量优良的天数为328天,较2006年增加4天,优良率为89.9%,较2006年上升1.1个百分点。2007年,上海市降水pH平均值为4.55,酸雨发生率为75.6%,较2006年上升19.2个百分点。近5年的监测数据表明,上海市酸雨污染呈逐年上升趋势。①

4. 土壤健康状况下降

由于长三角区域工业化、城市化的快速发展,城市垃圾和工业废物中的各种有机物和金属可以通过各种途径排放到土壤中去:一是工厂、发电厂排放出大量的金属和有机污染物;二是汽车保有量的增加使尾气的排放不断增加;三是废旧电池、灯管、变压器的不合理回收也会泄露出汞、镉等重金属;四是城市居民生活垃圾填埋、焚烧后的有毒有害残留物;五是各种有毒有害物质通过地表水或地下水系渗透到土壤中。这些污染使得长三角区域土壤的健康状况日益恶化。中科院南京土壤所主持的国家973项目的一项研究发现,包括南京在内的长三角地区的土壤质量已存在某种毒性,其中重金属、持久性有机污染物、持久性有毒物的污染已初步显现,一些点的土壤标本中检验出的多氯联苯竟有100多种,多环芳烃也在20种左右。其中,多氯联苯属国际社会高度关注的有毒物质,它会在土壤中残留,通过食物链积累、放大,将最终危害人体健康。②

二、长三角区域城市环境保护协调与服务的现状分析

针对日益严峻的长三角区域生态环境问题,长三角各省市

---

① 长三角联合研究中心,长三角年鉴(2008),河海大学出版社,2009年12月。

② 长三角联合研究中心,长三角年鉴(2010),河海大学出版社,2010年12月。

的政府和环保部门已经在环境保护方面做了大量的协调和服务工作，具体情况如下：

1. 环境保护相关法律法规逐步完善

近年来，长三角各城市纷纷加强环境保护立法，针对当地环保需要出台了多项环保法律、法规。从 1991 年到 2012 年，上海市已颁布了 23 项环境保护法规。目前上海市正在加紧制定《上海市社会生活噪声污染防治若干规定》，开展了本市实施《中华人民共和国固体废弃物污染环境防治法》的调研工作。江苏省从 1994 年到 2012 年也已制定了 40 多项环境保护法规。仅 2011 年一年，就出台了《关于进一步加强污染减排工作的意见》、《江苏省“十二五”及 2011 年度主要污染物总量减排计划》、《江苏省污水集中处理设施环境保护监督管理办法》、《江苏省排放水污染物许可证管理办法》、《太湖流域环境资源区域补偿资金使用管理办法》、《关于推进生态文明建设工程的行动计划》等文件。浙江省仅从 2010 年到现在就已制定了 10 多项环境保护法规。长三角各城市环境保护法律、法规的不断完善为环境质量的改善提供了制度上的保证。

2. 环境执法力度有所加强

2011 年，上海市环保系统共出动执法人员共 22779 批次、72611 人次，检查企事业单位 50691 次；检查废水处理设施 16285 套、废气烟尘治理设施 27224 套、噪声治理设施 4167 套、固废治理设施 6268 套，全市开征排污费 2.41 亿元。全市环保系统共实施行政处罚 1154 件，处罚金额 4211.96 万元。① 同年，江苏省共否决不符合环保要求的建设项目 550 个，投资额达 200 亿元；累计关闭化工企业 696 家、小火电机组 65 台(套)，淘汰落后炼钢能力 5 万吨、水泥产能 585 万吨等；扩大城市“禁燃区”面积 100 多平方公里，关闭搬迁 146 家大气污染严

---

① 上海市环境保护局：上海市环境状况公报(2011)，2012 年 6 月 2 日。http://www.sepb.gov.cn/fa/cms/shhj/shhj2072/index.shtml

重的企业，关停小燃煤机组82万千瓦。全省共出动环境执法人员54.58万人次，检查企业23.67万厂次，立案查处3527家违法企业，挂牌督办404个重点环境违法案件。对43个重点整治地区（园区）、30个热点难点问题及288家重点整治企业的突出环境问题开展集中整治，公开曝光十大典型违法案件。省本级及13个省辖市按照国家规范要求建成污染源监控中心，太湖流域实现县级监控中心全覆盖。940家国控重点企业安装了污染源自动监测设施，安装率为99%；924家完成验收，并实现与省、市环保部门联网。组织开展全省环境安全隐患排查专项行动，排出重点环境风险源5210个、环境安全隐患1067个。① 浙江省2011年共完成行政处罚案件9994件，罚款额4.47亿元，个案处罚额4.47万元。各级环保部门共关闭企业2247家，停产企业3534家，取缔非法加工点5298个，追缴排污费1482.7万元，共对33962家企业征收排污费10.8亿元。特别是一些地方加大了环保司法介入，加大刑事、行政追责力度，行政拘留230人，刑事拘留30人，有力地震慑了各类环境违法行为。②

3. 环保投入不断增加

2011年上海市环保投入资金557.92亿元（比上年增加50.38亿元），相当于上海市当年GDP的2.91%。其中，城市基础设施建设投资为316.79亿元，污染源治理投资为104.01亿元，生态保护与建设投资为15.53亿元，环境管理能力建设投资为3亿元，环保设施运转费为71.69亿元，循环经济与其他方面投资为46.9亿元。同年，江苏省完成2010年度农村环

---

① 江苏省环境保护局：江苏省环境状况公报（2011），新华日报，2012年6月5日。http://xh.xhby.net/mp2/html/2012－06/05/content_578586.htm

② 浙江省环境保护局：浙江省环境状况公报（2011），http://wenku.baidu.com/view/c80241ea4afe04a1b071de50.html

境连片整治任务，共落实配套资金近4亿元，支持72个建制镇、800多个行政村开展整治工作，215万农民群众直接受益。新建成投运集中式污水处理设施70余家，新增污水处理能力达100万吨/天，新增污水收集管网超过2500公里；完成畜禽减排工程245家。建成火电脱硝机组31台1960万千瓦，实施非电行业脱硫工程46个，减排二氧化硫约10889吨。浙江省大力推进农村环境连片整治，仅2011年上半年全省就投入美丽乡村建设40.4亿元，其中中心村投入10.8亿元。全力推进镇级污水处理工程建设，累计完成投资5.14亿元，占总投资的45.5%。深入推进228个乡镇3100个待整治村的综合整治工作，启动11个美丽乡村创建先进县有关工作。完成280个农村环境连片整治示范村庄的环境整治任务。实施"农村饮水安全提升工程"建设，完成投资约2亿元，约占总投资的28%。完成万里清水河道建设和农村河道综合整治1200公里。

4. 长三角区域城市间环境保护合作取得了一定进展

多年的环境保护实践经验说明，在长三角城市环境保护的问题上，各自为政、单打独斗是难以取得良好效果的，无论是中央政府还是长三角各地方政府都已经逐渐认识到打破地域分割、联合治理污染的重要意义，并且已经采取了一系列政策措施推进长三角各城市联合开展环境保护。

(1)中央政府对长三角联合开展城市环境保护给出了明确的指导意见。早在1984年，国家就成立了太湖流域管理局，2007年太湖蓝藻爆发后，国务院也先后召开太湖、巢湖、滇池污染防治座谈会和太湖水污染防治座谈会，2008年5月，国务院又批复了太湖流域水环境综合治理总体方案，太湖流域综合治理进入新的阶段。2008年9月，国务院颁布了《关于进一步推进长江三角洲地区改革开放和经济社会发展的指导意见》，其中的第二十八条明确指出长三角区域应该在生态环境建设、保护和治理方面加强合作。该《意见》指出，长三角区域应"加强区域生态环境的共同建设、共同保护和共同治理。落实《太湖流域水环境综合治理总体方案》和《淮河流域水污染防治规划》，加强杭州湾、长江沿岸、长江口和近海海域污染综合治理和生态保护。实行更严格的环境保护标准。完善区域污染联防机制，推进区域环境保护基础设施共建、信息共享和污染综合整治。加快规划和建设城乡污水处理和生活垃圾处理设施，强化对已建成污染治理设施的运行监管。治理农村面源污染，加大畜禽养殖污染防治力度。加大江河湖库饮用水源地建设，加强饮用水水源地保护，确保饮用水安全。坚决关停达不到污染物排放标准的企业，治理工业污染，大幅度减少燃煤电厂二氧化硫和汽车尾气排放，控制高架源氮氧化物的排放。加大水土流失综合防治力度，加强水土保持清洁型、生态型小流域综合治理。严格执行开发建设项目“三同时”(建设项目环保设施与主体工程同时设计、同时施工、同时投产使用)和水土保持方案报告制度。加强林业生态建设，增强涵养水源等能力。强化地下水资源保护，遏制地下水超采，建立区域联动机制，防治地面沉降，保护地质环境。建立海洋重大污染事件通报和海区关闭制度。健全环境违法行为联合惩处机制，加强联合执法检查，完善跨界污染防治的协调和处理机制。披露环境信息，建立、健全社会公众参与和监督机制。落实污染减排考核和责任追究制度，实行环境保护一票否决和问责制。研究推进排污权交易和建立生态环境补偿机制。①

(2)长三角区域各地方政府达成了环保合作协议。早在2002年2月，在国家环保局的支持和协助下，针对江浙边界水污染防治工作和江浙两省交界断面水质情况，嘉兴与苏州两市建立了污染防治联席会议制度。2002年1月和2003年12月

---

① 新华网，国务院关于进一步推进长江三角洲地区改革开放和经济社会发展的指导意见，2008年9月25日。http://news.xinhuanet.com/fortune/2008-09/25/content_10107100.htm

分别在两省交界的王江泾水域建立两个水质自动监测站，加强两省水质断面的监测工作。2004 年 6 月在“区域环境合作高层国际论坛”上，苏、浙、沪两省一市政府又共同发表了《长江三角洲区域环境合作倡议书》，2005 年经江苏、浙江、上海两省一市海洋主管部门共同商议达成的《长三角海洋生态环境保护与建设合作协议》。

2006 年 11 月 21 日在上海举行的第六次沪苏浙经济合作与发展座谈会上就探讨了跨界合力治污。在区域生态环境治理方面，抓好太湖水污染防治“十一五”规划编制工作，合力保护太湖水环境。“十一五”期间，规划新、扩建 135 个污水处理厂(项目)，以削减流域内城镇生活污染物总量；开展长江口及毗邻海域生态调查，着手编制长江口及毗邻海域碧海行动计划；继续深化跨界污染联防机制，联合开展环保专项行动，逐步建立和完善跨界污染应急预案；抓紧实施环境平台建设，并且当时已完成《长三角三省市环境保护合作协议》讨论稿的编写工作。

2007 年 8 月 6 日，上海市政协举行了“长江三角洲地区经济联动发展”专题研讨会。市政协在报告中建议尽快出台两省一市联合制定的“长江三角洲地区(太湖)流域产业和城镇发展总体规划”及与之相衔接的“太湖流域水环境保护综合规划”，明确实施太湖流域污染物排放总量控制指标和统一的更为严格的污染物排放标准、流域污水处理率和处理水平等，建立长江三角洲地区(太湖)流域水环境保护一体化合作平台，建立流域管理协调委员会等。以上举措预示着长三角城市环境保护联动工作的深化和提升。

2008 年，国务院颁布了《关于进一步推进长江三角洲地区改革开放和经济社会发展的指导意见》后，苏、浙、沪政府也进一步加强了在环境保护方面的合作。2008 年 12 月 15 日苏浙沪两省一市签订了《长江三角洲地区环境保护合作协议(2009

—2010年)》(以下简称《合作协议》),将在提高区域环境准入和污染物排放标准等方面紧密合作,推进长三角环境保护一体化进程。《合作协议》确定了为期2年的区域合作6个方面重点工作。

第一,提高区域环境准入和污染物排放标准。制定更加严格、相对统一的建设项目环境准入和主要污染物排放标准,促进区域产业结构调整和优化升级。从2009年起,除城镇生活污水处理项目外,在太湖流域禁止新建、改建、扩建化学制浆造纸、制革、酿造、染料、印染、电镀以及其他排放含磷、氮等污染物的企业和项目。严格执行太湖流域国家水污染物特别排放限值,全面推进企业提标改造工作。

第二,创新区域环境经济政策。深化环境资源价格改革,在长三角地区逐步推进统一的污水处理费和企业排污费征收标准,完善反映市场供求关系、资源稀缺程度和环境损害成本的环境资源价格机制。大力推行排污权有偿分配和交易制度,在太湖流域先行开展化学需氧量排放指标有偿分配和交易试点,建设排污权交易平台,培育成熟有序的交易市场。完善区域"绿色信贷"政策,2009年6月之前,制定出台《长三角地区企业环境行为信息评级标准》,从2010年起,在每年的"6·5"世界环境日,向社会统一公布"绿色"和"黑色"企业名单,并将有关信息及时提供给银行机构,纳入银行征信管理系统。积极推行"绿色保险"制度,2009年,两省一市分别选择一个县(市)开展环境污染责任保险试点。

第三,重点推进太湖流域水环境综合治理。共同实施一批工业污染源治理、城镇生活污水处理设施建设、生态清淤、网围养殖清理等重点治污工程,切实加强太浦河、吴淞江、淀山湖、江南运河、笤溪等跨界河流的综合整治,建立蓝藻预警和打捞机制,促进太湖水质的根本好转。进一步完善跨界水污染防治中的联合办公、监测预警和信息共享等制度,强化联合执法检查，共同打击环境违法行为，减少污染纠纷。实施《长江口及毗邻海域碧海行动计划》，开展长江沿岸及杭州湾地区的污染综合治理，切实加强崇明岛生态建设和近岸海域环境保护。

第四，加强区域大气污染控制。大力削减二氧化硫排放总量，2010 年之前，全面完成燃煤电厂脱硫工程建设。优化区域火电布局，在国家二氧化硫控制区和酸雨控制区内，除已经列入“十一五”规划的新建电力、热电联产和资源综合利用项目外，严格控制新建火电厂。全面实施国家第三阶段机动车尾气排放标准，有条件的地区提前实施第四阶段排放标准。在区域各大城市逐步推行机动车环保分类标志管理制度，从 2009 年 7 月 1 日起，实行标志互认。2009 年，两省一市联合组织开展城市机动车尾气排放现状调查，选择部分城市进行灰霾天气监测试点。共同研究制定上海世博会空气质量保障措施，为成功举办世博会提供环境保障。

第五，建立全区域环境监管与应急联动机制。建立项目转移环境信息通报制度，对产业转移项目，迁入地环保部门可商请迁出地环保部门提供企业环保守法、污染物达标排放等信息，防止重污染项目向经济欠发达地区转移。严格执行危险废物转移联单制度，2009 年合作建成区域危险废物管理信息系统，进一步提高区域危险废物转移审批和监管效率。建立完善跨界水、大气、核与辐射等环境预警和应急机制，联合开展跨界环境突发事件的应急演练，实行监测仪器、应急车辆等环境应急设施的紧急共享，提高区域环境应急水平。

第六，完善区域环境信息共享与发布制度。编制实施《长三角区域环境监测网络规划》，整合资源，合理布点，建设完善长三角地区水和大气环境自动监测网络，合作开发区域环境监测信息共享平台，逐步实现环境监测数据的互通和共享。2009 年上半年，首先建设完成长三角城市空气质量发布系统，通过两省一市环保部门网站，向社会统一发布长三角城市每日空气环境质量。定期发布两省一市拥有环评、污染治理设施运营等资质的环保中介机构信息，打破地区壁垒，促进环保服务市场的开放。

为确保区域合作重点工作的顺利推进，苏、浙、沪还确定建立两省一市环境保护合作联席会议制度，每半年召开一次会议，定期研究区域环保合作的重大事项，审议、决定合作的重要计划和文件。设立联席会议办公室，负责执行联席会议作出的决定，制定年度工作计划，推进合作协议的具体落实。①

2009 年，江、浙、沪两省一市的环保部门借助《长江三角洲地区环境保护合作协议（2009—2010 年）》平台，积极探索区域大气污染联防联治工作机制，编制启动了“2010 年上海世博会长三角区域环境空气质量保障联防联控措施”，划定了以世博园区为核心、半径 300 公里的重点防控区域，加强合作沟通，严格控制污染物排放。为保障世博会期间的空气质量，江、浙、沪两省一市实施六大联防举措：一是联合制定联防联控措施。2009 年 6 月，长三角地区环保部门确定了高架源、机动车、联合监测、世博应急保障等四方面的合作内容。二是联合控制重点污染源。两省一市将高架源污染排放控制作为重点，加速推进燃煤电厂脱硫工程建设，部分机组开展低氮燃烧、脱硝和高效除尘改造试点。上海对全市 114 家重点环境风险源企业开展安全巡查，江浙两省也同步对钢铁、化工、建材、船舶等行业进行了全面整治。三是建立信息沟通渠道。长三角城市之间基本实行了机动车环保标志互认，实现了长三角区域高污染车辆的统一联合管理。四是联合控制农田秸秆焚烧。秸秆焚烧是造成区域空气污染的重要原因，江、浙、沪两省一市的环保、农业部门互相配合，推进秸秆禁烧，以经济杠杆鼓励秸秆还田。

① 江苏省环保厅网站，长江三角洲地区环境保护工作合作协议，2009 年 9 月 1 日。http://www.jshb.gov.cn/jshbw/qkxx/jshj/200901/200909/t20090901_66678.html

五是开展联合监测预报。长三角区域联合制定发布了“世博会期间长三角区域空气质量联动监测方案”，由上海、南京、苏州、连云港、南通、杭州、宁波、嘉兴和舟山共 9 个城市的 53 个空气质量自动监测站组成长三角区域环境空气自动监测网络，并以此为依托，建立了区域环境空气质量预报会商小组，对未来 48 小时的空气质量变化趋势开展技术会商。六是制定区域联动高污染应急预案。除了常规保障措施以外，上海市还联合江浙两省，制定了高污染预警和应急方案，一旦预报出现高污染日，立即启动应急方案，通过实施应急减排措施来减少污染物排放。

(3)长三角城市间排污权交易市场开始构建。长三角从 20 世纪 80 年代开始，就已经开始在某些城市试点排污许可证交易。进入新世纪，长三角许多地方政府都制定了规范地方排污权交易的法律制度，并建立了一些跨区域的排污权交易市场。

首先，排污权交易的法律制度不断完善。从上个世纪 80 年代开始，国家和地方各级环保部门先后出台了一系列规范排污权交易的法律、法规，为区域排污权交易奠定了一定的法律基础。1988 年原国家环保局颁布了《水污染物排放许可证管理暂行办法》，其中明确规定：“本地区的排污单位间可以相互调剂水污染物排放指标。”并确定北京、上海、天津等 18 个城市进行水污染物排放许可证试点工作。1994 年原国家环保局在全国推行排污许可证制度。1996 年国务院批准了《国家环境保护“九五”计划和 2010 年远景目标》和《“九五”期间全国主要污染物排放总量控制计划》，确定了 12 种实施总量控制的污染物，总量控制首次正式进入中国的污染控制政策体系并在全国范围内推行。1997 年 6 月 10 日，国家环保总局又发布了《“九五”期间全国主要污染物排放总量控制方案(试行)》。总量控制正式进入我国的污染控制政策体系。2000 年 9 月，《大气污染防治法》第三次修订稿开始执行，第一次明确了总量控制与排放许可证的法律地位。国家环保总局在2004年7月14日公布实施了《排污许可证管理条例》(征求意见稿),为全面实施排污许可证制度作好了政策准备。除了国家层面的法律制度外,许多地方政府也研究和制定了本地方的排污权交易制度。2001年10月,在亚洲开发银行贷款支持下,太原市开展了二氧化硫排污权交易研究,我国第一个关于二氧化硫排污权交易的地方性规章——《太原市二氧化硫排污交易管理办法》发布,作为该市实施二氧化硫排污权交易的依据。江苏省在2002年出台了《江苏省电力行业二氧化硫排污权交易管理暂行办法》。随后,江苏省的无锡、常州、镇江、苏州也分别出台了本市的主要污染物排污权交易管理办法。江苏省又在2010年10月出台了《江苏省太湖流域主要水污染物排污权交易管理暂行办法》,为太湖流域污水排放权的交易提供了依据。浙江省的嘉兴市、杭州市、湖州市、台州市也分别在2007—2009年出台了各地方的主要污染物排污权交易办法实施细则,浙江省政府在2009年制定了《浙江省人民政府关于开展排污权有偿使用和交易试点工作的指导意见》。上海市目前也正在研究制定《上海市主要污染物排污权交易试行办法》。

其次,排污权交易试点范围扩大。长三角区域排污权交易实践起始于1987年上海市闵行区开展的企业间水污染物排放指标有偿转让。为保护黄浦江水质,上海在黄浦江水源保护区上游开展了水污染物排放指标的有偿转让,但此有偿转让仅限于企业之间排污指标交易,没有进行排污指标的有偿初次分配。1987年,上海宏文造纸厂与永新彩色显像管有限公司达成了化学需氧量(COD)转让协议,完成了上海第一例水污染物排放指标的交易。之后,上海40多家企业COD排污指标实现了有偿转让。2001年9月,江苏省南通市顺利实施中国首例排污权交易,交易双方为南通天生港发电有限公司与南京醋酸纤维有限公司,双方在2001—2007年期间交易SO_2排污权

1800吨。2002年,在山东、山西、江苏、河南、上海、天津、柳州7省市开展了二氧化硫排放总量控制及排污权交易试点。2003年,江苏太仓港环保发电有限公司与南京下关发电厂达成SO_2排污权异地交易,开创了中国跨区域交易的先例。水污染物排污交易试点在该阶段也有所开展,2007年11月10日,国内第一个排污权交易中心在浙江嘉兴挂牌成立,标志着我国排污权交易逐步走向制度化、规范化、国际化。2008年8月5日,上海环境能源交易所也在沪正式成立。它主要从事组织节能减排、环境保护与能源领域中的各类技术产权、减排效益、能源利用权益等综合性交易以及履行政府批准的环境能源领域的其他交易项目。2010年10月,《江苏省太湖流域主要水污染物排污权交易管理暂行办法》正式实施,其排污权交易将通过省环保部门搭建的统一的交易平台进行。2011年4月,湖南省主要污染物排污权储备交易中心分别与株洲电厂、长沙电厂、株冶集团签署排污权交易合同:株洲电厂将其"十一五"期间富余的5000吨二氧化硫排放指标卖给省主要污染物排污权储备交易中心;长沙电厂和株冶集团则以总价1950万元的价格,从省主要污染物排污权储备交易中心共买得3000吨二氧化硫排放指标。

三、长三角区域城市环境保护协调与服务存在的问题

尽管中央和长三角各地方政府都认识到长三角各城市环保合作的重要性,并已经采取了一定的措施对长三角城市环境保护进行协调和服务,但目前很多措施还只停留在政策层面,没有完全落到实处,在环保一体化方面的力度还很不够,还存在着一些突出的问题。

1. 地方政府的管理理念有待改进

经济体制转轨以来,对地方干部的政绩考核,逐渐由政治目标转到经济增长为中心,各项经济指标的完成情况成了政府

绩效、官员政绩评价和奖惩的直接依据。在短期经济利益的刺激下，有些地方政府为追求 GDP 增长，还在采取“先污染后治理”的做法。重经济增长、轻环境保护的观念还存在于很多地方政府官员头脑中，某些地方政府甚至为了实现某些经济目标，对于环境违法行为采取默认、纵容的态度。在跨区域合作治理过程中，当各行政区域政府相互没有隶属关系时，就会从自身利益考虑，使政府与致污单位之间在某种程度上的共谋就具有现实可能性，地方政府千方百计保护自己的致污单位。例如，在排污权的跨区交易问题上，一些地方政府认为，限制排污就等于限制生产，出于本地经济利益的考虑，默许企业偷偷增加排污量，或者为了本地区经济的发展，不支持企业把剩余排污指标向本地区以外转移，这在客观上限制了排污权交易市场的运行效率，也不利于长三角区域整体环境的改善。

2. 没有形成跨区域的公共管理机构

在西欧国家，议会中都有永久的或临时的专门委员会，其职能是既介入一般区域管理与规划制定，又参与解决最严重的区域问题。例如，澳大利亚的墨累—达令河流域就设有部级理事会，成员由联邦政府与相关州管理水、土地以及环境的部长组成，流域各方共同处理生态问题。而我国目前还没有成立负责区域治理的综合性权威机构——区域公共管理委员会。尽管两省一市政府及职能部门之间已经达成一些环境保护的合作协议，但这并未改变长三角地区环境保护各自为政的局面，各地环境保护问题的“楚河汉界”仍然继续存在。长三角的综合流域管理需要跨行政边界的协调一致行动，但目前该地区的太湖流域、长江流域的现状却是多头管理，存在着因各部门分割管理所造成的重复管理和相互矛盾。各地环保局、各省市有关部门之间在处理水污染问题时无法统一指挥，无法做到全流域的统筹规划和管理。由于缺乏一个统一的跨区域监督机构，针对每个具体环境问题一一协商的做法导致开展合作的协调成本比较高，也阻碍了长三角区域环保一体化的推进。

3. 缺乏统一的环境保护规划

目前，长三角区域各方的规划都是就城市而城市、就省份而省份，这种规划的缺点是不利于生态环境的整合。长三角区域虽然从行政上划分为不同的省市，但在生态环境上却由于水系、大气的相同性而有着错综复杂的联系，是一个不可分割的整体，因此在环境保护方面也应该进行总体的规划。区域总体环境规划是从整个区域协调发展的高度，按照区域生态安全格局和环境容量的要求，整合区域经济社会发展资源，明确区域开发地域，以及相应的开发方式和要求；合理划分区域水资源、海岸资源、土地资源的使用；确定区域环境整治工作的范围与重点；整合区域相关环保资源等。这对于相关各方的生态环境保护都是有利的。除此之外，还应该针对长三角一些生态公地与生态敏感地带，如太湖、长江下游以及东海等，进行有针对性的环境专项规划。而目前由于缺少类似的专项规划，一些“公地”的环境问题还很难解决。以太湖为例，由于相关各方缺乏明确的责任划分，地方保护主义与“搭便车”现象时有发生。另外，由于缺乏统一的排放标准，排放标准高的一方付出了更多的治理成本，显然违反了公平原则。由此可见，针对一些特殊地带的生态环境的专项规划也是十必要的。

4. 跨区域的环境保护法律法规体系不健全

(1)没有出台处理跨区域事务的法律或法规。通过制定区域合作的法律法规来保持区域合作的一贯性和继续性，这也是西方国家通行的做法。例如，英国于 1934 年颁布了《特别地区法》，原联邦德国政府先后颁布了《联邦区域规划法》、《改善区域经济结构的共同任务法》、《联邦区域规划纲要》等一系列法律和法规。日本国会于 1995 年 5 月通过了《地方分权推进法》，以此法来规范地方跨区域合作。法国依据地方合作的实际情况制定《特别法》以及修订地方制度来推进地方跨区域的合作，使其良性发展。在流域治理方面，也有科罗拉多河的《河流法》、密西西比河的《洪水灾害防御法》和《水资源规划法》等。虽然我国制定了《环境污染法》、《水法》等统一立法，为长三角环境保护提供了一定的法制保障，但统一的法制满足不了特定区域环境治理的需要。但就跨区域水污染问题而言，目前仅有的法律依据只是《水污染法》，但是并没有对一个跨区域污染事件进行界定，对这类事件应如何处置没有法律规定，跨区域水质治理问题在法律中没有得到规定。再如，尽管 1996 年修改的《中华人民共和国水污染防治法》第十条要求建立跨区域的机构以防治水污染，但是此规定只是原则性的，缺乏可操作性。因此，总的说来，我国地方政府在处理跨区域水环境污染问题时基本上无具体的法律或法规可依，这就难免出现在区域环境治理问题上要么相互推诿、要么争议不断的现象。①

(2)法规内容存在冲突。尽管 1990 年水利部成立了跨行政区域的管理机构太湖流域管理局，但是至今没有一个涵盖整个流域的太湖管理条例，流域管理机构有规划权而无执法权，地方政府有执法权，却目标各异，甚至在区域之间的有关立法中也存有冲突，这也导致了整个太湖流域的污染日趋严重。例如，在涉及禁止新建、扩建污染水环境的企业和项目时，两省一市的有关规定就存有差异。1996 年江苏省人大制定的《江苏省太湖水污染防治条例》第二十九条所禁止的新建、扩建污染水环境的企业和项目包括：化学制浆造纸、化工、医药、制革、酿造、染料、印染、电镀以及其他排放含氮、磷等污染水体的企业和项目。而在浙江省实施《中华人民共和国水污染防治法》办法第三十条中所规定的污染型企业和项目则指的是小型化学制纸浆、印染、化工、制革、电镀等污染型企业。《杭州市苕溪水域水污染防治管理条例》第十六条则规定："禁止在苕溪水域保

---

① 黄一涛，基于府际治理的长三角流域环境有效治理研究，中共杭州市委党校学报，2008 年第 1 期。

护区内新建或扩建化工、制药、造纸、印染、染料、电镀、制革、冶炼、酿造等有严重水污染的项目。”[①]再如，在污染认定标准、环境保护措施，尤其是对造成污染企业和个人的处罚手段方面也存在不同的规定。对于环境污染事故的行政处罚，根据《上海市环境保护条例》第48条规定，可采取处2万元以上20万元以下的罚款。根据《江苏省环境保护条例》第42条，造成环境污染事故的企事业单位，由环境保护行政主管部门或者其他法律、法规规定行使环境监督管理权的部门根据所造成的危害后果处以罚款；情节严重的，对有关责任人员由所在单位或者政府主管机关给予行政处分，两法规在处罚的方法和力度方面显有不同。同是对水环境资源造成污染，但处罚的方法、力度均不同。《浙江省鉴湖水域保护条例》第十七条规定，违反排污许可证规定的要求或未取得排污许可证排放污染物的，责令限期改正，可以处5万元以下的罚款；情节严重的，并可以吊销排污许可证；但是根据《上海市环境保护条例》第四十四条规定，未取得排污许可证排放主要污染物的，由市或者区、县环保部门责令停产；未按照排污许可证的规定排放主要污染物的，由颁发许可证的环保部门按照有关法律、法规的规定处理；根据《杭州市污染物排放许可管理办法》第二十九条，未取得污染物排放许可证或临时污染物排放许可证排放污染物的，由市环保行政主管部门责令限期改正，补办污染物排放许可手续，并处以5000元以上5万元以下的罚款；逾期未办理污染物排放许可手续的，由市环保行政主管部门提请工商行政管理部门注销营业执照。[②]

(3)环境技术标准和收费标准不一致。环境技术标准是环

---

① 鲁勇睿，长三角区域环境立法冲突的经济动因及其对策，三江论坛，2008年第6期。

② 孟涛，长三角地区环境保护立法协调问题研究，社会科学辑刊，2008年第4期。

境立法中一个非常重要的环节，也直接影响了环境执法的效果。环境技术标准破坏了地区间污染防治的统一行动，也影响了区域内相关产业的流通，甚至可能造成地区间的环境污染转移。按照目前的体制，在国家环境标准之外，允许省一级制定地方环境标准。而作为区域经济共同体的长三角地区，其环境技术标准和收费就存在一定的差异和冲突。例如，《上海市安全卫生优质农产品（或原料）产地环境标准》与《浙江省农产品产地环境质量安全标准》虽然涉及的是完全相同的环境标准，但是在多个技术数据上规定了不同的标准值。仅就大气环境质量指标这一项进行比较，我们就会发现数个指标不一致：在上海的标准中总悬浮颗粒物的日平均限值是 0.12mg/m（标准状态），而浙江的标准是 0.3mg/m（标准状态）；上海标准中二氧化硫（SO_2）的季平均限值为 0.05mg/m（标准状态），而浙江的标准在区分敏感、中等敏感、抗性三种不同作物分别适用季平均限值 0.05、0.08、0.12 三个指标二氧化氮上也存在同样的差别。浙江的标准中大气环境质量指标上包括总悬浮颗粒物、二氧化硫、二氧化氮、苯并芘、氟化物、铅六个指标，而上海的标准除此之外则还包括可吸入颗粒物、一氧化碳、臭氧三个指标。

5. 环境保护的市场化手段应用不足

在环境保护的手段方面，除了可以运用征收排污费、罚款、吊销营业执照等行政命令方式外，还可以采用市场化的手段，排污权交易制度就是其中最有效的手段之一。排污权交易制度是环境保护的市场化手段，具有相对于政府行政手段的特殊优越性。由政府征收排污费的制度安排是一种非市场化的配额交易。在这种制度下，政府始终处于主动地位，制定排放标准并强制征收排污费，企业虽是排污和治污的主体，却处于被动地位。由于只有管制没有激励，只要不超过政府规定的污染排放标准，企业就不会主动地进一步治污和减排。而排污权交易作为以市场为基础的经济制度安排却不同，它对企业的经济激励在于排污权的卖出方由于超量减排而使排污权剩余，之后通过出售剩余排污权获得经济回报，这实质是市场对企业环保行为的补偿。买方由于新增排污权不得不付出代价，其支出的费用实质上是环境污染的代价。因此，排污权交易制度可使企业为自身的利益提高治污的积极性，使污染总量控制目标真正得以实现。[1] 目前长三角区域虽然已经进行了一些排污权交易的试点，但是实行排污权交易一体化还存在着许多障碍，没有建成一体化的排污权交易市场。首先是产权制度障碍。排污权交易以产权制度为基础，其基本原理为：明晰产权和允许交易，通过市场达到环境资源的优化配置。因此，排污权交易首先要对环境资源的产权作出制度安排。而目前长三角区域各省市还缺乏统一的产权制度安排。其次，缺乏统一的交易定价机制，难以实现污染排放权和自然资源权利的跨省区的交易。一方面长三角地区的两省一市不仅在水资源收费标准、污水处理费标准、生活垃圾处理费标准等环境收费价格上存有差异的，甚至各地区的收费机制上也存有差异。有些地区是按照“多排放、多收费”的原则进行污染有偿排放机制，而有些地区则完全采取污染排放许可证的硬性控制机制，这就给排放指标和自然资源的跨省区交易带来了根本性的障碍。另一方面，对于污染排放权在跨省区交易中如何体现污染排放的地区差异问题，需要通过递增式的排污收费制度鼓励排放单位节能减排，在统一协商的机制下有效实行。第三，缺少统一、规范的权利交易客体。例如，污染排放权作为一种可以交易的客体是基于环境管理部门对污染总量控制和整体监控。一旦失去了有关机构对污染排放权在不同主体间转移的跟踪监控以及对超标排放的严格执法，污染排放权的权利基础就会受到威胁。因此，如果没有统一的机构来对污染排放权进行分配、交易、维

---

① 翟齐，试论我国排污权交易面临的问题和前景，现代经济信息，2009年第14期。

护，跨区域的权利交易则无从进行。第四，是法律制度障碍。目前长三角区域统一的排污权交易市场的建立还存在法律依据不足的问题。虽然江苏省、浙江省和上海市已经分别颁布了排污权交易的地方法规，甚至还颁布了具体的交易办法，但这些条例、办法只是一些地方规范性法律文件，显然不能用于整个长三角区域，其法律效力存在着地域上和层级上的局限性。① 第五是政府协调障碍。长三角排污权交易一体化的实现需要各地方政府的协调配合，但是在现实中，各地方政府往往为了地方利益表现出一定程度的地方保护主义倾向，阻碍了统一的排污权交易市场的建立。

四、推进长三角区域城市环境保护协调与服务的若干建议

虽然中央和长三角区域各地方政府已经采取了一系列的措施推动区域环境保护，但目前仍然存在许多问题。长三角各地方政府应该针对这些问题，结合长三角各地区的实际情况，并充分借鉴国内外区域环境保护的经验，在以下方面为进一步促进长三角区域环境保护做好服务和协调工作。

1. 转变发展思路，正确处理经济发展与环境保护的关系

长三角各城市在未来的发展目标上，不仅要关注经济发展，还要关注社会发展，关注资源节约与环境友好；不仅要考虑当前发展，还要考虑长远发展。要正确处理经济发展与环境保护的关系，不能以牺牲环境为代价换取一时的发展。不能走高投入、高能耗、高污染的老路。要转变发展方式，创新发展模式，提高发展质量。在经济发展过程中，不污染水源、不破坏植被、不破坏景观、不造成水土流失，推动经济社会发展切实转入科学发展轨道。要加强生态环境保护和建设，加快建设环境友

---

① 吴世彬，建立环太湖流域统一水污染物排污权交易市场的法律障碍及对策，社会科学家，2009 年第 3 期。

好型社会的建设步伐。树立环境保护意识，在生态环境事前保护与事后建设上更加注重事前保护，在污染治理与预防上更加注重预防。[①]

2. 转变经济增长方式，大力发展绿色经济

发展包括保护循环经济和低碳经济的绿色经济，是提高资源利用效率、促进经济增长方式转变的内在动力，也是开发利用再生资源、培育新的增长点的重要途径。长三角各城市经济要继续保持较快的经济发展速度，必须在有限的资源环境约束下，通过新型经济建设，发展清洁生产，大幅度提高资源的综合利用效率，才能实现经济和环境的协调发展。积极探索“资源—产品—再生资源—再生产品”的循环经济发展模式，在生产和消费中追求资源、能源利用率最大化和废弃物最小化。大力发展低碳经济，通过媒体宣传和制度约束，鼓励家庭和企业减少碳排放，提高能源利用效率，创建清洁能源结构，实现经济发展和环境改善。

3. 消除地方本位主义，树立一体化的环境治理理念

理念是行动的先导。要实现长三角区域环境保护的一体化，首先要进行理念创新，去除地方本位主义的旧有治理理念，确立“合作共赢”的理念。虽然长三角区域的各地方政府已经在一定程度上认识到在环境保护问题上协作的必要性，但在短期内，地方本位主义仍然难以完全消除，在本地区经济利益和整个长三角区域的环境利益发生冲突时，某些地方政府往往从自身利益出发，把本地区的经济利益放在第一位，从而造成跨区域的环境污染长期得不到解决。因此，实现长三角区域环境保护一体化首先要改变地方政府的本位主义观念，改变独善其身的想法，树立起本地方的利益与整个区域利益息息相关、本地区的环境状况与整个区域的环境状况“唇齿相依”的意识，在

---

① 宋言奇，长三角生态安全一体化研究，南通大学学报，2005年第4期。

互利互信基础上以实现区域整体的环境利益。要树立开放合作的理念，区域内的各地方政府，在治理理念上跳出单一行政区划的刚性圈子，自觉接受区域环境的统一规划和管理，关注区域公共环境问题的治理，主动融入区域环境治理体系之中。在涉及地方利益时，要从整个长三角区域的大局和长远利益出发，坚持区域公共利益价值取向，以合作协调的态度来解决问题，实现区域公共环境治理最优化。

4. 设立跨区域的环境事务公共管理机构

目前长三角区域虽然已经设立了联席会议制度，规定每半年召开一次会议，定期研究区域环保合作的重大事项，审议、决定合作的重要计划和文件。但联席会议制度毕竟只是一个研究协商机构，对参与各方还不具备较强的行政和法律约束力。因此，未来应该在现有的联席会议的基础上设立具有公共管理权力的长三角区域管理委员会，下设环境事务综合管理部门，负责指导制定跨界区域资源环境治理的科学合理、有约束力的制度，不受任何政府机构的干涉。环境综合管理部门由国家环保局的成员，流域管理委员会的成员，各相关行政区划的环保部门官员和环保非政府组织的领导，以及水污染治理方面的专家学者所组成。环境事务综合管理部门为常设机构，其主要职责包括规划与协调环境污染监测、水资源管理、基础设施建设、污水处理服务等。并通过协商和调解等手段对区域内各方进行环境污染治理的领导。

5. 实施区域生态安全的总体规划

长三角区域环保一体化离不开联合规划机制的建立。第一，应实施区域总体环境规划。总体规划将从整个区域协调发展的高度，按照区域生态安全格局和环境容量的要求，整合区域经济社会发展资源，明确区域开发地域，以及相应的开发方式和要求；合理划分区域水资源、海岸资源、土地资源的使用；确定区域环境整治工作的范围与重点；整合区域相关环保资源等。区域生态安全总体规划是对区域内土地、资源、环境治理等进行通盘考虑，对各方的生态安全都是有益的。第二，实施专项环境规划。长三角一些生态公地与生态敏感地带，如太湖、长江下游以及东海等，迫切需要进行有针对性的环境规划，因此，专项环境规划是必不可少的。在区域总体环境规划的指导下，专项规划应把太湖等生态公地相关各方的责任与权利等予以明确划分，其目的是使区域各方责权明确，相互配合，更好地解决这些“公地”的环境问题。以太湖为例，就是要明确相关各方的责任划分，以消除地方保护主义与“搭便车”现象的发生。另外，还要统一排放标准，防止由于排放标准不同而使排放标准高的一方付出更多的治理成本，使高污染企业向排放标准低的地区迁移，从而违反公平竞争的原则。因此，未来长三角区域的各环保部门一方面要联合制定区域生态安全的总体规划，另一方面也要针对某些特殊环境地带制定出环境保护的专项规划。

6. 加强区域立法合作与协调

(1)建立长三角区域环境立法协调机制。要实现长三角区域环境保护立法的合作和协调，需要建立起合适的区域立法协调机制。由于长三角地区是我国地方行政区域的联合，在我国《宪法》和《立法法》规定的框架下，江、浙、沪三地相互独立、互不隶属的行政区划决定了长三角地方性法规不可能采用绝对一体化，即制定对长三角各地均有相同约束力的统一法制方案的途径。而之所以我们要实现长三角地区法制一体化，根本目的是为长三角经济一体化服务，建立较为统一的法制环境和市场秩序。因此这种法制一体化的目标决定了我们只能选择法制协调的途径，梳理各地环境保护地方法规之间的矛盾和障碍，按照统一的标准和目标逐渐形成相对统一的法制环境。立法协调机制应以我国《立法法》为基础，在不改变各地方立法、行政区划边界的前提下，由长三角地方立法机构和政府组成常设法协调委员会，定期就有关立法事宜进行交流协调；同时，各地对有关长三角地区的地方性法规决定的制定和修改信息，事先进行沟通，建立立法信息交流平台，将协调的意见反映在各省市的立法活动中，促进区域经济的一体化发展。

(2)整合长三角地区环境保护地方法规。对现行的环境保护地方法规，应当进行一定的整合。首先，针对相同的问题，应当维持统一的标准和相同的规范，针对噪音污染、大气污染、废弃固体污染、海域、港口、餐饮行业污染、机动车排放等必然共同面对的问题，宜采取共同立法或按照统一标准各自修改的方法进行一体化作业，防止出现立法缺位；其次，减少重复性地方立法，通过合并吸收或有条件废除的形式，减少重复性地方法规；第三，需要进行特殊保护的环境地方立法，应当避免与普通环境立法出现重复、冲突甚至矛盾的规定。例如太湖流域与长江水源的保护应当体现不同的管理手段和环境保护措施，西湖作为国家著名风景名胜区也应当采取特殊的环境保护措施，但是从环境保护一体化的目标出发，法律责任、技术标准应当通过普通的环境地方立法进行统一规范。

(3)推动地方环境保护执法合作与协调。由于长三角区域天然的生态联系十分紧密，污染物很可能会跨越行政边界而向相邻地区扩散，因此，在涉及跨区域的环境污染案件的处理时，长三角各地方政府也应该团结合作，联合执法。地方政府应该摒弃地方保护主义，互相支持和配合。然而，在现实中，地方政府出于自身利益的考虑而出现机会主义行为，也是很自然的。为了克服这一制度缺陷，应建立环境保护联合执法，即由长三角各地方政府联合组成环境执法小组，进行跨区域污染的案件调查、处理，避免地方保护主义所产生的不利影响。

7. 广泛动员社会公众参与

(1)强化社会公众参与。长三角区域生态环境的整体改善离不开社会公众的广泛参与与监督。如果社会公众能够广泛地参与到环境问题的发现、环境事件处理的监督以及环境保护观念的宣传交易中去,必将大大提升环境保护的成效。可以说,公众参与是长三角环保一体化的基础。近年来,长三角地区正尝试引入投资者、消费者和社区居民等多方主体促进企业提高其环境信息的透明度。环境信息公开有利于将企业的环境行为置于公众的监督之下,使企业面临比以往更大的压力。这其中媒体的作用不容小觑。互联网的传播使信息的获取成本大为减少,通过媒体的披露,区域的环境信息能够方便、快捷地传达给民众,使公众及时了解区域合作进展,形成全社会参与。媒体在报道过程中,应坚持客观公正的立场,摒弃地方主义观念,报道区域环境信息和各地任务的落实情况,既监督政府的工作,也为公众提供多方面了解信息的渠道。真实有效的环境信息是“绿色信贷”、“绿色险”等一系列环境经济政策实施的重要保障。因此,合作平台的建立将进一步健全环境信息发布度,开展上市公司的环境绩效评估和环境信息公开,逐步实现全区域的环境信息共享机制,提高环保工作效率。为使公众能够有效地行使环境监督权,应加强区域环境保护宣传教育合作。环境教育是使公众树立正确环境价值观、生态伦理观的有效手段。两省一市都拥有各自独特的自然保护区、生态示范园科研院所等。依托这些资源建立环境教育基地,定期开设环境教育课程和进行经验交流,拓宽公众的视野,进一步增强公众的环境保护意识。

(2)充分发挥环境 NGO 的作用。环境保护是一项极其复杂的系统工程。这一复杂工程的实施必须依赖多主体的投入。在环境保护中,市场机制调节、政府机制干预以及环境非政府组织(简称环境 NGO)的参与三者应当各司其职、互相补充,缺一不可。相对于市场调节和政府干预来说,环境 NGO 的优势就在于社会资源(社会资本)。具体而言,其优势主要表现在:第一,生态中心性。在全球生态“唇亡齿寒”一体化的背景下,环境NGO能够克服狭隘的民族主义。其二，信息灵活性。当前人类逐步迈入信息社会，在信息交流、搜集以及加工方面，环境NGO比政府更有优势，它又是政府与公民沟通的桥梁。其三，横向网络性。与政府部门垂直等级网络不同的是，环境NGO拥有横向网络体系，这种网络体系具有社会资本优势，更能促进人们的信任与合作，更有效率、弹性以及创意。其四，人本性。环境NGO参与环境保护，采用自下而上的路径，在本土化、认同感以及归属感等方面具有优势，比市场机制调节以及政府干预更富有人文关怀。长三角区域环境合作与一体化的实现离不开环境NGO的介入。环境NGO在跨行政区域环境合作中有着重要作用：一是环境NGO以生态为中心，而政府往往以行政利益为中心，环境NGO可以克服政府的地方本位主义的弊端，同时监督政府的利己行为。二是环境NGO具有良好的群众基础，可以通过民间合作的形式，拉动长三角各方政府间的生态合作。三是环境NGO可以通过多种方式的宣传教育，提高公众的环境意识，这对长三角生态安全一体化是必要的。当今世界在一些较为成功的跨行政的区域环境合作中，如在澳大利亚的达令河流域以及欧洲的莱茵河流域环境一体化的过程中，环境NGO往往成为“先行军”，发挥了积极的协调作用，而且在区域协调机构中都占据一席之地。就长三角区域而言，区域环境合作也绝不能仅仅成为三方政府的事务，还必须发挥环境NGO在民间领域的作用，尤其需要指出的是，长三角地区各方文化同源，这为环境NGO开展工作提供了良好的基础条件。[①] 因此，区域各方今后可以通过一些途径，如在法规、政策、资金等方面加以扶持，壮大第三组织力量，使其在区域生态安全一体化中发挥重要作用。

---

① 宋言奇、罗兴奇，环境NGO：长三角环境保护中的“第三级”，南通大学学报，2006年第3期。

8. 引入市场机制，建立一体化的区域排污权交易市场

排污权交易制度是环境保护的市场化手段，具有相对于政府行政手段的特殊优越性。正因为如此，除了依靠行政和法律手段进行环境保护以外，还应该积极引入市场机制，努力建立一体化的区域排污权交易市场。早在 20 世纪 80 年代，长三角区域就已经作过生态市场机制的探索，当时，在黄浦江水质极端恶化的情况下，上海市尝试了排污市场转让制度，分配给各企业一定的排污权，在排污总量控制的情况下，允许各企业通过市场进行交易，此举缓解了黄浦江水质的恶化。这之后，一些城市在生态市场机制方面也进行了多次探索，例如，江苏省 2002 年推出了《江苏省二氧化硫排污权交易管理暂行办法》，在江苏省全面推行 SO_2 排污权交易；2007 年，浙江省嘉兴市在全市范围内试行主要污染物排污权交易办法。但这些排污权交易都限于较小范围。2008 年国家环保总局和财政部正式批准了太湖流域化学需氧量排污权交易计划，目前已经取得了一定的成效，今后应鼓励更多的企业签约，并在信贷投放、申请防治资金时获得优先支持。但是在 SO_2 的排污权跨区交易方面，目前还没有正式启动。随着长三角区域空气污染状况的日趋严重，酸雨频发，建立整个长三角区域一体化的 SO_2 排污权交易市场已经成为未来大气污染控制的重要途径。在这方面，长三角地区已有成功的先例：2002 年太仓环保发电有限公司（苏州市）以每年 170 万元费用向南京下关电厂购买了 1700 吨 SO_2 排污权；2003 年国电常州发电有限公司以每年 300 万元向镇江谏壁发电厂购买了 2000 吨 SO_2 排污权。这两例交易是以低成本解决地区 SO_2 排放问题的典范。因此，未来通过设立跨长三角区域的一体化的 SO_2 排污权交易市场，设定整个长三角区域内 SO_2 的排放总量，允许企业进行 SO_2 排污权交易，是降低长三角区域空气污染和酸雨发生率的一条重要途径。

9. 促进高新技术研发，发展环保产业

环境问题的最终解决与科学技术的高度发展是分不开的。

综观当今世界，综合国力强的发达国家都运用先进的环保科技来处理和解决环境问题。长三角区域环境的整体改善离不开长三角各地区在环保科技创新方面的合作。长三角地区科研机构众多，科技创新实力雄厚，应充分发挥各地区的科研优势和特色，结合各自优势领域分工合作。相应各方可以在饮用水安全、节能技术、卫生安全等领域广泛合作。目前，长三角在生态安全技术联合攻关方面，已经迈出了可喜的步伐。2005 年 6 月，长三角地区城镇饮用水安全保障科技联盟成立。这个联盟联合研究江、浙、沪三省市 15 个大中城市的供水企业、高校和科研机构的水处理专家，共同研究长三角流域饮水安全问题。今后各方可以扩展其他领域，进行全方位合作。除生态安全技术联合攻关外，相关各方还应当实现生态安全技术共享。生态安全技术共享并不意味某方单纯“利他”的付出，而是造福于区域整体生态安全，反过来又会有利于各方。长三角在这方面目前也已经有所进展，各方目前已经达成长三角气候环境监测网的意向。根据协议，长三角 16 个城市已建成多普勒天气雷达、GPS(全球卫星定位系统)。目前，长三角地区能耗较高、环境影响较大的传统行业依然占据较大比重。两省一市应进一步优化能源结构，在生物质能、风能、太阳能、潮汐能等清洁能源开发和利用领域开展广泛合作。另外，在新一轮的长三角发展中，在加强对传统行业关键工艺、技术创新的同时，应大力发展环保产业，加快环保产业的标准化、系列化、国产化、现代化体系建设。充分发挥行业协会等中介组织的作用，完善环保行业市场机制，在环境保护产品、资源综合利用、环境保护服务、洁净产品等四个领域内培育扶持一批优势环保企业。全面开放长三角地区的环保市场，逐步实现长三角区域环保产业市场一体化。

第五章　长三角区域城市物流系统协调与服务研究

区域物流协调发展与高效运作是区域经济协调发展的必要条件。国务院出台的《意见》和《规划》中也对长三角物流系统协调发展提出了明确要求和阶段性目标。本章仅就长三角区域城市物流系统协调与服务的现状进行分析，并提出相关对策。

长三角区域城市物流协调发展是发展现代生产性服务业的要求，是长三角区域经济一体化的要求，是长三角区域产业结构转型、经济发展方式转变的要求，是上海四个中心建设的要求。上海四个中心建设，有赖于长三角城市建设成为国际性的区域物流中心，需要实现由传统的交通运输业向现代物流业的转变，解决区域内发展规划不统一、空间布局和要素配置不合理、信息平台的建设和第三方与第四方物流企业的发育跟不上等重大瓶颈制约问题。长三角区域城市物流发展，要在政府引导下，市场推动、企业化运作，进一步突破行政区界和城市壁垒的束缚，加强政府间的合作和协调，更好地服务于长三角区域经济发展、产业转型。

一、长三角区域城市物流系统协调与服务的现状分析

1. 长三角区域城市物流业“十一五”发展成就

早在十五期间，长三角各城市就认识到物流业发展的重要性，开始利用各自的区位优势和产业基础大力发展物流业。当前长三角地区大物流圈体系形成三个物流圈：一是以上海为中心、约150公里半径区域，包括苏州、无锡、南通、嘉兴和湖州等

城市的上海物流圈；二是以南京为中心，包括镇江、扬州、常州和泰兴等城市的南京物流圈；三是以杭州为中心，包括宁波、绍兴、舟山等城市的杭州物流圈。长三角地区由上海、宁波、南京、张家港、南通等港口组成的港口群构成中国最大的沿海沿江港口群，能够与世界160多个国家和地区的300多个港口通航，是中国对外联系的重要门户。公路运输方面，长三角地区运输路网较为密集，主要城市基本处于处于“3小时经济圈内”。据统计，“十一五”时期，长三角地区达到一定规模的物流合作项目超过500项。目前，全球十大物流企业和二十大船公司的分支机构或办事处已经相继入驻长三角，本土物流企业也迅速成长。上海已成为国际物流业的重要枢纽；江苏物流业持续快速发展，规模继续扩大，结构渐趋合理，供需结合紧密，运行态势良好；浙江省多层次物流市场主体基本形成，绝大多数规模企业开始按照现代物流理念的要求加速向现代物流业转型。

(1)上海物流业发展的成绩。① “十一五”期间，上海物流业增加值年均增长10%，保持了快速增长的良好势头。在国家“调结构、扩内需”政策和《物流业调整和振兴规划》的指导下，上海克服困难、积极推进，物流业发展取得新的突破。2010年，上海物流业增加值达到2037亿元，占全市生产总值的比重为12.1%，占第三产业增加值比重为21.2%。2010年，上海港货物吞吐量达到6.5亿吨，集装箱吞吐量超过2900万标准箱，均位居世界第一；上海航空货邮吞吐量达到371万吨，其中浦东国际机场航空货邮吞吐量位居世界第三。

---

① 参见：上海市物流业发展十二五规划。

表 5—1 2005—2010 年上海物流业规模

指标	2005 年	2006 年	2007 年	2008 年	2009 年	2010 年	平均增长率
物流业增加值（亿元）	1175	1339	1573	1760	1694	2037	10.0%
货物运输量（万吨）	68741	72617	78108	84347	76968	81023	2.7%
航空货邮吞吐量（万吨）	222	253	290	305	298	370	11.3%
港口货物吞吐量（万吨）	44317	53748	56145	58170	59205	65339	8.3%
集装箱吞吐量（万标准箱）	1808	2172	2615	2800	2500	2907	10.6%

资料来源：《上海市物流业十二五发展规划》 注：2009 年受国际金融危机影响，物流业增速有所减缓。

2011 年上海港口货物吞吐量达到 7.28 亿吨，比上年增长 11.4%。全年港口集装箱吞吐量 3173.93 万国际标准箱，比上年增长 9.2%。集装箱水中转比例达到 41.1%，比上年提高 3.1个百分点。上海浦东、虹桥两大国际机场全年共起降航班 57.41 万架次，比上年增长 4.2%；进出港旅客达到 7455.88 万人次，增长 3.7%。

表 5—2 上海市 2011 年货物运输量与旅客发送量及其增长速度

指标	单位	绝对值	比上年增长(%)
货物运输量	万吨	93318.10	15.2
铁路	万吨	887.88	−7.4
水运	万吨	49389.00	27.3
公路	万吨	42685.00	4.4
机场	万吨	356.22	−3.9
旅客发送量	万人次	13519.20	0.5
铁路	万人次	6198.09	1.7
港口	万人次	78.47	−7.6
公路	万人次	3477.00	−4.3
机场	万人次	3765.64	3.4

资料来源：《上海市物流业十二五发展规划》

经过十一五期间的发展，上海市物流基础设施不断完善，深水港物流园区海铁联运、水水中转和国际中转能力逐步提高；外高桥物流园区跨国采购和国际配送功能不断拓展；浦东空港物流园区的浦东机场综合保税区正式封关运营；西北综合物流园区的城市配送物流服务功能进一步凸显。

(2)江苏省物流业发展的成绩。[①] 主要表现在：一是“十一五”期间，江苏省规模效率持续提升物流规模不断扩大。全省社会物流总额累计达 431783.6 亿元，比“十五”期间增长 155%，年均增长 18.2%，其中，2010 年全省社会物流总额达 116226.3 亿元，约占全国的 9.3%。物流业贡献份额逐年提高。“十一五”期间，全省物流业增加值由 1361.2 亿元扩大到 2659.5 亿元，占 GDP 比重由 6.3%提高到 6.5%。物流运行效率明显提高。“十一五”期间，全省社会物流总费用与 GDP 的比率由 17.8%下降到 15.5%。二是“十一五”期间全省围绕制造业与物流业联动、城乡配送、大宗商品和农村物流、物流公共信息平台等重点领域，加大对重点项目的扶持和推进力度，有力地带动和支撑了物流业的发展，物流服务专业化、规模化水平明显提高，全省形成了一批较有影响力的本土第三方物流企业，现代化物流方式广泛应用，物流配送体系不断完善，多式联运等现代化运输方式快速发展。三是“十一五”期间，一批具有现代经营意识的物流企业快速成长，形成了所有制多元化、服务网络区域化和服务模式多样化的物流企业群，依托交通枢纽、经济开发区、制造业集聚区和商贸集中区，全省建设了一批投资多元、功能集成、特色鲜明的物流园区和物流基地。到 2010 年底，省级物流集聚区达 32 家，省级重点物流基地(园区)达 55 家。全省已形成一批功能较完善的物流园区，实现仓储、运输、配送、商务配套等功能集成，成为供需对接、集约化运作的物流平台。此外，全省建成 4 个综合保税(港)区和一批叠加保税物流功能的出口加工区，有力地提升了江苏省保税物流

① 参见：江苏省物流业发展十二五规划。

服务能力。优良的基础设施和完善的配套服务，吸引了大量物流企业进驻，物流园区的集聚效应加速显现。

(3)浙江省物流业发展的成绩。[1]“十一五”时期，浙江省物流业发展全面提速，物流业增加值和社会物流总额年均增长率分别为12.9%和13.5%。2010年全省实现物流业增加值2550亿元，分别占全省服务业增加值和生产总值的21.7%与9.4%；实现社会物流总额8.75万亿元，约占全国总量的7.0%。物流企业成长迅速，越来越多的物流企业从原来提供单一的运输仓储服务向提供全方位、多层次、一体化服务转变，公路港、“无水港”、物流金融、物流总包等新业务模式不断涌现。

表5—3　2011年浙江省铁路、公路、水路完成运输量

	单位	绝对数	比上年增长(%)
货物周转量	亿吨公里	8627	21.3
铁路	亿吨公里	312	−8.7
公路	亿吨公里	1435	10.5
水运	亿吨公里	6880	25.8
旅客周转量	亿人公里	1296	3.6
铁路	亿人公里	382	5.2
公路	亿人公里	908	3.0
水运	亿人公里	6	6.6
沿海港口货物吞吐量	亿吨	8.7	10.4

资料来源：《2011年浙江省国民经济和社会发展统计公报》

2. 长三角区域城市物流业当前存在的问题

长三角城市物流业发展在“十一五”期间虽然取得了很大的成绩，但是也存在很大的不足。

(1)上海市物流业发展存在的问题。上海市在总结“十一五”期间物流业发展时，也清醒地认识到在以下一些方面存在欠缺。一是高端物流功能亟待加强。物流业总体仍处于产业

① 参见：《浙江省物流业发展十二五规划》。

链中低端，特别在本市土地、交通、人力等投入要素成本相对较高的情况下，迫切需要提高物流业的增值能力。二是物流集约化程度有待提升。物流设施的相互衔接和社会化运营水平仍然较低，中小物流企业的专业服务能力欠缺和“散、乱”现象并存，产业集中度较低。三是物流运行方式亟待进一步转变。传统运输、仓储等物流环节的节能减排和交通组织压力较大，全社会运用信息化有效配置物流资源的能力仍显不足，各物流环节标准化的统一和宣传贯彻力度有待加大。四是物流一体化运作需要尽快改变条块分割管理。物流业处于一个市场化的转型时期，管理体制某些方面还沿袭旧有体制的管理，物流功能和要素的管理涉及经贸、交通、城市管理、海关、工商、税务等多个部门，多头管理的模式制约了物流资源的有效整合，影响了整个物流系统的统一规划和高效运作。

(2)江苏省城市物流业发展存在的问题。一是物流质量和效益有待进一步提高。总体上物流组织化、规模化程度不高，物流企业“小而散”的格局没有得到根本改变，物流园区集约化程度低，物流质量和物流效益普遍较低。各种运输方式之间缺乏有效衔接。物流信息共享机制尚未形成，公共信息平台作用未能充分发挥。物流标准推广力度还不够，物流技术、服务标准体系仍需进一步完善。二是物流服务能力有待进一步提升。城市物流功能不够完善，缺乏合理规划。物流园区功能重复、同质竞争现象严重。物流企业核心业务不突出，功能单一，大部分物流企业只能提供基础的物流服务功能，不能形成完整的物流供应链，缺少拥有跨地区或全国性经营网络的综合性物流服务企业。第三方物流发展不够充分，大量的物流需求未能得到有效释放。三是物流区域城乡协调发展有待进一步加强。苏北地区物流企业在服务水平、创新能力等方面与苏南地区相比，存在较大差距。对农村地区物流、农产品物流重视程度不够。物流园区、企业、专业市场等重要物流结点之间以及物流枢纽城市与周边城市之间缺乏有效衔接,没有形成一个完整的物流体系。四是体制机制有待进一步完善。物流管理体制尚未完全理顺,行政壁垒、行业壁垒仍然存在。中高级专业物流人才匮乏,不能满足现代物流业发展的需要。

(3)浙江省城市物流业发展存在的问题。一是物流企业成长迅速,经营业务不断拓展,但企业规模仍然偏小,功能较为单一。从总体结构看,小型物流企业居多,从事传统装卸、储存、运输服务的企业依然占很大比重,无序竞争还比较严重。二是物流基础设施建设加快,但物流标准化、信息化发展相对滞后,物流信息化水平仍然不高,公共物流信息平台建设尚处在探索阶段,物流标准化建设进展缓慢。部分地区物流园区建设存在一定盲目性,物流园区建设缺乏统一规划。三是企业物流外包比例偏低,社会化物流需求不足问题依然存在。

2. 长三角区域城市物流系统协调发展的必要性

(1)降低物流成本,减轻社会负担的要求。国际社会一般以物流成本占 GDP 比重来衡量一个国家的物流发展水平,发达国家物流水平比重为 10%左右;中等发达国家,如韩国为 16%左右;而由于社会服务程度差、协同差,中国的物流成本占整个 GDP 的 25%。因此,对国内很多生产企业而言,物流成本成为其发展的"瓶颈",削弱了企业的核心竞争能力。我国现代物流业起步较晚,现代物流企业发展比较薄弱,运营成本较高。近两年来,物流成本高成为制约企业发展、影响居民生活质量的重要原因,长三角区域同样如此。尽管苏、浙、沪两省一市的物流成本低于全国平均水平,但仍显著高于发达国家水平。降低物流成本成为一个重大而紧迫的课题,统筹协调推进区域物流一体化,对降低流通成本至关重要。对国内很多生产企业而言,物流成本成为其发展的"瓶颈",削弱了企业的核心竞争能力。中国物流与采购联合会发布的《2011 年上半年物流运行情况分析》显示,2011 年上半年中国社会物流总费用与 GDP

的比率为18%，同比提高0.1个百分点，远高于发达国家的8%～10%的水平。2011年全年社会物流总额达158.4万亿元，物流业增加值为3.2万亿元，同比分别增长12.3%和13.9%。社会物流总费用同比增幅为18.5%。《中国企业物流成本管理现状与发展》指出："在中国经济发展的过程中，我国企业面临巨大的物流成本压力。"同时，物流成本过高也被认为是通货膨胀、物价高企的原因之一。长三角城市企业同样也面临着物流成本高企的问题。2011年江苏省社会物流总额149918.9亿元，同比增长23%。社会物流总费用为7500.7亿元，社会物流与GDP的比率为15.4%，低于全国17.8%的比率。江苏社会物流总费用与GDP的比率比全国水平低2.37个百分点，但仍高于发达国家的8%～10%的水平。从根本上降低物流成本，有赖于长三角城市加强区域协调实现物流一体化，发展真正意义上的现代物流业。

(2)长三角区域经济协调发展的现实需要。当前长三角城市均大力发展物流业，但和以往发展经济的模式一样，存在"现代产业，传统模式"的问题。各地在制定物流业发展规划时均以当地的制造业发展为主要依据，出现了低水平重复的倾向。各地物流重复建设、效率低下的原因是仍然在"产业结构调整"的新旗号下追求GDP的增长速度，其后果是导致企业成本高企，效率不高。企业"大而全"、"小而全"的经营思想和经营观念比较普遍，已经严重影响了现代区域物流的协调发展。整体看来，长三角区域内物流业呈现功能单一、业务不稳定、成本高的特点，没有实现规模经济。物流基础设施大多投入高、占地多，而且涉及城建、交通、生态、环保等许多方面，低水平重复建设造成了资源的大量浪费，影响了物流市场的健康持续发展，已经不适应现代物流的发展要求。近几年来，招工难现象普遍存在，长三角地区人力成本上升。以上海为例，美国美世咨询公司2012年6月12日发布了2012年全球生活费最贵城市排行榜，上海由2008年的排名仅111位上升到今年的16位，超过了今年排名第17位的北京（去年第20位）[①]。2011年上海航运物流业薪酬涨幅达11.5%，创近五年新高。[②]

当前我国正处在经济发展方式转变和经济结构调整的关键环节。以上海为首的长三角城市在城市化进程中不同程度地出现了人口与资源环境的矛盾日益突出，劳动力价格和土地价格上升导致企业经营困难等局面，调整的压力更大。土地资源日益稀缺，传统物流业发展面临人力成本提高和土地资源约束的挑战，是长三角物流业发展普遍存在的问题。

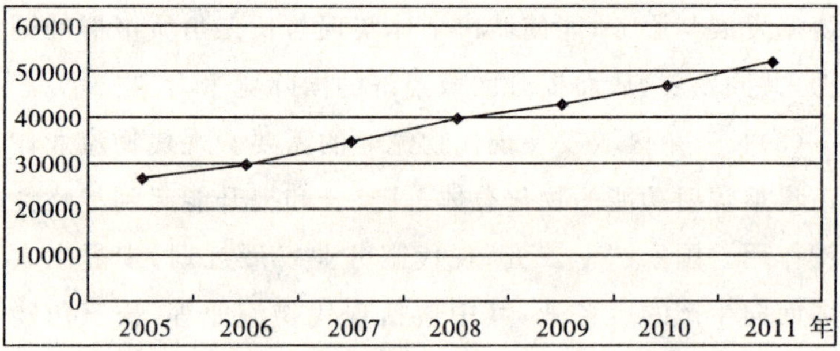

图 5—1 上海近年职工年平均工资变动情况 单位：元

资料来源：上海统计年鉴

从根本上说，区域经济发展的整体水平和规模是区域物流需求的决定性因素，也是区域物流需求的源动力，全球物流业比较发达的地方其经济发展水平也较高，例如美国和日本。长三角区域经济发展方式总体已经由以高度加工工业为主的发展阶段向高科技工业为主的后工业化阶段转变，其物流的总需求增长幅度开始减速，对物流需求开始由量转向质方面的需求。但相对于经济发展，物流的需求强度降低，物流需求的增长更多地体现在对物流的多元化和对物流服务效率要求的增

① 参见：张毅．全球生活费最贵城市排行榜上海排名第16位新闻晨报．2012年06月13日。

② 参见：郑莹莹，许婧．上海航运物流业2011年薪酬涨幅达11.5%，中国新闻网2011年10月27日。

长上。国外经验表明,顺畅的物流可以使一个区域突破各种壁垒,提升区域的国际竞争力。在国际经济大舞台上扮演着越来越重要角色的长三角面临着一个现实:物流“瓶颈”正拖着长三角的“后腿”。只有实现长三角物流一体化,才能满足长三角区域经济发展对物流的多元化要求和高效率要求。构建物流大通道、实现物流一体化是长三角城市区域经济一体化和各城市“无缝对接”的动力保障。在经济全球化的步伐越来越快的今天,原来在经济发展中扮演重要角色的城市已经退居次位,取而代之的是更大范围内的城市群、都市圈。长三角城市物流系统协调发展与服务,能使城市个体实现与长三角城市群的同频共振,共同发展,从而提升区域经济的国际竞争力。

(3)长三角区域发展现代物流业的需要。现代物流业作为城市集聚辐射功能的物化载体,其整合和提升能起到战略性的关键作用。国家《“十二五”现代服务业发展规划》中提出大力发展面向生产的服务业,其中包括现代物流业等,长三角物流一体化应该是长三角各地发展现代物流业的必经之路。现代物流业具有以下特点:一是物流过程一体化。物流一体化的一个重要表现是供应链概念,其核心是系统综合和总成本控制,即将经济活动中所有供应、生产、销售、运输、库存及相关的信息流动等活动视为一个动态的系统总体,把物流系统从采购开始经过生产过程和货物配送到达用户的整个过程,看作一条环环相扣的“链”,减少整个供应链的成本从而增强整个供应链的竞争力。二是物流技术专业化。现代技术如条形码技术、网络技术、智能化和柔性化技术等等在物流活动中得到了广泛的应用,从而使物流过程得以实现专业化、标准化、智能化,以提高物流活动的效率。三是物流管理信息化。现代物流高度依赖于对大量数据、信息的采集、分析、处理和即时更新。物流传递的实时化和标准化有赖于物流信息化,现代物流竞争已成为物流信息的竞争。四是物流服务社会化。第三方物流与物流中心等专业的物流部门凭借其人才优势、技术优势和信息优势，可以采用更为先进的物流技术和管理方式，取得规模经济效益，为企业生产提供更好的服务，有助于生产企业减少流通环节、缩短流通时间、节约流通费用，从而使企业得以降低成本、高效生产。长三角各地在“十二五”发展规划中，都把发展现代物流业作为各地的支柱产业。根据现代物流业的特点，长三角物流一体化是各地发展现代物流业的需要。

3. 长三角区域城市物流协调与服务的实践

2003 年 8 月下旬，由杭州市人民政府主办，杭州市贸易局等部门承办，召开了以“区域合作，发展物流”为主题的长江三角洲物流合作高层论坛。论坛同时还举办了长三角物流合作研讨和物流园区运营模式研讨会两个专题会议，并形成四方面的成果和共识。2007 年 5 月，长三角区域大通关协作第一次联席会议暨《长三角大通关建设协作备忘录》签约仪式在上海举行。江苏、浙江、上海两省一市分管副省(市)长及副秘书长，两省一市口岸办主要负责同志，上海、南京、杭州、宁波海关以及上海、江苏、浙江、宁波检验检疫局主要负责同志参加会议。2008 年 10 月，江苏省经贸委、浙江省发改委和上海市经委在无锡联合召开长三角地区现代物流联动发展大会，副省长史和平出席会议并讲话。会议举行了长三角地区现代物流合作联盟成立仪式。该联盟是由两省一市物流行业协会牵头，相关社团组织、各类物流企业、科研教育机构等自愿参加的现代物流发展合作组织，将运用先进的技术和管理理念，构建长三角地区现代物流合作发展平台，为提高长三角地区物流企业服务水准和市场竞争力、降低全社会物流成本、增强长三角地区经济综合竞争力提供强大的支撑。2008 年 9 月，占我国物流总额五分之一强的长三角地区现代物流联动发展机制在上海启动。上海市经济委员会、江苏省经济贸易委员会、浙江省发展和改革委员会的官员以及苏浙沪三地众多知名物流企业人士齐聚在沪，共同展望长三角地区未来现代物流业的发展方向。此项机制的启动，意味着苏浙沪重大交通走廊的规划衔接、三地之间电子口岸平台的互联互通和信息共享等将成为助推长三角地区物流联动发展的主要举措。2011年在南京召开的2011长三角现代物流联动发展大会宣布，从当年开始，每年的5月6日为“长三角物流日”，确定今后将进一步健全合作平台、加强协调配合、创新合作模式等等，从整体上提高长三角地区现代物流业的国际竞争力。

为了加速物流一体化，各地政府大力推进交运基础设施建设。2008年5月1日，杭州湾大桥正式建成通车。到现在杭州湾大桥、苏通大桥、崇启大桥全部全面通车，标志着长三角物流一体化作为长三角一体化的重要内容在硬件上有了崭新的发展。苏、浙、沪两省一市推出长三角物流联动举措，重大交通走廊规划先衔接、创新区域通关模式、危险化学品物流应急救援联动、建立统一的货运交易中心区域物流需求量大，物流业发展迅速，在区域经济发展中的地位和作用持续攀升，但各城市之间以及物流各环节之间的发展不平衡。当前，上海国际航运中心的雏形在迅速形成，杭州、南京、苏州、无锡、宁波五个长三角副中心城市也在各地的大力建设下成为长三角现代物流业的重要节点城市。在长三角地区两省一市的共同努力下，长三角城市已逐步形成政府部门、行业协会和企业联盟三个层面的交流机制，培育了一批三地制造业与物流业联动示范项目，区域物流一体化发展取得了较大进步。

苏、浙、沪两省一市有关部门联合制定了《关于推进长三角地区现代物流联动发展的若干措施》，联合发布了《关于推进长三角地区道路货运（物流）一体化发展的若干意见》。上海物流相关行业协会加强与江苏、浙江物流行业协会的互动，并建立行业自律机制。上海物流企业加快对接长三角的步伐，港口企业与沿江多个港口建立合作关系，成立专业化港口物流公司，促进沿江物流资源整合。

4. 长三角城市物流业发展的目标

(1)国务院规划对长三角城市物流业发展的要求。国务院在2010年5月公布《长江三角洲地区区域规划》,按照优化开发区域的总体要求,统筹区域发展空间布局,形成以上海为核心,沿沪宁和沪杭甬线、沿江、沿湾、沿海、沿宁湖杭线、沿湖、沿东陇海线、沿运河、沿温丽金衢线为发展带的"一核九带"空间格局,推动区域协调发展。推动城市之间的融合,加快形成世界级城市群。加强上海港与南北两翼港口的合作共建,充分发挥核心区的辐射服务与产业链延伸功能,促进区域共同发展。在这个规划中,对长三角城市物流业发展目标也提出了以下要求:

以现代物流业为重点优先发展面向生产的现代服务业。结合上海四个中心建设,依托区域综合交通运输网络,大力发展现代物流业。上海重点发展金融、航运等服务业,成为服务于全国、面向国际的现代服务业中心。南京重点发展现代物流、科技、文化旅游等服务业,成为长三角地区北翼的现代服务业中心。杭州重点发展文化创意、旅游休闲、电子商务等服务业,成为长三角地区南翼的现代服务业中心。苏州重点发展现代物流、科技服务、商务会展、旅游休闲等服务业,无锡重点发展创意设计、服务外包等服务业,宁波重点发展现代物流、商务会展等服务业。苏北和浙西南地区主要城市在改造提升传统服务业的基础上,加快建设各具特色的现代服务业集聚区。

要推进大通关建设。深化口岸管理体制改革,完善口岸联络协调机制,推进电子口岸互联互通和资源共享,建立大通关电子口岸统一信息平台。积极推进分类通关改革,建设上海、南京、杭州、宁波四个直属海关"大通关协作区域",实现跨关区申报、审单、验放,加快区域内进出口货物流动。推进海关特殊监管区域整合和业务流程再造,简化货物流转的环节和手续,加强关检业务协作和物流信息共享。

(2)上海市“十二五”现代物流业发展规划的主要目标。切实按照“创新驱动、转型发展”的要求，把现代物流业作为发展服务经济的重要内容，以供应链管理和信息技术为支撑，加快转变物流产业发展方式，更加注重高端物流资源集聚和高端物流功能塑造，进一步延伸产业链条、拓宽发展空间、优化发展环境，为“十二五”时期上海初步形成国际经济、金融、贸易、航运中心的核心功能提供坚实的物流支撑，不断增强上海参与国际国内物流资源配置的能力，持续提升上海在全球供应链中的地位和影响力，显著提高上海物流业的国际化水平和全球竞争力。

以高端物流服务为核心，加快物流业向“高效率、高增值、低消耗”转变，切实转变物流运行方式，节约、集约利用物流资源，发展低碳物流。到 2015 年，使物流业成为上海推进“四个率先”、建设“四个中心”的重要产业载体，使上海成为全国现代物流业发展的引领示范高地，形成与国际经济、金融、贸易、航运中心核心功能相匹配、初步具有全球物流资源配置功能的国际物流枢纽城市和全球供应链管理中心之一。

布局五大重点物流园区、四个重点制造业专业物流基地，规划引导形成一个城市特色配送物流带，进一步强化与城市规划、产业结构、节能降耗、交通组织等方面的衔接，形成科学合理的物流业发展布局。依托海、陆、空港门户，加强多式联运能力建设，突出功能提升和联动发展，搭建对接国际、连接腹地、服务于全国的物流设施平台。其中五大物流园区包括：①深水港物流园区，形成保税功能与临港产业优势融合的港口综合型物流园区；②外高桥物流园区，形成国际物流与进出口贸易紧密结合的区港联动型物流园区；③浦东空港物流园区，形成航空产业与物流业联动发展的航空口岸型物流园区；④西北综合物流园区，形成具有国际化城市物流服务特点的物流园区；

⑤西南综合物流园区。依托发达的加工制造业基础和西南综合交通门户枢纽的区位优势，积极打造重要陆路物流枢纽的功能载体，大力发展面向长三角制造业的物流服务功能，积极推进与电子商务更加融合的物流功能，不断拓展城市配送和区域分拨等物流服务，进一步优化集疏运体系，落实规划建设，推动产城融合，形成具有国际供应链管理特征的物流园区。

高度重视物流标准化，不断提升物流业服务水平。推动本市物流标准化的建设工作，大力推进长三角物流通用标准的合作和互认，促进本市物流业服务水平不断提升，加强区域物流标准联合研制，逐步建立区域物流行业标准对接以及协调互认的工作机制，不断推动政府物流信息平台的标准化，努力做到信息联通共享、数据兼容和格式统一，逐步形成与国际通行标准接轨的一体化监管平台。

要建设开放的市场体系，进一步推动区域物流联动发展。深化长三角物流区域合作，鼓励本市优势企业积极承接长三角物流业务，继续推动长三角地区政府相关部门开展物流资质互认和监管协同，搞好长三角“5・6 物流日”等活动，加快区域物流一体化进程。

(3)江苏省“十二五”规划现代物流业发展的主要目标。着力培育“四核五带”的物流空间布局，四大物流枢纽(四核)为南京、苏锡常、徐州、连云港，五大物流带(五带)为沿沪宁线物流带、沿江物流带、沿海物流带、沿东陇海线物流带、沿运河物流带。构建重点突出、层级清楚、功能完整、特色鲜明的物流业空间分布架构，建成港口物流体系、保税物流体系、工业物流体系、商贸物流体系等四大物流体系，做强汽车物流、钢铁物流、医药物流、能源物流、农产品物流、快递物流等六大专业物流。

推进物流园区工程、物流金融工程、物流公共信息平台工程建设。加快推进具有品牌效应、规模优势、区域影响力的物流资源交易平台建设，优化交易方式，创新运营模式，实现社会物流资源的有效配置。加快推进通关便捷高效、跨部门、跨行业、跨区域的口岸物流信息平台建设，推动港口、航运、物流、监管等口岸信息共享。

积极推进物流业的跨区域交流与合作，打破区域壁垒，引导物流资源跨区域整合，建立统一开放、通畅高效的现代物流市场体系。以苏南经济转型升级、苏中经济国际化和苏北新型工业化为契机，加快发展苏南高端物流业，推进苏中、苏北物流业的转型升级，推动物流园区南北共建和物流企业合作发展。加强与长三角其他地区物流基础设施的功能对接，推动建立长三角物流业与制造业供需对接平台，创建物流诚信体系，建立物流信息、人才交流共享机制。深入推进苏、浙、沪两省一市地方电子口岸"大通关"合作，逐步实现跨关区、跨检区的申报、审单、验放协作机制。继续推进与国内其他主要物流区域之间的深层次物流合作和联动发展。加快发展适应国际中转、国际采购、国际配送、国际转口贸易业务要求的国际物流，逐步形成顺应全球物流业发展的物流服务格局。

提高物流信息化与标准化水平，加快物流标准化建设。以物流信息标准、服务标准和管理标准为切入点，抓紧研究制定一批对全省物流发展和服务水平提升有重大影响的物流标准。

强化人才支撑。充分发挥科教人才优势，支持物流相关学科建设和产学研基地建设，推动物流企业与科研单位开展多种形式的合作，建立多层次、多元化的人才培养体系。在对全省物流人才数量及结构需求进行科学预测的基础上，加强物流业在职人员培训，大力培养物流业适用技能人才，大力引进通晓国际规则、熟悉现代管理的高层次物流人才，为加快现代物流业发展提供有力的人才支撑。

(4)浙江省现代物流业发展"十二五"规划的主要目标。依托不同层次的物流枢纽和物流节点，合理推进物流园区建设。在继续加强杭州空港物流园区、宁波梅山保税港区物流园区、义乌物流园区等重点物流园区建设的同时，根据各地发展实际和物流网络建设的需要，再选择一批不同层级、不同规模、不同特色的物流园区，强化科学规划和协调推进，引导有序发展。以港口物流、专业市场和产业集群物流、城乡配送和快递物流的发展为重点，构建现代物流产业体系。把大力发展港口物流作为重中之重，重点围绕大宗商品和国际集装箱两大物流业务体系，以宁波—舟山港为核心，以嘉兴港和温州港、台州港为两翼，着力构建“三位一体”港航物流服务体系。把物流标准化建设作为推进物流现代化的基础工作。以物流标准化、信息化和高新技术开发应用为重点，加快推进物流现代化进程，把物流信息化建设作为推进物流现代化的核心任务。要重点推动物流企业业务运营信息系统建设，支持通用信息模块软件和专业物流业务运营需要的物流信息软件开发推广。积极探索物流公共信息平台建设，包括全省物流公共信息平台、全省电子口岸大通关信息网络，以及道路、水运、铁路、航空等货运信息网络开发，提高物流公共信息服务能力。实施物流标准化服务示范工程，选择大型物流企业、物流园区开展物流标准化试点工作并逐步推广。规划建设 20 家重点物流园区，推进实施五大类 90 个重点物流项目，选择培育 100 家重点物流企业。

二、长三角区域城市物流系统协调与服务存在的问题

尽管长三角各地政府都认识到了城市物流协调发展的必要性，但在现实中仍存在一些问题导致各地物流业发展与物流一体化背道而驰。从长三角城市物流业现状来看，存在以下一些共性问题。

1. 缺乏统一规划重复建设导致效率低下

国家《“十二五”现代服务业发展规划》中提出大力发展面向生产的服务业，其中包括现代物流业等。现代物流业作为城市集聚辐射功能的物化载体，其整合和提升能起到战略性的关

键作用。目前各地在制定物流业发展规划时均以当地的制造业发展为主要依据，出现了低水平重复的倾向。当前以上海为首的长三角城市在城市化进程中不同程度地出现了人口与资源环境的矛盾日益突出、劳动力价格和土地价格上升导致企业经营困难等局面。大交通条件的改善如城际高铁和高速路网的形成使得同城效应显现但同质化竞争趋于加剧。长三角物流园区大举发展带来的产业同构问题一直存在，长三角地区已建和规划中的 60 多个物流园区几乎大同小异，同质化低水平竞争现象严重。这一问题不仅仅存在于区域之间，即便在同一省内也存在。以江苏省为例，《江苏省现代物流业发展规划》将建成 14 个综合物流园区和 6 个专业物流中心，就存在“条块分割”的问题：按区域分为宁镇扬、徐连盐淮宿、苏锡常通泰 3 个物流区域；按照专业或行业规划苏锡常通泰物流区域又规划建设 7 个综合物流园区；而在南京，就有立足铁路、公路交通的王家湾和丁家庄、立足机场的禄口、立足长江的龙潭、立足化工的江北等数个物流园区规划。

当前长三角城市均大力发展物流业，但和以往发展经济的模式一样，存在“新产业，老思路”的问题。各地物流重复建设、效率低下的原因是仍然在“产业结构调整”的新旗号下追求 GDP 的增长速度，其后果是导致企业成本高企，效率不高。企业“大而全”、“小而全”的经营思想和经营观念比较普遍，已经严重影响了现代区域物流的协调发展。整体看来，长三角区域内物流业呈现功能单一、业务不稳定、成本高的特点，没有实现规模经济。物流基础设施大多投入高、占地多，而且涉及城建、交通、生态、环保等许多方面，低水平重复建设造成了资源的大量浪费，影响了物流市场的健康持续发展，已经不适应现代物流的发展要求。

早在 2006 年，长三角已建成和在规划中的物流园区已逾 60 个，这个数字是德国所拥有物流园区数量的 2 倍；而在这 60

多个物流园区中，除少数的几个物流园区特色比较明显外，绝大多数物流园区都是大同小异，造成了人为的混乱和重复建设，致使长三角地区目前的物流园区空置率就达到60%。从物流园区的现状与规划来看，长三角地区几乎每个城市都有自己独立的物流发展规划和若干物流基地及物流中心，此外，各地物流园区规划与建设的侧重点都局限于本区内的物流而忽视物流跨区域、网络化运营的特点，在本地区利益的驱使下，按照传统的“条块分割”方式，规划出诸多的物流园区。当时就有专家提出疑问：建这么多“物流中心”，究竟是要通畅物流，还是为了“截流”？今天这一情况并没有根本好转。

2. 区域港口恶性竞争依然存在

区域港口主要体现为纵向互动和横向互动两种模式：纵向互动主要体现为港口间为了构建一套完善的物流网络而形成的互动模式。如港口投资建设其支线港口，并与其他运输方式形成联营。横向互动主要体现为港口之间为了共同利益最大化而形成的互动模式，主要体现为港口整合和港口联盟等。长三角地区仅国务院批准的一类口岸就有35个，其中包括29个沿海港口、10个内河港口、5个国际航空港口和1个国际临时铁路口岸。在全国14个亿吨大港口中，长三角地区港口占5个，分别是上海港、宁波—舟山港、苏州港、南通港、南京港。但区域港口之间缺乏纵向互动和横向互动，整体资源使用效率低下，上海枢纽港货物分流严重。区域港口的大规模建设，部分港口功能雷同，使得区域港口之间的竞争较为激烈，不少港口以杀价竞争为主要手段争抢货源。建立统一公平、公正规范的区域港口运输市场，提高服务区域经济健康发展的能力十分迫切和重要。加强我国国际航运中心货源积聚，建立统一高效、相互衔接、查验便捷、退税快速的区域综合港口体系，进一步增强区域港口国际竞争力已经成为急需协调解决的重要问题。上海与江苏、浙江等地的内河通道的衔接、船舶技术标准、运输组织还需要统一协调和加强。如何利用先进技术，实行智能化管理，突破行政区划障碍，调整相关政策规定，综合发挥各种运输方式的综合技术经济优势，建立良好的、跨区域的、与环境和谐的集疏运体系，是未来长三角港口集疏运系统建设和发展的关键。

3.“软件”建设滞后

如果说基础设施是硬件的话，那么管理、信息服务、人才培养则是软件。“十一五”期间，长三角各地物流业发展跃上了一个新的台阶，但与现代物流业相对照还存在着明显不足。一是高端物流功能亟待加强。物流业总体仍处于产业链中低端，特别在土地、交通、人力等投入要素成本相对较高的情况下，迫切需要提高物流业的增值能力。二是物流集约化程度有待提升。物流设施的相互衔接和社会化运营水平仍然较低，中小物流企业的专业服务能力欠缺和“散、乱”现象并存，产业集中度较低。三是物流运行方式亟待进一步转变。传统运输、仓储等物流环节的节能减排和交通组织压力较大，全社会运用信息化有效配置物流资源的能力仍显不足，各物流环节标准化的统一和宣传贯彻力度有待加大。

4.行政壁垒和利益冲突客观存在

我国长期以来行政主导力量是强势，使得依附于行政区划背后的行政壁垒成为物流一体化发展的最大障碍。长三角区域涉及苏、浙、沪两省一市，行政隶属关系复杂，没有形成能够协调政府部门、行业协会和企业在区域物流一体化方面互动合作的有效机制，存在纵向部门分割、横向地区封锁的现象，政出多门，地区之间政策环境不平等。物流一体化长期来看是一个共赢的局面，但市场完全开放可能会使区域内某个地方利益阶段性受损，即这个地方为一体化而放弃一些物流业务短期看所遭受的损失。出于对税收、GDP和就业率等目标的追求，各城市从有利于本地区发展出发制定一些政策，实施地方保护而导致贸易壁垒，人为干扰物流资源配置，限制物流市场要素自由流动，割据物流市场。

5. 物流信息资源共享和资源配置存在的问题[①]

一是物流信息化发展不平衡。长三角大部分地区虽然已具备较好的信息化基础设施，但是在公共物流信息服务领域的发展仍不平衡。不同物流企业之间的信息化建设也不平衡。多数物流企业没有建立物流信息管理系统，未采用电子数据交换技术或货物跟踪系统，货物查询困难、货物到期不准的情况比较普遍，造成物流成本高、效率低，难以适应"入世"后的国际竞争和未来电子商务发展的需要。

二是信息孤岛化现象严重。在不同的行政区域和城市物流信息化建设中，缺乏相互协调和统一规划，按照封闭模式建立的信息系统难以与其他系统互联互通，形成信息孤岛，难以发挥信息化的整体效能。

三是缺乏统一的标准。标准化是实现信息化的规模生产、信息资源共享和系统兼容的前提条件。目前在条块分割、彼此封闭的情况下，缺乏统一的数据标准、接口标准和应用标准，依托各行业、省市政府部门建立的 CA(Certificate Authority)机构和按企业运营模式的商业性第三方 CA 认证机构并存，阻碍了互联互通。

6. 城市港口协调发展存在的问题

一是港口规划缺乏有效执行的约束力。港口群规划的跨行政区特性，使得实施难度加大，加上规划自身存在不足，进一步影响规划操作性。特别是部分规划间存在不一致，使得落实规划布局和不同层级港口间的分工变得困难。此外，各规划在政策体制方面多缺乏实质性的创新突破，规划约束力普遍较差。

---

① 参见：李荷华，唐国春长三角区域物流信息一体化探索。http://www.qzbsg.gov.cn/zt/ztyj/Details/903ad3f5－af84－45de－acdd－c4d9a3b6ca34

二是重复建设、无序竞争较为突出。港口属地化管理后，在长三角产业结构和重化工业超常发展背景下，地方政府为追求经济增长和财税收入，多通过自己设定理想的腹地范围来计算货源，按乐观预期来建设港口，重复建设严重、结构性矛盾突出。一些港口不断调低港口使用费、装卸费率等，压价抢货，无序竞争较为严重。

三是港口协调规划发展层次较低。目前政府对港口规划和协调发展的关注重点还主要在码头泊位等硬件上，对集疏运系统协调、物流标准制定、航运服务业培育等软件重视不够。港口联盟多为参股投资港口工程项目，整体联盟有待加强。长三角港口运营商协会、港口物流协会等中间组织有待组建，区域性法规或政策支持有待突破。

三、长三角城市物流系统协调与服务的若干建议

2008 年，国务院下发了《关于进一步推进长江三角洲地区改革开放和经济社会发展的指导意见》，给长三角区域一体化带来了前所未有的发展机遇；同时，由于美国次贷危机引发的全球金融危机也给长三角带来了前所未有的挑战。未来长三角在区域物流网络体系的打造上，将以“大通关、大物流”思想为指导，以甩挂运输为基础，融通海港、空港、无水港、江河港等四港，衔接水路、铁路、航空、管道等四种运输方式，建立以物流供应网为主干、区域加工配送网为分支、物流信息网为纽带，三网叠加的区域物流网络体系。到 2012 年，长三角要形成统一的管理协调机制，牵头推动编制统一的长三角综合货运网络规划，完成标准化的甩挂运输体系；到 2020 年，建立起工业园区、货物集散中心、物流基地(中心)、保税区(中心)、货运市场与内河港、铁路集装箱中心站、海港互动的集装箱运输体系。另外，到 2012 年，长三角地区要建立起以上海为中心的两小时道路配送圈，并完善小件快运与邮政快递体系，形成网络成熟、运行

科学、具有全国知名度的快运和快递品牌。现代运输经济学认为,区域物流基础设施具有公共产品的一般特征,其发展要在政府部门的主导下进行。长三角城市物流协调与服务,要求按照长三角发展一体化趋势的要求,政府引导、市场推动、企业化运作,进一步突破行政区界和城市壁垒的束缚,加强政府间的合作和协调,淡化行政区域,发展现代物流业,合理地整合和集成物流资源,形成一体化的物流集团或联盟,获得规模经济优势。长三角城市物流系统协调与服务要做到规划对接、信息对接和政策对接,需要从以下几个方面采取切实措施:

1. 政府切实发挥引导作用

与珠三角基本以一个省份为主体不同,长三角城市由两省一市三个相同行政级别的主体,因而面临较大的行政壁垒。全方位、多层次、协调高效的物流是长三角城市经济一体化的必然要求,要做到规划对接、信息对接和政策对接。未来长三角物流一体化,应该在区域物流网络体系的打造上以"大通关、大物流"思想为指导,融通水路、铁路、航空、管道等四种运输方式,建立以物流供应网为主干、区域加工配送网为分支、物流信息网为纽带、三网叠加的区域物流网络体系。

《国务院关于推进上海加快发展现代服务业和先进制造业建设国际金融中心和国际航运中心的意见》(国发[2009]19号)指出,到2020年,要形成以上海为中心、以江浙为两翼,以长江流域为腹地,与国内其他港口合理分工、紧密协作的国际航运枢纽港;基本形成规模化、集约化、快捷高效、结构优化的现代化港口集疏运体系以及国际航空枢纽港,实现多种运输方式一体化发展。整合长三角港口资源,形成分工合作、优势互补、竞争有序的港口格局,增强港口综合竞争能力。各地政府要从规划上主动参与长三角区域的产业分工,打破行政区划,整合物流资源,发展长三角地区物流业;要从区域发展的大局出发,充分发挥两省一市的比较优势,打破行政区划,加强区域合作，为长三角地区物流业发展提供统一、和谐的环境。完善物流组织协调机制，统一对长三角物流基础设施进行布局规划，建立起配套、畅通、高效的物流通道。整合物流资源，推进物流集约化建设，把港口、临港产业、物流园区紧密结合起来，充分发挥一体化效应，提高综合竞争力。

在发展现代物流业的过程中，仍要遵循市场为主体的原则，但政府也应该有所作为。日本在物流产业的发展过程中，政府体现出较强的导向作用。日本政府主要通过规划优先、加大投入、出台政策三大手段加强对物流产业的引导。长三角在发展现代物流业尤其是在发展第四方物流的过程中，政府要引导规划对接、信息对接和政策对接。长三角物流一体化，要统一协调区域内各级政府的关系、合理规划区域物流基础设施体系。确定区域物流枢纽城市之间的相互关系，从相互间的经济、交通、产业、共同物流腹地等关系的紧密程度来反映；依据物流枢纽城市间的关系程度，将关系紧密的枢纽城市合并为一类，形成若干枢纽城市群，并按照物流枢纽城市群的优势、特色等进行定位。分析各物流枢纽城市的物流发展腹地，综合分析物流枢纽群的物流腹地，并以物流枢纽群腹地为依据划分物流区域。依据各物流枢纽城市群的物流定位，明确物流区域内城市的物流发展重点及分工，同时整体考察长三角各物流区域之间的内在联系与协作性。按照长三角各物流区域的发展思路，对物流园区、物流中心等重点结点和通道在区域内合理布局。

物流一体化需要公共信息平台的建设，这同样需要各地政府加强合作，以避免物流信息分散，资源不能有效整合，形成“信息孤岛”。此外，第四方物流是建立在整合所有资源基础上的供应链解决方案，而能够对所有资源进行整合的基础就是标准化。因此，政府应加快对物流用语、计量标准、技术标准、数据传输标准的制定和推行。

长三角城市物流业一体化的发展，只有在切合各地利益诉求的前提下才有可能切实推进。各省市甚至中央出台怎样的财税政策,才能使各方切实认识到统一规划长三角城市物流业的发展符合自身利益,实现利益共享,进而自觉推进物流业高起点发展,是目前迫切需要解决的问题。

2. 构建公共信息平台

物流信息技术的发展和应用程度,是衡量物流现代化程度的标志之一。全国物流公共信息平台的建设是第四方物流开展的必要条件,目前国内的物流管理软件相对简单,实现信息化管理的物流企业也相对较少,物流各环节的服务平台还不能无缝衔接,这些都直接影响到第四方物流对全社会的物流资源进行有效的整合。物流信息化能使供应链上的任何一个环节都能达到资源、信息共享,实现物流运转的现代化,加大腹地范围,提高服务水平,全面提升物流的综合竞争力。当前长三角跨区域物流信息化面临的主要问题有:信息化水平低,互通互联基础薄弱;信息孤岛化严重,阻碍了互通互联;缺乏统一标准,难以实现互通互联缺乏诚信体系,互通互联没有保障。物流信息化是物流一体化的技术基础,长三角物流一体化,要依托信息化技术,加大腹地范围,提高服务水平,缩短物流信息交换与作业时间,使供应链上的任何一个环节都能达到资源、信息共享,从而实现总体功能最优化的港口物流服务目标。同时,推动各种先进技术,如条码技术、射频识别技术(RIFD)、自动分拣技术、卫星定位技术(GPS)、自动仓库、物流仿真技术、辅助决策技术等在物流领域的广泛应用,使物流活动由传统的作业方式转变为科技含量高、高效率的作业形式,实现物流运转的现代化,物流设备的自动化、电气化,全面提升物流的综合竞争力。

物流信息化能使供应链上的任何一个环节都能达到资源、信息共享,实现物流运转的现代化,加大腹地范围,提高服务水平,全面提升物流的综合竞争力。物流一体化需要公共信息平台的建设，这同样需要各地政府加强合作，以避免物流信息分散，资源不能有效整合，形成“信息孤岛”。构建长三角物流公共信息平台，要加快推进长三角物流信息领域标准化合作试点，加强区域物流标准联合研制，逐步建立区域物流行业标准对接以及协调互认的工作机制。四是不断推动政府物流信息平台的标准化，努力做到信息联通共享、数据兼容和格式统一，逐步形成与国际通行标准接轨的一体化监管平台。

3. 以第三方、第四方物流发展促进长三角物流一体化

在物流业发展过程中，物流模式有第一方物流、第二方物流、第三方物流、第四方物流等模式。

最初的物流模式主要是第一方物流、第二方物流。第一方物流（the First Party Logistics，1PL）是指由销售方向客户送货以实现物资的空间位移的过程。制造企业的核心竞争能力在于它所制造的产品，而从事物流业却非其核心竞争能力的业务，因此，从事物流业务的成本一般比专业物流企业要高。第二方物流（the Second Party Logistics，2PL）是指需求方自己解决所需物资的物流问题，以实现物资的空间位移。与第一方物流类似，通常企业并不具备物流的专业技术和管理，难以合理配置物流设施、实现规模经济，造成物流能力的浪费或紧张。

第三方物流（3PL）是指由交易双方外的第三方去完成物流服务的运作方式，是物流专业化分工的产物。国外有一种观点认为，独立的第三方物流至少占到社会的50%时，物流产业才能形成。第三方物流的发展程度反映和体现着一个国家物流业发展的整体水平。与第一方物流、第二方物流相比，第三方物流往往具备物流设施、技术和管理的专业化优势，并能实现规模经济，降低物流成本。

第四方物流（Forth Party Logistics，4PL）又称为“总承包商”或“领衔物流服务商”，利用自身核心资源优势，整合和管理具有互补性的服务供应商所拥有的不同资源、能力和技术，为需求企业提供一整套供应链解决方案。虽然早在 2002 年我国就有一些物流公司、咨询公司希望从事“第四方物流”，但迄今为止，第四方物流的发展仍处于起步阶段。4PL 的发展以 3PL 为基础，第三方物流是第四方物流发展的基础和土壤。只有当第三方物流的发展产生对第四方物流的客观需求，第四方物流才会得到充分的发展。虽然第三方物流能发挥规模经济从而降低成本和提高物流效率，但仍难以适应逐渐个性化的市场需求和供应链的透明化。第四方物流能发挥专业化优势，实现范围经济，适应物流现代化与信息化的要求。发展第四方物流，能提升第三方物流的服务质量，从而实现物流业整体的跨越式发展。

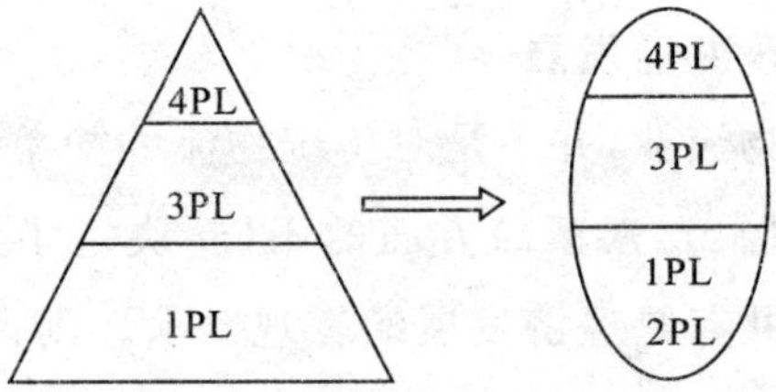

5—2 长三角物流业的发展方向

近几年，经济高速发展对行业分工提出了更高的要求，第一方物流、第二方物流的弊端开始凸显，第一、二方物流所占市场比例逐渐萎缩。对相当一部分企业来说，“大而全、小而全”的经营模式不利于企业提高自己的核心竞争力，物流服务领域的细分使得物流逐渐从生产企业中被剥离出来，企业将精力集中于生产和管理，对第三方物流的市场需求越来越大。第三方物流的发展进而产生对第四方物流的需求。大力发展第三方物流、第四方物流，是发展现代服务业的方向。

发展第四方物流是推进绿色物流、加强资源节约和管理的有效途径。传统意义上的物流，各环节缺乏有效整合，给管理监控带来诸多不便。因此需要提供一个全面的管理方式，第四方物流通过对现有物流资源的整合，由竞争走向合作，在提高生产效率的基础上，进一步优化资源配置，带动整个物流区的资源整合和一体化，实现物流业的可持续发展，实现经济发展和生态文明的结合。

长三角物流业的现状，是（图 5－2）中左面的金字塔式结构。传统物流模式（1PL、2PL）在市场中占有大部分份额。虽然第三方物流有了较大发展，但多由传统的仓储、运输企业转变而来，在内涵上与真正的第三方物流有着较大的差距。长三角物流业发展的趋势，是物流企业的分布要由金字塔形向纺锤形发展，改变物流业内部各种物流模式的结构比例，并发展真正意义上的第三方物流和第四方物流，通过第三方物流、第四方物流的发展，促进区域物流一体化。

4. 错位竞争共谋发展

发展现代物流业，并不是对传统物流的简单否定。长三角各地在产业布局、要素禀赋方面的不同，决定了各种物流模式在很长时间内共存是经济发展的客观要求。到目前为止，长三角各地加强沟通与合作，形成了上海、杭州、南京等三个大的物流圈。但由于各地经济增长需要和地方利益的原因，各地合作中仍难避恶性竞争现象的出现。长三角区域在发展现代物流业的过程中，要注意发挥比较优势，实行错位竞争，谋求共赢。

传统物流企业可以在第二方物流培育专业化的细分市场，如农产品物流、食品物流、医药物流、社区物流服务等。像上海、南京、杭州等区位优势明显、人才聚集度高、知识资本密集的城市则要大力发展第三方、第四方物流。

构建物流专业人才引进、培养和使用的激励机制，吸引海内外高层次物流紧缺人才来沪。加快搭建高校和企业互动对接平台，积极引导高校和科研机构与国内外知名大学和著名物流企业开展交流合作。大力推进产、学、研合作，支持建立多层次的物流综合培训体系、实验基地和人才孵化基地。开展多渠道物流专业人才培训，加快将本市打造成为我国物流人才教育培训基地。

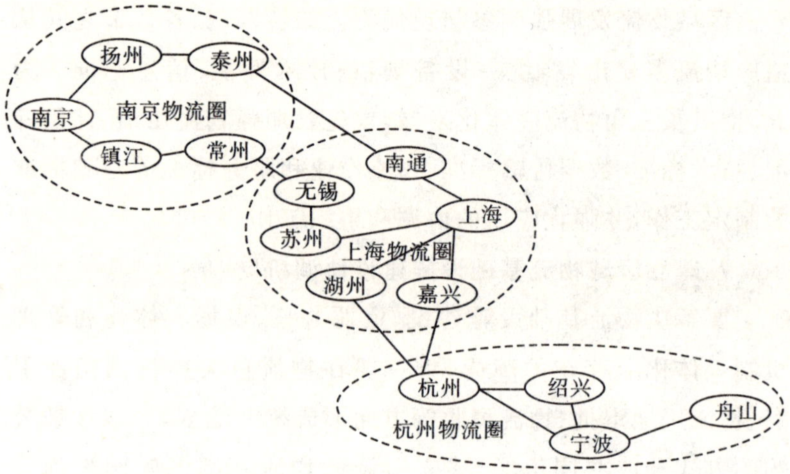

图 5—3 长三角物流圈

5. 加强现代物流人才队伍建设

高端人才缺乏和体制政策障碍是长三角物流一体化的主要瓶颈。长三角区域现有物流企业中超过半数以上的从业人员是从传统的物资储运企业中转型而来的，缺乏现代物流所需要的统筹运营意识和经营管理能力。而随着物流业的快速增长，特别是为了适应长三角一体化对高端物流人才急剧扩大的需求，物流人才特别是中、高级物流管理人才和工程技术人才匮乏的问题突出。

加强现代物流人才队伍合作培训。可依托上海、南京、杭州等地丰富的高校资源和长三角各城市各企业，通过多种方式，加大对物流人才的培养，政府、高校、企业加强合作，形成产、学、研相结合的培养模式，加强职业技术培训。提高人才的综合素质，鼓励人才积极主动参与生产、建设实践，学以致用，提高整个现代物流产业管理水平和市场综合竞争力。加强物流人才队伍建设，还可以创新物流专业人才引进、培养和使用的激励机制，吸引海内外高层次物流紧缺人才。

6. 统一物流标准、构建区域物流发展的平台

区域物流发展强调参与现代物流的各部门、各环节之间从适应物流需要出发，统一设备规格、技术性能、信息标准。为此，推进长三角物流一体化发展，首先要加强物流用语、计量标准、技术标准、数据传输标准、物流作业和服务标准等基础标准的制定工作，并强化应用的协调和组织工作。

7. 建立区域物流基础设施建设协调机制

要解决物流基础设施建设、资源共享、市场一体化和管理机制一体化上存在的障碍，重点要在物流重大项目的招商引资、物流用地审批、物流税收等方面形成统一法规，采取区域公约的方式开放共同市场，建立协调的物流基础设施网络的管理、运作机制，实现物流资源的共享和优势互补，并通过建立协调的管理制度等，营造无差异的物流发展政策环境，为长三角区域物流一体化创造良好的市场环境、政策环境和法制环境。

8. 建设开放的市场体系

物流一体化的本质是物流市场的开放和透明。长三角物流一体化建设，要进一步扩大区域物流市场国际、国内开放的程度，加强不同区域物流企业之间的合作交流。各地品牌物流企业要敢于走出去、善于走出去，以自身发展推动区域物流联动发展。建设开放的物流市场，要求各地充分利用吸引外资和总部经济等政策，鼓励外地大型物流企业到本地设立总部和分支机构，积极引进先进的资金技术和智力支持，学习、借鉴先进的经营理念和管理模式。深化长三角物流一体化区域合作，各地要通过招投标政策鼓励优质物流企业积极承接长三角物流业务，促进物流企业之间的良性竞争。建设开放的物流市场，要求加强长江流域口岸物流通关协作，构建物流快速通道，支持优势物流企业通过资本入股、管理输出、业务联合等方式，整合长江流域的港口码头、物流园区、仓储设施等物流资源，加快长江流域物流联动发展。

9. 发挥行业中介组织作用

充分发挥物流、仓储、交通运输、港口和国际货代等协会的桥梁和纽带作用，加强在调查研究、提供政策建议、做好服务企业、规范市场行为、开展合作交流、人才培训咨询等方面的中介服务。建立长三角地区物流协会诚信建设协调机制，支持物流企业参加诚信守法及等级评估，促进物流行业规范自律，推动物流市场有序、健康发展。

10. 以长三角城市港口协调为突破口建立城市物流业协调发展新机制

长三角港口群是指位于上海、浙江、江苏两省一市的所有港口。按照国务院关于建设以上海为主体，苏浙为两翼的上海国际航运中心的基本构想，长三角港口群与上海国际航运中心范围一致，区别是上海国际航运中心是一个专业术语，长三角港口群是一个地域和区域港口集合的概念。上海国际航运中心建设主体港口和两翼港口的关系需要进行有效的协调，干支网络急需优化，中心集聚、优化布局、增强长三角区域港口整体竞争实力显得比以往更为必要。

国务院将港口管理体制下放，一方面调动了各地市发展港口的积极性，另一方面也显示出市场在综合利用区域港口资源、优化区域港口结构、合理布局港口功能等配置能力的短缺。为协调长三角港口发展，上海国际航运中心建设初期，国务院批准组建了跨省区港口集装箱码头行政管理机构——上海组合港管理委员会，但是其管理定位、职责授权不够明确。尽管各方积极协调，但在实施这一国家战略时，区域港口发展协调力度还是难以到位。

当前长三角城市物流系统协调发展与服务，是推进实施上海国际航运中心国家战略的重要内容。按照《全国沿海港口布局规划》、《长三角地区公路、水路交通现代化发展纲要》、《长三角地区高等级航道网规划》及国家法律、法规和相关政策，加快制定上海国际航运中心发展规划，确定长远及近期发展目标，编制区域内港口岸线资源配置、公路、水路、铁路和民航等集疏运体系，确立区域内共同市场机制、协作管理模式，制定统一的市场运行规则，推进区域港口一体化，提高区域港口综合通过能力，实现区域港口岸线资源的优化配置，明确各港的定位和基本服务功能，增强长三角港口群的协同效应，提高区域港口综合效益。制定上海国际航运中心建设总体发展战略规划，站在国家层面上推进国家战略目标的实现。长三角城市拥有面向国际、连接南北、辐射中西部的密集立体交通网络和现代化港口群，经济腹地广阔，对长江流域乃至全国发展具有重要的带动作用。倡导合作共赢，在上海组合港协调机制框架下，探索新形势下区域协调发展的新模式，推进长三角港口协调发展，努力实现国务院提出的2020年上海国际航运中心建设的总体目标，基本形成以上海为中心、苏浙为两翼，以长江流域为腹地，与国内其他港口合理分工、紧密协作的国际航运枢纽港。

长三角城市港口协调发展与服务，要切实转变港口各自为政、重建设轻服务、重规模轻效益的发展模式。在此基础上，通过航运服务能力的大力完善，提升上海国际航运中心国际竞争力；通过港口与城市、区域的联动，促进临港产业发展、城市服务功能提升，带动区域经济更好地发展。推进长三角城市港口协调发展，需要围绕下面几个重点展开：一是加强长三角港口建设规划统筹。目前指导长三角港口发展的相关规划，对长三角港口的体系建设、功能布局、码头规模与结构、物流与集疏运系统等方面存在多重要求。明确港区、产业区和城区间的联系纽带及空间布局，加强不同功能区间的互动协调。二是加强区域性港口物流体系共建，整合优化港口物流及集疏运系统。长三角港口群集疏运系统的规划建设既要与上海国际航运中心建设相协调，把区域内多港口综合起来考虑，也应与长三角地区社会经济发展相协调，特别是与所依托城市及其腹地发展相协调，形成配置合理、结构优化的便捷网络。积极培育港口物流新的组织模式，形成物流联盟，实现物流资源有机联合共用，降低物流成本。积极延伸港口服务功能，发展港口纵向多元化产业链，把港口服务功能延伸到港口物流上下游，为客户提供全程物流服务。三是加强各类港口联盟健康发展。积极支持上海港、宁波—舟山港、南京港、苏州港等主要港口通过战略投资、资产重组、股权控制、姊妹港合作等多形式，形成港口联盟。支持大型海运集团对港口运营业务的延伸，以及对缺乏竞争力的海运公司的兼并重组，推进形成各港口在产业集群中的合理定位。重视港口联盟过程中部分港口边缘化现象。四是加强港口协调发展体制创新。要以市场为基础、项目为载体、资本为纽带，积极推进长三角港航企业间的合作与联合。鼓励和促进各港口企业通过相互参股、控股、换股等资本联合形式，或组建产业投资基金，在较大范围内进行资源整合与重组，增强长三角区域各港口的发展活力和综合竞争力。加强相关投融资体制和财税体制创新，支持国内外企业、财团，特别是国内企业，通过战略投资、控股、独资等多种形式参与港口建设及运营。争取保税港区优惠政策向其他港区延伸。作为浙江和上海合作建设的洋山保税港区，要积极争取一些行之有效的优惠政策延伸到其他港口，为长三角港口群协调发展营造有竞争力的环境。同时，积极充实梅山保税港区服务功能，逐渐使其优惠政策、成功经验等延伸到六横等周边港区。

长三角城市港口竞争激烈，对各城市经济增长有着举足轻重的作用。当前经济增长乏力，各地都把发展现代物流业、加强港口建设作为发展本地经济的重要手段。从短期来看，虽然有局部的合作与协调，但各自为战仍是当前长三角城市港口发展的主要内容，导致港口利用效率低。从长期来看，长三角港口协调发展无疑能使各相关主体利益最大化，但也存在相当大的难度，解决这一难点，能够从根本上理顺各方利益，实现多方共赢。要解决其中的政府协调、物流标准制定、公共信息平台建设、人才培养等环节等问题,为长三角城市物流系统协调与服务起到很好的引领作用,从根本上促进长三角城市物流系统协调发展与服务。

第六章　长三角城市信息资源共享协调与服务研究

根据国务院出台的《意见》和《规划》的要求，在以城市信息资源共享为发展动力之一的城市经济运行中，就如何推进长三角区域经济协调发展，推进城市信息资源共享协调与服务，本章将进行探索。长三角城市信息资源的共享，以长三角区域信息化基础上的信息一体化为前提条件。长三角城市信息资源的共享就是以长三角区域的信息化和信息一体化为条件，在长三角城市之间广泛开展信息公开和信息交流活动，并且逐步建立起长三角区域统一的信息中心。长三角区域各城市信息资源丰富，信息技术成熟，人才储备充足，实现信息资源在长三角区域各城市的共享，必须构筑一个强大而且统一的信息平台。这种强大而且统一的信息平台应该包括与经济发展和社会稳定相关的一切信息资源。在长三角城市信息资源共享的过程中，政府要发挥宏观管理的职能，在政府信息公开的同时，通过长三角区域强大而且统一的信息平台为企业和民间信息交流活动牵线搭桥。在长三角区域各城市联合起来构筑强大的信息平台的努力，需要长三角区域各城市政府对信息资源的共享给予高度重视，并且加强在信息资源的共享方面的协调与服务。在长三角转变经济增长方式的过程中，长三角区域空间结构的完善已经成为可持续发展的重要基础，而“长三角区域一体化”也成为长三角区域空间结构调整的理想目标，在长三角区域空间结构不断完善的过程中，长三角需要进一步调动各城市的力量与资源协同前进，在这个过程中，信息资源的共享能够提高长三角区域各城市之间政治经济联系的扩张性与准确性，这种政治经济联系的扩张性表现为信息一体化条件下政治经济联系的深度和广度的扩张，而政治经济联系的准确性则表现为信息一体化条件下区域资源传递的高效率。从另外一个方面来说，信息资源的共享也能够增强长三角区域各城市之间政治经济活动的互补性，这种政治经济活动的互补性表现为信息一体化条件下区域内城市各自优势的充分发挥。长三角区域是我国经济发展速度最快、经济总量规模最大、最具有发展潜力的经济区域，在长三角区域迅速工业化、城市化、现代化的过程中，信息资源共享的重要性已经被长三角区域越来越多的城市政府和众多企业所认识。古语云：兵马未动，粮草先行。而在今天的长三角区域，我们可以说：兵马未动，信息先行。以信息化带动长三角区域的工业化、城市化和现代化，以信息一体化带动长三角区域的经济一体化，是长三角区域经济发展走向更高阶段的必然选择。

一、长三角区域城市信息资源共享协调与服务现状分析

1. 长三角区域信息化建设的现状

(1)长三角区域信息化建设的总体情况。

1)长三角区域信息化建设的基本情况：长三角城市信息资源的共享以长三角区域的信息化和信息一体化为条件，长三角区域信息化建设的广度和深度决定了长三角城市信息资源共享的广度和深度。自 2010 年以来，长三角区域不断加大信息化和工业化融合的力度，使长三角区域生产装备数字化和过程控制自动化的水平不断提高，部分重点行业的信息管理和决策系统已经进入应用集成阶段，社会信息化水平迅速提升。由于长三角区域两省一市经济发展的不平衡，两省一市的信息化建设各具特色，两省一市的信息化建设广度和深度都有许多不同之处。

表 6—1 2010 年长三角区域信息化建设的基本情况表

	上海	江苏	浙江	长三角区域
信息产品制造业工业总产值(元)	7022.46	12932.00	1965.09	21919.55
信息服务业计算服务业及软件业生产总产值(万元)	675.98	605.28	594.55	1875.81
电信业务总量(万元)	966.96	2006.30	1914.60	4887.86
固定电话用户(万户)	935.91	1527.80	1998.50	4462.21
移动电话用户(万户)	2361.55	5923.10	5047.00	13331.65
国际互联网用户(万户)	1560.00	1062.20	3670.00	6292.20

资料来源：孙克强:《长三角年鉴(2011)》,河海大学出版社,2011 年,第 686 页。

2)上海信息化建设的基本情况:2010 年,上海信息化建设取得很大成就,在信息基础设施建设方面,上海拥有全国约1/3的国际出口带宽,成为国内首个拥有 T 级别出口带宽的城市和亚太地区主要信息通信枢纽之一,上海的城市光网建设实现了 75 万户覆盖能力,3G＋WiFi 无线宽带通信网已经覆盖全市。

表 6—2 上海信息化建设发展表

年份	2008	2009	2010
电信业务总量(万元)	776.10	806.86	966.96
年末固定电话用户(万户)	1015.40	935.48	935.91
移动电话用户(万户)	1180.90	2106.32	2361.55
国际互联网用户(万户)	1160	1250	1560.00
信息通信管线长度(公里)	4007	5354	5821

资料来源：孙克强:《长三角年鉴(2011)》,河海大学出版社,2011 年,第 687 页。

3)江苏信息化建设的基本情况:2010 年,江苏信息化建设的重点由大规模信息基础设施建设向信息技术普遍应用和信息资源深度开发转变,信息化和工业化互动发展,信息技术加速和产业融合发展,突出社会领域和农村地区的信息化。

表 6—3 江苏信息化建设发展表

年份	2008	2009	2010
函件(亿件)	8.82	9.51	9.36
固定电话普及率(部/百人)	38.20	33.80	32.35
移动电话用户(万户)	3957.00	4940.30	5923.10
国际互联网用户(万户)	771.65	960.95	1062.20
邮政业务总量	1584.13	1812.40	2194.60

资料来源:孙克强:《长三角年鉴(2011)》,河海大学出版社,2011 年,第688 页。

4)浙江信息化建设的基本情况:2010 年,浙江信息化建设要重点抓好八项工作:深入实施企业信息化,大力发展电子商务,扎实推进电子政务,推动社会事业和公共服务信息化,统筹促进城乡信息化,做大做强信息产品制造业。

表 6—4 浙江信息化建设发展表

年份	2008	2009	2010
长途光缆线路长度(公里)	24145	23235	23269
固定电话普及率(部/百人)	44.90	40.90	36.90
移动电话普及率(部/百人)	77.70	85.60	93.30
互联网用户(万户)	805	891	3970
宽带用户(万户)	692	821	868

资料来源:孙克强:《长三角年鉴(2011)》,河海大学出版社,2011 年,第689 页。①

(2)上海世博会已经成为长三角区域信息化建设的技术高地。上海在世博信息化建设中瞄准未来信息技术高地,追寻全球创新动力源头,围绕安全可靠进行技术攻关,整合先进的信息化理念,综合利用主流信息技术,持续注重推进 IT 技术创新,有 8 项信息技术已经成为长三角区域信息化建设的技术高地:

1)集约化建设方式和智能网技术:世博园区通信基础设施以集约化方式建设,实现高度共享,电信的城市光网、EPON、

① 孙克强:长三角年鉴(2011)[M]河海大学出版社(2011 版)686~689 页。

IPV6 和东方有线的光纤＋HFC 接入和运营商普遍采用的智能网技术等，为“三网合一”和解决信息高速公路“最后一公里”等难题进行了实践性探索。

2）无线宽带技术：重点普及以国产标准 TD－SCDMA 为主的 3G 技术应用，同时采用 WIFI（无线保真）＋MASH 技术，提供宽带接入服务，将保证无线信号的更宽覆盖和高速传输。同时在园区内建设 TD－LTE 实验网络，为组织者、媒体记者、各方嘉宾、游客提供丰富的移动信息服务，可在开园后现场体验 TD－SCDMA 的演进技术。

3）RFID 和传感网技术：该技术已广泛应用于世博会的门票、物流配送、展馆预约、证件管理、电子车牌等诸多方面。中国移动将在全球首次推出内置 RFID 模块的手机电子门票，并和交通银行在世博园区内提供手机电子支付，将提供手机票和手机支付功能，充分展现信息技术给日常生活带来的便捷。

4）互联网应用技术：网上世博会借助互联网的 FLASH/Web3D 和 CDN 分发、SOA 架构技术等，把世博的理念、精神以及世博会的内容传遍全球；覆盖全国范围的 CDN（内容分发）网络，可以完全满足国内外用户对于网上世博的访问。

5）多媒体技术：虚拟技术综合演播厅运用虚拟仿真技术将园区建设规划、展馆建设，大型活动的方案从抽象化、符号化转变为形象化、可视化，为科学决策、活动组织、运营指挥提供了直观生动的演示平台。

6）智能视频处理技术：高清视频图像处理、人像识别、图像信号智能调用等多项信息技术将大量用于本届世博会的客流引导、车载系留气球、视频监控等系统，通过智能视频分析和智能视频监控，使监控系统成为主动、智能化的识别工具，自动提取关键信息，为组织者提供警示，有效提升相关系统的服务能级和响应效率。

7）电子地图和定位导航技术：在传统导航功能的基础上，

更加注重智能化、个性化和多功能化，利用高精度电子地图和共用的 GIS 平台，为园区的车辆和工作人员提供多种定位导航服务。

8)特大型活动的信息化管理：综合运用 GIS 技术、基于位置的信息发布技术、应急方案数字化技术等，形成数字化的综合运行管理，为大型活动的管理、服务提供信息化支撑。

(3)长三角区域物联网建设的现状。2010 年，长三角区域物联网建设全面展开。上海市正在建设上海物联网中心，江苏正在建设中国物联网研究发展中心，浙江正在建设中国电科集团(杭州)物联网研发中心。

1)上海市正在建设上海物联网中心。上海物联网中心的任务是依托中国科学院上海微系统与信息技术研究所在物联网方面的研发力量、研究成果、人才优势，大力吸引各类物联网研发、示范和产业化项目落户上海物联网中心，努力打造国内最具竞争力、具有国际影响力的物联网创新基地，攻克物联网核心技术，引领国家标准制定，推广物联网应用示范，加速技术成果产业化。上海物联网中心正在嘉定和浦东等地建设物联网产业基地，以此集聚物联网优势产业，形成几个物联网应用示范区和产业集聚区，并在上海世博园区以及上海浦东机场率先进行物联网应用示范，上海物联网中心将面向“智慧上海”，推动上海信息产业的新一轮发展。

2)江苏正在建设中国物联网研究发展中心。江苏省和无锡市以及中科院三家联手在无锡新区合作建设中国物联网研究发展中心，已经吸引了包括中国移动、中国联通、中国电信三大运营商和中国电子科技集团在内的一系列企业创新研发中心在无锡市布局，准备抢占物联网产业发展的制高点。

3)浙江正在建设中国电科集团(杭州)物联网研发中心。杭州市物联网产业发展已经成为浙江省和中国电子科技集团合作的重点内容，杭州市物联网支持中国电子科技集团在杭州的企业做大做强，积极推进52所海康威视安防产业基地建设，组建中国电科集团（杭州）物联网研发中心，共同建设杭州市物联网产业园。

4）长三角区域各地正在加大物联网建设方面的投入。无锡市准备在2010—2020年投入330亿元资金促进物联网产业的发展，江苏省和无锡市联合投入4.2亿元资金建设无锡传感网产学研联合创新平台；上海市对建设上海物联网中心提供了重点资金支持，建立了5亿元规模的上海物联网产业创业投资基金用于物联网产业链上下游企业的孵化及支持物联网企业科技创新；浙江也为建设杭州市物联网产业园投入了大量资金。①

（4）长三角区域电子政务建设的现状。长三角区域电子政务建设是长三角信息化建设的重要内容，也是长三角信息资源共享协调与服务的重要技术基础，长三角电子政务建设表现在长三角区域借助信息网络技术，从根本上改变长三角区域公共服务提供的手段，利用各种信息工具，如电话网络、电话、手机、集成多种信息技术，为长三角区域社会、公众、企业等各类社会组织提供便捷的信息资源共享服务。长三角区域电子政务依靠基础网络提供服务，该电子政务基础网络是指长三角区域政府部门运用现代通信和计算机技术、依托电信部门现有网络构建的，由通信线路和通信设备等组成的，连接各级政府部门，承担政府部门之间语音、视频、数据等传输业务的专用网络系统。长三角区域电子政务基础网络建设取得了以下成果：

2002年，上海市公务网开通。2003年，上海市公务网已经基本建成并且投入试运行，上海市90%以上的市级委办局和区县政府建立了内部局域网，各类业务数据库初具规模。2005年1月27日，江苏省电子政务局域网平台在南京正式开通，实

① 孙克强：长三角年鉴(2011)[M]，河海大学出版社，2011年，690页。

现了省级政府各部门之间、省及各地市之间政务局域网平台的对接，93%以上的省级政府机关和近 30%的市县级局域网实现了内外网物理隔离。2004 年 2 月，浙江省电子政务网基础性支撑平台建成，实现了包括省政府在内的 90%以上的政府单位采用中国电信提供的线路和网络增值服务开展电子政务。2005 年 12 月 28 日，浙江省电子政务网络全部建成。[①]

(5)智慧城市建设在长三角区域已经提上议事日程。智慧城市是指充分借助物联网和传感网，在智能家居、路网监控、智能医院、城市生命线管理、食品药品管理、票证管理、家庭护理、个人健康与数字生活等诸多领域，能够充分发挥信息通信(ICT)产业发达、RFID 相关技术领先、电信业务及信息化基础设施优良等优势，构建城市发展的智慧环境，形成基于海量信息和智能过滤处理的新的生活模式、产业发展模式和社会管理模式。智慧城市是一种全新的城市形态，可以使物理资源和信息资源得到高度系统整合和深度开发，智慧城市让管理者能够全面和准确地掌握发生在城市各个角落的事情，科学地决策，快速地部署；智慧城市让企业家足不出户就可以接到订单，并且随时掌握设计、生产、销售等每个环节；智慧城市让居民出门在外，仍可了解家中发生的一切。长三角区域有许多城市作出了建设智慧城市的战略决策，即在常规的网络建设中，引入物联网、云计算、下一代通信网络、高性能信息处理等技术，应用于客户感知、行业管理、产业发展。

2. 长三角区域信息一体化建设的进展情况

(1)长三角区域信息一体化进入务实发展的新阶段。国务院在《意见》中，明确提出要“加快推进区域一体化进程”，实现长三角区域“科学发展、和谐发展、率先发展、一体化发展”，为长三角地区推进信息一体化指引了新方向，随着长三角地区产

---

① 李章程：长三角地区电子政务建设之比较，[J]《苏南科技开发》，2007 年 05 期第 27 页。

业的升级换代，长三角区域内各城市的政治经济联系将更加紧密，为深入推进区域信息一体化提供了许多新的契机。在国家战略强有力的推动下，长三角区域信息一体化站在新的更高的起点上，随着长三角区域经济由过去“竞争为主导的合作”转变为“以合作为主导的竞争”，长三角区域信息一体化将真正进入一个务实发展的新阶段。

(2)推进长三角区域信息一体化已具备良好的基础。从政策和制度层面来看，长三角区域信息一体化工作得到了长三角区域各级政府的高度重视，2001 年成立了苏浙沪经济合作与发展座谈会区域信息资源共享专题组，合作领域不断拓展，合作内容进一步深化，政府的高度重视为深入推进长三角区域信息一体化提供了良好的组织和制度保障。从信息化基础来看，长三角区域信息化总体水平处于全国领先地位。根据国家统计局发布的数据，2006 年中国信息化发展指数为 0.609，苏浙沪三地信息化发展指数均位于前列，分别为 0.812、0.689、0.654，位居全国第 2、第 4 和第 6 位。2008 年，上海信息委的课题组测算出长三角区域 8 个城市的信息化发展指数，总指数平均值为 0.703，其中，排名第一的上海总指数为 0.866，排名第二的苏州和杭州总指数均为 0.741，区域整体较高的信息化水平为深入推进长三角区域信息一体化奠定了良好的物质基础。从应用层面来看，长三角区域信息化合作取得很大进展，合作意识得到增强，合作理念逐步树立，区域信息化和信息产业管理部门间的沟通与协调机制已经初步建立，实现了由对话型合作向项目型合作的转变。长三角区域信息一体化已迈出了实质性的合作步伐，覆盖了国家“十二五”领域并且有所扩展。在政府收支管理领域，主要建设了财政、税务、金融和审计等信息系统；在自然人管理与服务领域，主要建设了劳动、民政、公安、计生等信息系统；在经济监管与服务领域，主要建设了工商、质监、海关、外贸、统计等信息系统；在建设与交通管理领域，主要建设了房地、规划、市政、环卫、水务等信息系统；在跨部门业务协同方面，主要建设了社会保障一卡通、企业信息共享应用、大通关、房地产管理等系统。因此，从应用的广度来看，在IT资源和财政资源的相对优势支撑下，长三角地区信息化应用已具有广覆盖的特征，长三角地区信息一体化的发展，为长三角城市信息资源的共享准备了充分的前提条件。

3. 长三角城市信息资源共享协调与服务的进展情况

(1)长三角区域城市在环境行为信息公开方面已经取得巨大进展，制定了长江三角洲地区环境保护合作协议。为推动长三角区域企业环境行为信息公开工作，提高企业环境意识，规范企业环境行为，保障公众环境权益，实现长三角区域企业环境信息共享，提升长三角区域环境管理水平，根据《环境信息公开办法(试行)》(国家环保总局令第35号)、《关于加快推进企业环境行为评价工作的意见(环发〔2005〕125号)》、《长江三角洲地区环境保护合作协议(2009－2010年)》等规定，结合长三角地区实际，上海、江苏、浙江两省一市环保部门成立工作小组，具体负责各自辖区内企业环境行为评价工作，两省一市环保部门建立和完善了企业环境行为评价工作的管理协调机制，定期交流情况，按时汇总信息，报送评价结果。长三角区域执行统一的《长江三角洲地区企业环境行为信息评价标准(暂行)》，推进区域企业环境监管一体化，上海、江苏、浙江两省一市环保部门参照国家评价范围确定企业环境行为评价对象，鼓励其他企业自愿参加，逐步增加参评企业数量，以国控、省控企业作为长三角区域企业环境行为评价重点，对企业环境行为信息评级周期定为一年。长三角区域环保部门在每年"6·5"世界环境日前，将本地区企业环境行为信息评级结果，通过政府网站、报刊、广播等形式向社会公开。长江三角洲地区各省辖市、县(市、区)环保部门按照属地管理的原则，负责组织辖区内企业环境行为评价工作，并将评价结果按时汇总上报省(市)厅

(局)企业环境行为信息公开工作小组。企业环境行为信息评价工作一般采取以下程序:第一步是确定区域参评企业名单,第二步是收集汇总企业基本情况,第三步是分析企业环境行为信息,第四步是初评企业环境行为等级,第五步是告知企业初评结果,第六步是复核反馈意见,第七步是审议确定评价结果。环保部门将企业环境行为信息的评价结果及时通报金融、工商、证监等管理部门,并纳入社会信用体系。对评价为“绿色”等级的企业,依照国家有关规定优先安排环保专项资金项目,享受上市环保核查程序减免、评优创先推荐及其他鼓励政策。

为什么长三角区域各城市在环境行为信息公开方面已经取得巨大进展?这是由于各环保组织不断去推动信息公开进程,推动政府推进其信息公开工作,各环保组织在促进长三角城市环境行为信息公开方面起到巨大作用,在全国范围内,珠三角和长三角城市双峰对峙,其中,浙江宁波市连续 3 年蝉联桂冠,浙江省全省 7 个评价城市的平均分达到 61.77 分,成为首个评价城市平均分达到及格线的省份。

(2)长三角区域各城市积极推进财政信息公开,不断增强预算透明度。财政信息公开是政府信息公开的重点之一,也是长三角城市信息资源共享的内容之一。长三角区域各城市按照国家要求,依法依规,进一步扩大和细化财政信息公开的范围和内容,坚持“以公开为原则、不公开为例外”,财政资金分配到哪里以及流转到哪里,财政信息就要公开到哪里,使财政资金始终在高度透明和强有力的监督中运行,广泛接受社会监督和群众监督。推进长三角各城市财政信息公开,是长三角各城市政府明确的工作目标。2011 年以来,上海积极推进财政信息公开,不断增强预算透明度,公开内容不断细化,公开范围有序扩大。和上海的情况一致,长三角区域内的许多城市在财政信息公开方面已经取得巨大进展,但是,并没有签订成立统一的长三角城市财政信息中心的合作协议。[①]

(3)长三角金融信息一体化开始起步。在第二届长三角金融论坛上,苏浙沪两省一市人民政府与中国人民银行联合签署了“共同应对金融风险合作备忘录”,拟建立金融稳定信息交流机制。在备忘录的框架下,央行将与长三角展开合作,加强沟通,建立央行和两省一市间的金融稳定信息交流机制。[②] 银行监管来自各家商业银行的信息显示,上海的金融机构已开始对苏浙大企业直接发放贷款,浦发银行在长三角已累计发放贷款2500亿元,中国银行建立了华东信息中心,建设银行苏浙沪两省一市五家银行尝试开展统一授信和联手营销活动,光大银行在上海开设了华东区审贷中心,以有效地参与长三角区域的经济合作。由于长三角区域的票据信息不对称现象较为普遍,票据市场准入、监管标准、业务执行标准也不统一,资金尚未完全实现自由流动,尚未建立起高效、统一的资金清算系统,所以银行跨系统的资金清算效率仍然较低。金融一体化关键在于金融信息一体化,即建立“长三角金融信息中心”,长三角区域各家商业银行的行长们普遍希望金融管理和监管部门支持两省一市的商业银行打破原先的行政区域经营格局,允许资金跨地区自由流动和配置,选择合适的业务和项目进行试点,突破原先的金融禁区,实现长三角区域各城市金融一体化和金融信息一体化。[③]

(4)长三角区域联合制定了《长三角区域信息化“十一五”合作规划》。2006年,上海市信息化委员会、江苏省信息产业厅、浙江省信息产业厅联合制定了《长三角区域信息化“十一

① 杨群,洪梅芬:上海正积极稳妥推进财政预算信息公开[N].《解放日报》2009年10月30日第1版。

② 姚军,范钦书:构建“长三角”金融信息中心有效突破银政壁垒[J]《金融纵横》2004年第S1期第34页。

③ 吴正懿:长三角联手央行建立金融稳定信息交流机制[N].上海证券报2009年4月27日第1版。

五”合作规划(2006—2010年)》,规划中提出要立足需求,着眼服务。以需求为导向,推进长三角区域信息化公益性服务的发展,满足长三角区域整体发展和城市个体发展的不同需求。在长三角区域省市级宏观层面上,大力提升各省市信息化总体实力,不断增强辐射、带动和传导功能;在地市级中观层面上,发挥长三角区域16城市的各自优势,因时因地制宜,强化城市服务水平,重点推动城市在信息化发展方面的接纳和吸收能力;在长三角区域合作过程中,提倡协同全局,集约共享,着眼于长三角区域发展全局,淡化行政区划界限,注重建立局部区域利益的协调与补偿机制,形成多方参与配合,共创合作共赢的局面;加强长三角区域信息化合作的综合统筹与整体推进,多层面、多领域形成信息化合作发展协调机制,做到信息化规划、政策、法规、标准、措施、人才培养等方面的衔接趋同,做到资源集约化、效益最大化、利益共享化,保证区域信息化发展的整体性与合理性;突出重点,有序推进,寻求恰当的方法和途径,推动区域信息化合作的有效开展,即突出社会经济效益,有重点地推动区域信息化合作,优先推进社会经济作用大和关联度高的合作项目,率先实施基础良好、难度较小的合作项目,着力筹备有前景、有潜在需求的合作项目。

(5)长三角区域的苏浙沪两省一市积极探索创新,有力推进信用信息共享平台建设。长三角区域的苏浙沪两省一市积极探索创新,有力地推进信用体系建设,实现了区域内200多万家企业诸多指标的信用信息共享。长三角区域在全国率先建立跨区域信用信息共享平台——“信用长三角”网,2011年已经实现苏浙沪区域内200多万家企业16个信用信息指标项的共享。其中,浙江省区域内的公共联合征信系统更是走在了区域前列,浙江省建立了运行数据容量大、覆盖面广、内容全面的企业联合征信数据库。2011年入库企业数115万家,向社会公开发布企业诚信和失信公示项目 142 项。[①]

二、长三角区域城市信息资源共享协调与服务中存在的问题

长三角区域并无统一的行政机构，而且由于行政分割和地方保护主义的存在，再加上长三角区域各城市经济发展水平参差不齐，造成信息资源共享协调与服务完全靠地方政府的高度自觉和地方经济利益之间的讨价还价，既无压力，又缺动力。长三角城市信息资源共享的政府协调与服务活动，它的最佳状态是在纵向的行政管理层级能够实现指挥功能的同时，横向的平行政府之间也可以步调一致，密切合作。但是在长三角城市信息资源共享协调与服务过程中，长三角区域城市信息资源共享过程的协调失灵广泛存在。长三角区域各级政府的地方本位主义是长三角区域城市信息资源共享协调与服务的巨大障碍，长三角区域各级政府的地方本位主义是一种只关心本局部区域自我目标的实现，却忽略与其他区域的相互合作的一种表现。在长三角区域多元化的发展过程中，各级政府怀有不同的偏好或立场应该是一种常态，容易衍生地方本位主义的问题，进而在地方本位主义主导下忽视长三角区域共同利益的维护。当某个城市局部区域行政面对的是跨区域的城市信息资源共享协调与服务时，由于平行政府内部或跨区域政府间关系缺乏完整统一的权威，加上政策过程多元的目标追求和价值表达，致使长三角区域参与的信息资源共享的政府主体不一定将合作视为获得共同利益的必然途径。再加上可供诱导合作的信息资源在行政分割的体系下可能不容易共享等因素，长三角区域城市信息资源共享协调与服务面临着无权威和碎片化的状态。

---

① 岳德亮：长三角区域实现 200 多万企业信用信息共享[N]. 甘肃日报 2011 年 07 月 24 日第 3 版。

1. 长三角区域信息化建设过程中存在的问题

(1)长三角区域信息化建设过程中存在的技术问题。

1)上海世博会技术高地促进整个长三角区域信息化建设和信息一体化建设的作用没有能够充分发挥出来:上海世博会已经成为长三角区域信息化建设的技术高地,但是世博会上面应用的先进技术如集约化建设方式和智能网技术、无线宽带技术等还没有广泛应用于长三角区域的信息化建设和信息一体化建设中。

2)长三角区域的信息技术有待升级换代。长三角区域信息技术的革新功能还没有得到充分发挥,对长三角区域信息化建设至关重要的智能交通体系和城际综合运营网络还缺乏新型技术支持系统,长三角区域的信息技术有待升级换代。

(2)长三角区域在信息化建设方面各地区各行其是,无统一行动规划。长三角区域各地区在信息化建设方面,各地竞争大于合作,纷纷争抢技术高地,自立山头,无统一行动规划,不能集中使用长三角区域的人力物力财力去争抢世界信息技术发展的制高点,主要存在以下几个问题:

1)长三角区域在信息化建设和信息一体化建设方面各自有中心:以长三角区域物联网建设为例,我们可以看到,上海市正在建设上海物联网中心,江苏正在建设中国物联网研究发展中心,浙江正在建设中国电科集团(杭州)物联网研发中心,这三个中心自成体系,彼此独立,互为竞争对手,少有交流往来。

2)长三角区域在信息化建设方面,各地以利益关系自寻合作伙伴,而不是从优势互补角度互为合作伙伴:例如浙江与在浙江有大量关联企业的中国电科集团一起合作建设物联网研发中心;而江苏则向与之关系良好的中国科学院以及三大运营商寻求合作。

(3)长三角区域电子政务建设存在的问题。

1)长三角区域各城市的政府网站的运行维护管理机制仍

然不够健全：长三角区域各城市政府在政府网站的日常管理和维护方面的管理体制存在薄弱环节，某些城市的政府网站无人问津，既缺乏与公众的互动，也谈不上为民服务，基本上是个空架子，从而造成极大的浪费。

2）长三角区域各城市的政府电子政务网络整合还有一些欠缺：信息网络的重要价值就是信息资源共享，虽然长三角区域各城市的政府建立了自己的电子政务网络，但是缺乏长三角区域的整体规划，各地区、各部门存在信息垄断而形成的“信息围墙”，使信息在不同的数据库中重复和沉淀。

3）长三角区域各城市的政府网站的公众参与模块建设有缺陷：长三角区域有些城市的政府网站的公众参与模块功能建设相对比较差，公众基本上无法在政府网站自由发表政治见解，也无法参与各部门政策法规的制定和实施。

2. 推进长三角区域信息一体化过程中存在的问题

(1)长三角区域各城市信息壁垒的存在。长三角区域各城市的信息壁垒已成为长三角区域信息一体化发展的巨大障碍。我们把由于行政区划造成的长三角区域信息一体化的割裂状态称之为“长三角区域的信息壁垒”。在我国地方政府的事权逐步扩大的情况下，长三角某些地方政府的信息垄断意愿比较强烈，往往通过行政区划人为划定一个信息边界，在信息一体化的各种环节设立一堵地方本位主义的墙壁，而在条块分割的地方本位主义的阻碍下，信息的传播存在人为的信息壁垒，这种信息一体化是不完全的。

(2)长三角区域缺少一个统一和权威的属于长三角区域自己的信息平台。由于信息传播已经初步网络化，对信息资源的利用率大幅度提高，信息资源的需求和供给可以通过长三角各城市网站表达和接受。但是，通过网络搜索在长三角区域所得到的信息往往是零碎的，长三角各城市网站是彼此独立的和缺乏联系的，缺少一个统一和权威的属于长三角区域自己的信息平台。

3. 长三角城市信息资源共享过程中存在的问题

(1)长三角区域各城市在环境信息资源共享协调与服务方面存在的问题。2008 年 5 月 1 日，国务院发布的《政府信息公开条例》和环保部发布的《环境信息公开办法》(试行)开始实施。时至今日，长三角区域环境信息公开依然处于初级阶段，表现在一批城市的得分依然在 20 分之下，还表现在污染源“日常监管记录公示”和“依申请公开”两个关键项目上，多数城市存在显著差距，这意味着公众依然难以有效获取长三角区域这些城市的污染源监管信息。

(2)长三角区域各城市在金融信息资源共享协调与服务方面存在的问题。长三角区域内资金流动受到很大限制。由于受行政分割、金融组织结构和金融业务分割等影响，金融资本配置效率不高，区域内金融发展不平衡。上海作为国内金融中心，银行、证券、保险业都相对发达，而长三角除上海外的其他区域证券和保险业发展却相对滞后，区域内金融发展的不平衡，导致金融业难以形成高层次合作，长三角城市金融信息资源共享协调与服务难以正常开展，长三角城市也无统一的金融信息中心。

(3)长三角区域各城市在技术信息资源共享协调与服务方面存在的问题。由上海市高新技术成果转化服务中心、华东理工大学、上海交大技术转移中心、中国科学院上海国家技术转移中心、江苏省技术产权交易市场、江苏省生产力促进中心、南京大学以及浙江的一些大学和机构共同组成长三角科技资源共享平台。从业务内容上看，长三角科技资源共享平台实际上就是长三角城市技术信息资源共享平台，但是这样的平台里面我们看不到长三角区域各城市政府的协调与服务，基本上只有企业与企业之间基于经济利益的交易行为。

4. 长三角区域各城市政府对信息资源共享上存在的问题

长三角区域各城市政府对信息资源共享上大多存在信息

垄断行为和信息选择性公开行为。信息垄断就是借助政治资源来进行信息资源的占有和选择，排斥其他部门和地区参与信息资源共享；信息选择性公开指的是政府对于并不涉及国家安全的信息，基于政府作为一个自利集团在利益方面的考虑，长三角区域各城市政府将对政府不利的信息予以封锁，而对有利于政府进行信息大力宣传的这种做法，确实是存在的。长三角区域各城市政府这些信息垄断行为和信息选择性公开行为大多呈秘密状态，原因是长三角区域各城市政府过度注重信息安全，对信息资源共享的重要性缺乏清醒的认识，而信息资源共享则需要打破信息垄断和防止信息选择性公开。

(1)信息垄断本质上是一种行政垄断。由于我国长期实行计划经济，信息垄断在公共服务部门形成的做法就是借助政治资源来进行信息资源的占有和选择，排斥其他部门和地区参与信息资源共享，妨碍信息资源的自由流动，信息垄断寻求本城市和本部门的利益最大化，而不是长三角区域人民福利的最大化。信息垄断本质上是一种行政垄断。目前，信息垄断已经成为长三角区域各城市信息资源共享协调与服务中的制度性瓶颈，而不消除信息垄断，就不可能建立完善的长三角城市合作机制和实现信息资源共享：

1)信息垄断迫使大众放弃信息知情权，不得不听命于行政权力的支配：为了排斥、限制和妨碍信息的传播，信息垄断往往用行政命令的方式限制大众的知情权，或者强迫信息的传播者屏蔽信息，从而使大众的知情权受到了严重的损害。信息垄断迫使大众放弃信息知情权，不得不听命于行政权力的支配，同时由此所造成的损失则由大众自己承担。

2)信息垄断损害了信息公开：信息垄断的实质是行政权力的滥用，信息垄断非法扩大了行政人员的自由裁量权，对信息资源的共享实行不当干预。长三角区域各城市的信息垄断行为的实施主体往往出于地方或部门利益的考虑，为本地区、本部门谋私利，从而导致一定程度上的信息屏蔽。

3)信息垄断阻碍了长三角城市信息资源共享协调与服务体系的建立：开放的长三角城市信息资源共享体系，可以使长三角区域各城市成为一个统一的以市场为基础进行公平竞争的平台，而信息垄断行为总是以某一地区或部门的利益为着眼点，将本应开放的长三角城市信息资源强行分割为彼此封闭、互不联系的空间，将某地或某部门的信息资源封闭起来，其结果是信息资源的大量浪费，所以我们可以说，信息垄断已经成为长三角城市经济发展的破坏力量。

(2)信息选择性公开本质上是一种行政乱作为和不作为。信息选择性公开指的是政府对于并不涉及国家安全的信息，基于政府作为一个自利集团利益的考虑，将对政府不利的信息予以封锁，而对政府有利的信息大力宣传的一种做法。

1)信息选择性公开是一种行政不作为：行政不作为是相对于行政作为而言的，行政不作为是一种徒具表象而不具有实质内容的"空洞化"的行政行为，它对公众利益的侵害具有很大的隐蔽性。信息选择性公开是一种行政不作为，归纳起来，大致有以下几种：第一，信息选择性公开是指行政主体及其工作人员有信息公开的法定义务，并且具有信息公开的可能性而在程序上有不实行信息公开的行为，其后果表现为行政主体及其工作人员没有依法实行信息公开。第二，信息选择性公开是指行政主体负有信息公开的义务，在应当信息公开且可以信息公开的情况下，却拒绝全部履行信息公开的一种行为方式。第三，信息选择性公开是指行政主体依公民、法人或其他组织的合法申请，应当履行相应的法定的信息公开职责，却不履行或部分履行信息公开的一种行为方式。行政主体的信息选择性公开主要表现为对公众知情权合法权益的侵犯，但也有可能出现信息选择性公开使行政相对人获得不当利益而使国家利益受损的情形。

2)信息选择性公开是一种行政乱作为：行政乱作为也称为行政作为不当。信息选择性公开常常封锁对政府不利的信息而大力宣传对政府有利的信息，这样的做法本质上是一种行政乱作为，它的危害性在于全面减低了政府服务大众的行政效能，减低了政府在行政事务中的执行力和公信力，增加了政府未来的行政成本。

5. 长三角区域各城市对信息资源共享的必要性缺乏充分认识

(1)长三角区域各城市的政府和企业没有意识到长三角区域信息总结成本相对较高。信息总结指的是信息的收集、汇总、分类、分析、加密、解密的过程，信息总结成本就是信息总结过程中发生的经济代价。长三角区域信息总结成本较高具体表现为：

1)长三角区域信息过剩，造成信息处理成本增加，使长三角区域信息总结成本较高：长三角区域没有统一的行政机构和统一的信息总结平台，是人流、物流、信息流的巨大集散地，信息总结成本在许多方面增加了。网络向人们提供了较过去更丰富、详尽的信息。但对今天的长三角区域而言，问题已不再是信息匮乏而是信息过剩。一方面，网络信息承载能力随着技术的发展不断增强，而单个政府或者企业所需要的信息总是特定的、有限的，有限需求与无限信息的矛盾越来越突出；另一方面，网络的低门槛和匿名性导致了网络中的信息良莠不齐，参与传播的用户和传播的次数越多，不确定性就越大，信息也就越混乱。使用过网络搜索引擎的人有时会被检索到的一大堆重复混杂的内容弄得真伪难辨，我们很容易便淹没于信息的汪洋大海中，但却时常找不到自己所真正需要的信息。信息本来是用来消除不确定性的，当所有的信息都可以用较低的成本得到时，信息处理成本反而增加了。信息处理成本增加是因为，选择信息时的不确定性增加了，由于人脑有限，太多的或太少的信息同样是不理想的，因为在获得信息之前无法确定信息的价值，大量的冗余信息和过时老化的信息往往会使用户忽略或怀疑那些真正有价值的信息。经常出现的情况是：收集分析信息所花费的成本往往超过了信息本身所具备的价值，只有等信息积累到一定程度后，经验才会告诉人们信息的价值。由于信息处理成本是信息总结成本的一部分，这使得信息总结成为一项有风险的活动，而信息传播的低成本化更是大大提高了这一风险。由于长三角区域的政府和企业在信息总结过程中经常出现信息过剩，造成信息处理成本增加，所以长三角区域信息总结成本较高。

2)长三角区域各城市的政府和企业在信息总结过程中信用风险成本的增加，使长三角区域信息总结成本较高：在长三角区域，信息不完全和不对称的特征由于长三角区域广阔、企业林立而扩大。人类传播活动中信息不对称的情况普遍存在，集中表现为传受双方对交换物——信息本身所拥有的信息不对等，交易双方对交易品所拥有的信息数量不对等，这也就为一些人利用信息的不对称和不完全，通过欺骗、偷窃、说谎等隐瞒、歪曲原始信息的手段获利提供了可能，机会主义的倾向由此产生了。信息传播是一种双向甚至多向传播，受众的主体地位得到体现，他们可以主动寻找和获取自己所需要的信息，并随时可能将某些信息向网上其他用户传送。网络虚拟性和数字化的存在方式，使得用户很容易便可隐瞒、更改自己的身份或其他资料而不被察觉；同时，由于网络发展速度太快，以致各种应有的相关规定往往来不及制定和实施，从而缺乏必要的过滤、有效的质量控制和类似传统媒体的精审制度，所以，长三角区域的信息传播在很大程度上处于一种自由放任、难以控制的状况中，网络信息质量鱼龙混杂、泥沙俱下。信息传播的这种随意性，又大大增强了投机主义倾向，使基于网络的电子赌博、色情贩卖、交易欺诈、网上盗窃以及利用网络操纵股价、干扰商业运行的投机主义行为纷纷出现。机会主义的倾向和投机主义行为的存在，造成网络秩序的混乱，使网上行为缺乏真实性和安全感，网上贸易和电子商务等也常常因为难以建立良好的信用机制而发展受阻。在这种情况下，网络信用成为一个突出的问题，而网络信用问题的实质就是信息总结过程中的信用风险成本问题。无疑，信息传播加大了人类信息交往的复杂性和不确定性，甚至有时阻碍了人类信息交往的进行，加大了信息总结过程中的信用风险成本。在长三角区域的政府和企业在信息总结过程中信用风险成本增加的情况下，由于信息的信用风险成本为信息总结成本的一部分，所以长三角区域信息总结成本较高。

3)长三角区域各城市的政府和企业在信息总结过程中权利保护成本的增加：长三角区域在信息总结过程中，往往需要利用网络化和数字化的传播手段，从传播的信息角度来看，信息传播一方面具有信息的丰富性和无限性，另一方面，信息传播具有可存储性、易检索性、易复制性与多样性。这些大量开放的信息资源是为所有的网络使用者所共享的，这在客观上不可避免地给传统的知识产权制度带来重大挑战。长三角区域经济发达，人民的权利意识和民主意识较强，信息传播在长三角区域的跨地域性和虚拟性，又为某些不法分子提供了可乘之机。有人利用互联网来诋毁他人的名誉从而构成名誉侵权行为，网络侵权行为与传统媒体的名誉侵权相比，侵权行为呈现出一些有别于传统侵权行为的特征：一是网络侵权行为难以认定。对数字化信息所作的修改和删除难以发现和鉴别，使得网络上的证据失去原始性；二是网络侵权主体复杂隐密。由于网上人们可以自由使用名字甚至匿名，这就给实践中侵权人的认定带来了技术上的难题；三是网络侵权后果域宽速快。网络在全球范围的覆盖，突破了现实生活中仍然存在的地理限制，网上侵权行为的后果会在全世界迅速蔓延，而权利人却无可奈何。为防范网络侵权，人们不得不强化网络技术措施，并且制定和完善相关法律制度。所谓技术措施，就是权利人用技术手段采取主动措施保护自己的权利，以防止他人的侵权行为，在加强立法和完善法律法规的同时，加大司法处理的力度也是不可缺少的。然而，强化网络技术措施及制定和完善相关法律制度的权利保护成本也是巨大的，由此可见，长三角区域在信息总结过程中的权利保护成本会大大提高。长三角区域的政府和企业在信息总结过程中权利保护成本增加，由于信息总结过程中的权利保护成本为信息总结成本的一部分，所以长三角区域信息总结成本较高。

(2)长三角区域各城市的政府和企业没有意识到长三角区域信息传播成本相对较低。长三角区域信息化建设已经处于全国领先地位，信息传播成本较低。信息传播成本指的是由信息传播技术决定的信息传播过程中发生的成本。它包括信息传递消耗的资源、交往设备、时间成本等，长三角区域信息传播成本的降低具体表现在以下几个方面：

1)长三角区域信息技术的发展使信息传播的物质成本降低：一台 PC 电脑加一根联结缆线加一套合适软件加一个有效帐号，就可以让任何一个互联网用户上网冲浪。在电脑网络技术的大力支持下，网络信息几乎可以零成本地被无限复制和同步传输，这使得网络媒体比报纸、广播、电视等传统媒体的传播成本(传播成本主要传播的经济成本)要低得多。并且，随着网络用户数量的飞速增长，各种网络协议的不断完善，网络运营商们还能够进一步降低接收和传送信息的成本。仅以电子邮件、IP 电话、网上浏览为例，就可看出长三角区域大规模信息传播在信息交流方面使传播的物质成本降低的巨大优势，信息传播物质成本降低也降低了信息传播成本。

2)长三角区域信息技术的发展使信息传播的时间成本降低：信息技术的发展使互联网同步实时传输功能的优势极为突

出，用户只需轻点鼠标，就可以在网上任意链接自己感兴趣的网站，数秒之内便能浏览到所需的网页，同时可以极迅捷地在网上发布信息，而无须经过常规化的印刷、出版、发行及销售等过程，节省了大量的时间，时间成本也大大降低。同样，电子邮件、文档、图像与视频传送等网络服务使得人们的信息交往的时间成本也大大降低，从而降低了信息传播成本。

3）长三角区域信息技术的发展使信息传播的机会成本降低：在一定的时间，选用先进的信息传播方式可以使信息传播的机会成本大大降低（与传统的的信息传播方式相互比较），信息技术的发展使网络具有更大的信息容量和传播能力，随着电子邮件、电子公告牌、网上论坛等信息手段的日益普及，众多网络公司、专业网站和各级政府、个人网页与博客纷纷出现，网络的信息源也更加广泛、丰富。电脑网络还能够在及时更新信息内容的同时，将已有信息全部保存下来，供用户随时检索和使用，信息技术的发展使信息传播的机会成本大大降低，从而降低了信息传播成本。

4）信息技术的发展使信息传播的风险成本降低：信息技术的发展主要是通过缩小信息不对称导致的风险来降低信息传播的风险成本的，信息技术的发展可以通过廉价的搜寻和更广泛的信息渠道减少事先的信息不对称，例如有典型逆向选择现象的二手市场，可以通过网络方便、快速地与其他市场和有经验的消费者交流，了解各方面情况，大大减少因事先的信息不对称而带来的信息传播的风险成本。长三角区域信息化建设发展使人与人之间便捷地交换信息成为可能，由于长三角区域信息化建设已经在全国领先，风险成本降低使信息传播成本的降低趋势更加明显，导致长三角区域信息传播成本较低。

（3）信息资源共享和信息安全是一个矛盾，这个矛盾使长三角区域各城市的政府在信息资源共享方面存在着某些顾虑。政府利用先进的网络信息技术实现办公自动化、管理信息化、决策科学化，长三角区域各城市的政府部门与社会各界利用网络信息平台充分进行信息共享，可以起到加强群众监督、提高办事效率及促进政务公开等良好效果。但是信息安全问题也随之而来。信息安全包含了两个方面的含义：一是信息系统的安全，二是信息内容的安全。信息资源特别是政府信息资源在网络环境下往往是许多怀着种种目的的人或组织垂涎的对象，从而可能在技术防范措施不力或内部管理不严时遭到黑客的攻击或非法身份者的偷窃和更改，使信息资源丧失保密性、完整性、可用性，危害信息系统的安全和信息内容的安全。信息安全包括的范围可大可小，大到国家军事政治等机密安全，小到如防范商业企业机密泄露、防范青少年对不良信息的浏览、个人信息的泄露等。美国网络安全专家在检查了美国50多家著名网站后发现，这50多家著名网站无一例外都存在着安全漏洞。据报道，目前流行的许多操作系统均存在网络安全漏洞，如UNIX服务器、NI服务器及WNDOWS的RPCDCOM漏洞。比如，PentiumⅢ就留有自动传送计算机有关硬件方面的信息，微软的Windows也存在两套密钥。由于网上病毒泛滥成灾，加之网络系统本身的脆弱性，导致信息系统的安全随时面临病毒感染破坏的威胁。据金山毒霸反病毒监测中心公布的资料显示，2007年新增各类病毒4.5万种，累计感染的机器近3600万台，而且这一趋势仍在不断增长。另据报道，江民反病毒中心从2005年1月1日至2005年6月30日，共截获电脑病毒13978个，比2004年同期增长了3倍，其中截获“木马”病毒5391种、后门程序3301种。2006年，CNCERT/CC对常见的木马程序活动状况进行了抽样监测，发现我国大陆地区44717个IP地址的主机被植入了木马，与2006年同期相比增长一倍。由于网络黑客频繁攻击，导致许多非法者入侵政府系统得逞，一些政府网站常常被恶意篡改甚至得不到及时处置，严重影响到政府的正常工作秩序。《2007年上半年网络安全工作报告》显示：2007 年我国大陆被篡改网站的数量比 2006 年同期增加了 4 倍，比 2006 年全年增加了 16.9%，其中 2007 年 2 月 1 日至 28 日，大陆地区. gov. cn 网站被篡改的数量为 239 个。网络环境下的信息安全体系是保证信息安全的关键，包括计算机安全操作系统、各种安全协议、安全机制（数字签名、信息认证、数据加密等），直至安全系统，其中任何一个安全漏洞都可以威胁全局安全。中国社会科学院 2012 年有一份关于我国信息安全现状的研究报告。报告指出，随着我国互联网的普及和信息化进程不断深入，重要信息，特别是经济信息的泄密以及信息系统受到外部入侵的情况越来越严重，正在成为威胁我国经济安全和社会稳定的重要问题。由于我国信息产业的产业链尚不完善，信息系统技术落后于国外水平，导致部分企业和政府机构选择使用外国厂商的信息设备和系统进行收集、储存和分析数据，造成了严重的信息泄漏事故和巨大的信息安全隐患。① 面对信息资源共享和信息安全的关系，长三角区域的政府常常受到强势的保密文化和保密思维的影响，将信息安全视为一个更重要的考虑因素，表现为长三角区域的政府在对信息资源共享和信息安全关系处理过程中，认为信息安全往往比信息资源共享更重要。

三、推进长三角区域城市信息资源共享协调与服务的若干建议

1. 继续大力推进长三角区域信息化建设，信息化建设需要进一步升级换代

（1）充分利用上海世博会打造的信息技术高地和上海建设智慧城市的经验，推进长三角区域信息化建设进一步升级换代，以上海为榜样，努力打造长三角区域信息技术高地和智慧

---

① 何振：电子政务建设中的信息安全问题及其对策探讨[J]《湘潭大学学报（哲学社会科学版）》，2009 年，第 3 期，第 13 页。

长三角，争取在长三角区域实现智慧城市的蓝图。

1)在长三角区域实现光纤到户以及无线宽带覆盖城镇化地区，实现百兆接入能力全覆盖，家庭平均接入带宽达到20Mbps，构建起多层次、广覆盖、多热点的无线宽带网络，互联网国际和国内出口带宽分别达到1Tbps和5Tbps，国家三网融合试点任务全面完成，提供随时随地按需接入的宽带服务。

2)长三角区域的信息感知和智能应用效能初步显现。在长三角区域实现人人拥有电子健康档案、重要食品安全信息实现可追溯、网格化管理基本覆盖全长三角区域、动态交通出行信息多渠道获取、信息技术渗透企业生产经营管理全过程。

3)长三角区域在集成电路、通信和网络设备、云计算等领域接近世界先进水平；创新能力大幅提升，掌握一批关键核心技术。

4)长三角区域信息安全总体实现可信、可靠、可控的目标。信息安全防护水平明显提升，网络空间治理、综合监管和应急处置能力明显增强，全民信息安全意识普遍提高。

(2)长三角区域为建成信息技术高地，可以借鉴外国鼓励技术创新的经验，集中长三角区域的企业力量和学术力量鼓励技术创新。技术创新是经济增长和经济发展的源动力，而企业作为经济增长和经济发展的载体，企业的技术水平、技术创新能力不仅直接决定企业竞争力，并且对整个产业和经济的发展有着重要的基础作用。长三角区域为建成信息技术高地，可以借鉴外国鼓励技术创新的经验，集中长三角区域的企业力量和学术力量，鼓励技术创新：

1)借鉴美国经验，改进和完善长三角区域对企业技术创新的激励政策，增强企业技术创新的动力：美国科技政策体系的核心在于实施一系列的企业技术创新的激励政策来鼓励企业增加技术创新投入，例如用税收和政府采购等政策来鼓励企业增加技术创新投入。借鉴美国的成功经验，长三角区域政府可以通过直接或间接的方式，以直接资助、税收政策、政府采购、产业政策、协调作用、基础设施服务等措施支持企业的技术创新。直接支持方式即国家通过财政手段、产业政策等直接鼓励、扶持企业的技术创新活动。该方式一般见效较快，但容易增加企业的依赖感，削弱市场调节的能力，而且政府的支持也较难保证公平性。间接支持方式则只对企业的创新活动进行鼓励和引导，不直接介入企业的技术创新活动。长三角区域对企业在信息技术领域的技术创新的激励可以采用以下支持措施：第一要调整、完善企业技术创新税收激励政策。鼓励、引进外资和技术向激励企业自主创新转移，重点对企业技术创新的研发过程给予系统、完整的扶持，重视技术创新企业中人力资本的税收激励，逐步试行同等技术条件下高科技产业区内和区外的税收优惠平等政策。税收优惠优先鼓励科技水平高、可迅速转化为生产力、并能使生产效率显著提高的技术创新企业与科研项目发展，促使企业不断进行技术创新。第二要灵活运用政府公共采购、公共财政政策。要在借鉴国际通行做法和符合WTO规则的前提下，结合我国具体情况，依据政府采购法规来制定激励自主创新的政府采购政策，激活企业对技术创新的投资和内在需求。地方政府可以通过预算控制、招投标等形式，尽可能优先采购本地产品，同时创造条件使本地高新技术产业的产品进入政府采购系统。第三要在鼓励企业在技术引进的同时，大幅度增加技术消化吸收的投入，提高技术消化吸收经费占企业科技经费支出的比重，对企业引进的关键技术和装备进行消化、吸收和再创新。

2)借鉴美国和英国经验，鼓励长三角区域政府各部门、政府研究机构、大学和企业在信息技术领域的合作研究企业技术开发中心或技术联盟的建设是企业技术创新能力的重要环节，也是企业自我发展、提高竞争力的内在需求和成为技术创新主体的必然选择。美国为鼓励企业建立技术开发中心或技术联盟采取了一系列措施，如巩固和加强国家科学基金对大学与企业合作进行研究开发和实验的经费支持，加强国防部的军用技术向企业的转移等。英国政府成功组织、实施了“阿尔维信息技术计划”来促进政府各部门、政府研究机构、大学和企业的合作研究。借鉴美国和英国的成功经验，长三角区域在鼓励政府各部门、政府研究机构、大学和企业的合作研究方面可以采用以下支持措施：第一要制定发展计划，加强地方立法，引导企业特别是规模以上企业建立技术中心或技术联盟，提升企业技术创新能力。要制定和完善企业技术中心认定和管理办法，对企业自发建立的技术中心或技术联盟，政府可根据项目与国家产业政策的关系，在财政上安排资助，在税收上给予优惠。第二要鼓励高等院校、科研院所通过联营、投资、参股等多种方式与企业联办技术中心或技术联盟，发展以企业为主体，科研机构、高校相互连动的技术创新网络，根据优势互补、利益共享的原则，实现技术资本、产业资本和人才资本的优化组合。第三要强调企业技术开发中心或技术联盟的市场意识、整体意识、效益意识和创新意识，企业技术开发中心或技术联盟要与企业的组织结构和发展规模相适应，要兼顾企业的远、中、近期研究开发，在为本企业发展提供技术支持的同时，也可通过承担国家、省和其他企业的研究项目，开展技术开发、技术咨询、技术转让、技术服务等技术活动，拓宽技术创新的资金来源渠道，提高研究开发水平。第四要围绕信息技术选择部分条件较好、积极性较高、具有先进、成熟科技成果的企业和科研院所，建成一批为高新技术产业、支柱产业提供技术依托和产品开发的信息技术开发基地，为科技成果转化提供系统化、配套化、工程化的服务。

3)长三角区域要在信息技术领域加大知识产权保护力度，推动和保护企业的信息技术创新成果。企业在技术创新过程中，伴随着技术发明以及在技术发明过程中形成的技术诀窍、专有技术和专利技术是企业独特的无形资产，是企业核心能力的组成部分。知识产权保护制度是维护市场经济公平有序竞争、推动和保护技术创新的最强有力的基本法律制度和有效机制，美国和日本、俄罗斯、乌兰克、韩国和印度等国已经把知识产权保护特别是对技术创新过程中的知识产权保护纳入国家战略。长三角区域要培育企业技术创新主体，必须加大知识产权保护力度，努力维护企业技术创新成果利益。长三角区域在信息技术领域加大知识产权保护力度方面可以采用以下措施：第一，要优化知识产权保护环境，切实有效维护市场秩序。要把打击扰乱市场秩序的知识产权违法行为作为知识产权行政执法的首要任务，通过综合治理，铲除知识产权违法行为，并把知识产权保护纳入社会诚信体系建设。第二，要大力推进长三角区域地方性知识产权立法工作，完善知识产权法律体系。认真贯彻执行与国家知识产权法律和法规相衔接的、与地方生产力水平和发展需要相适应的知识产权地方性法规。第三，要确立长三角区域企业在知识产权创造、保护和实施中的主体地位与作用。要增强企业知识产权保护意识和法制观念，推动企业制定、实施知识产权战略，将知识产权保护贯穿于技术创新全过程，培育一批拥有自主知识产权的企业，使企业真正成为知识产权创造、保护和实施的主体。第四，要发挥长三角区域政府在知识产权保护方面的导向作用，对财政资助企业的研究开发及产业化项目，在立项前要进行专利检索，并在项目中安排一定比例的经费，用于知识产权形成和保护的相关费用，把专利的申请量、拥有量和实施效益等数据作为评价企业技术创新和经营管理水平的重要指标。

(3)加强和完善长三角区域电子政务建设的建议。

1)建设服务型电子政府：推进长三角区域电子政务一体化、网络化，建设服务型电子政府，通过网络整合和提升长三角区域各城市政府的公共服务和公共管理的能力。

2)加强长三角区域网络的整合和优化，建立更大范围的互联和协同：长三角区域要在数据共享的基础上，让长三角区域的政府、企业和市民用一卡办理所有长三角区域内的社会事务，因此，长三角区域建立统一联通的电子政务一体化网络是大势所趋。

3)以新技术扩大电子政务的内涵：云计算等新技术为电子政务网络建设提供了新动力，因为云计算是一种基于因特网的超级计算模式，可以在远程的数据中心，将几万甚至几千万台电脑和服务器连接成一片。因此，云计算甚至可以有每秒超过10万亿次的运算能力，如此强大的运算能力几乎无所不能。用户可以通过电脑、笔记本、手机等方式接入数据中心，按各自的需求进行存储和运算。云计算有利于打破电子政务各部门、各地区各自为政的小格局，大大减低信息总结成本和信息传播成本。

2. 继续大力推进长三角区域信息一体化建设

(1)推进长三角区域信息一体化建设的协调与服务体系的建立。推进长三角区域信息一体化建设的协调与服务体系的建立，建立长三角区域信息一体化建设协调与服务中心，对各地的信息一体化建设规划进行经验交流，制定统一的技术标准，使长三角区域信息平台符合标准化的要求，为长三角信息一体化奠定坚实的基础。由于标准化是实现规模生产、信息资源共享和系统兼容的前提条件，没有标准化就没有信息化，更不可能有信息一体化，标准化在信息化中的重要性绝不亚于它在工业化中的重要性。信息标准化主要包括数据标准、技术标准和安全标准的标准化。在信息化、标准化发展的框架下，长三角区域信息一体化可以在信息资源共享的原则下统一行动。

(2)长三角区域政府和政府之间、企业和企业之间以及政府和企业之间的“无缝”合作。由长三角区域政府和政府之间、企业和企业之间以及政府和企业之间开展“无缝”合作，探索建立长三角区域多元合作、推进长三角区域信息一体化建设的建设模式，对于事关全局的长三角区域经济社会发展，以长三角区域信息一体化建设的协调与服务体系为平台协调好利益分配机制，以信息资源共享为导向推进长三角区域信息资源开发应用，以信息环境优化为目的推进长三角区域信息安全保障，推动信息化与工业化、城市化、国际化的互动融合，努力将长三角地区建设成为我国区域信息一体化的先行区和示范区。

(3)大力推进长三角区域各地电子口岸之间的数据信息互联互通。在国家电子口岸建设总体框架下，抓紧制定长三角区域电子口岸互联互通发展规划、实施方案、配套政策和措施；开放长三角各地电子口岸平台通信和数据接口，逐步采用统一的数据传输标准和技术规范，实现互联互通和数据共享；共同推广应用海关税费统一支付系统，实现海关物流业务的异地支付。

(4)调动长三角区域互联网服务提供商的积极性，争取实现长三角区域内互联网的“同城化”。调动长三角区域互联网服务提供商的积极性，争取实现长三角区域内互联网的“同城化”，努力打造长三角区域计算应用平台，整合长三角区域高性能计算资源，共同构建长三角计算网络；长三角区域要争取成为我国发展下一代互联网的先驱，争取在2013年年底前，开展国际互联网协议第6版(IPv6)网络小规模商用试点，形成成熟的商业模式和技术演进路线；争取在2014—2015年，在长三角区域开展下一代互联网的大规模部署和商用，实现国际互联网协议第4版(IPv4)与第6版(IPv6)主流业务互通，并且大力扩展长三角区域信息通信容量和光缆系统容量以及互联网国际出口带宽，争取建成跨太平洋直达光缆系统。

(5)大力加强长三角区域数据库建设。信息的充分运用依靠全面而稳定的数据库建设，长三角各城市都有独立的各类信息网，各城市都十分重视信息数据库的建设，目前不少城市形成了相对稳定的各类信息收集、储存和查询系统，开发了信息更新和共享系统。但目前长三角区域各城市数据库的应用主要是以各地信息发布和更新为主，以单一的信息浏览和检索功能作为表现形式，在信息的动态更新上缺乏成熟的模式，在信息的应用范围上也不够广泛，还没有充分发挥信息资源的各种功能。另外，在信息的应用上必须进一步探索和研究新途径和新模式。因为长三角区域每个城市的数据库建设都有着自己的优势，所以在长三角区域信息一体化的过程中，可以让各城市之间实现数据共享，在数据库的搭建上互取经验，优势互补，在数据库的应用上，也可利用各地的信息资源，充分发掘信息资源潜力，多角度、多方面地盘活各地已经建成的各类信息数据库。

3. 长三角区域城市形成的统一的利益共同体，即一损俱损、一荣俱荣，对长三角利益共同体的形成而言共赢和共识必须同时成立

长三角区域城市形成的统一的利益共同体是长三角区域城市信息资源共享协调与服务的最大动力，对长三角利益共同体的形成而言共赢和共识必须同时成立，共赢意味着长三角区域利益共同体形成的必要性，共识则意味着长三角区域利益共同体形成的可行性，共赢共识必须同时具备。也就是说，利益共同体的存在有助于长三角区域利益的帕累托改进，即通过区域合作，至少能提高一部分长三角区域人民的福利或满足程度而不会降低所有长三角区域其他人民的福利或满足程度。如果不存在长三角区域利益的帕累托改进，长三角区域利益共同体就失去了构建的必要。但是，如果长三角区域各利益主体对利益共同体运作的预期收益、利益分享模式及规则取得的认可不是纳什均衡，即某些局部区域的人民收益有上升而其他区域的人民跟随，那么即使存在帕累托改进也是无法形成利益共同体的。凡不符合帕累托改进和纳什均衡的制度安排都是没有实际操作意义的，因为各相关利益主体不存在自觉遵守这个制度的积极性和主动性。对于长三角区域而言，长三角区域利益共同体的形成是一个机遇性极强的事件，只有抓住机遇不断增强共赢和共识，长三角区域利益共同体才有可能加快形成并不断发展壮大。

4. 长三角区域要解决好信息资源共享和信息安全之间的矛盾

信息安全是信息流动状态下的安全，而不是信息封闭状态下的安全。要有效保障信息安全、解决好信息资源共享和信息安全之间的矛盾，首先必须大力发展信息安全技术，其次要确定“信息资源共享与信息安全并重”的基本原则。

(1)长三角区域城市要发展信息安全技术，跟上信息安全技术的四大发展趋势。这四大发展趋势是：

1)信息安全技术可信化趋势：可信化趋势是指从传统计算机安全理念过渡到以可信计算理念为核心的计算机安全。近年来，计算机安全问题愈演愈烈，传统安全理念很难有所突破，人们试图利用可信计算的理念来解决计算机安全问题，其主要思想是在硬件平台上引入安全芯片，从而将部分或整个计算平台变为“可信”的计算平台。目前还有很多问题需要研究和探索，如基于 TCP 的访问控制、基于 TCP 的安全操作系统、基于 TCP 的的安全中间件、基于 TCP 的安全应用等。

2)信息安全技术网络化趋势：网络化趋势是指信息安全管理与安全监控网络化。网络化趋势代表由网络应用和普及引发的技术和应用模式的变革，正在进一步推动信息安全关键技术的创新发展，并诱发新技术和应用模式的出现。如安全中间件，安全管理与安全监控都是网络化发展所带来的必然的发展方向；网络病毒和垃圾信息防范都是网络化带来的一些安全性问题；网络可生存性、网络信任都是要继续研究的领域。

3)信息安全技术标准化趋势：信息安全技术标准化趋势是

指信息安全技术专利标准化和信息安全技术标准专利化。长三角区域城市政府和企业必将更加高度重视信息安全标准的研究与制定工作的进一步深化和细化，如密码算法类标准（加密算法、签名算法、密码算法接口）、安全认证与授权类标准（PKI、PMI、生物认证）、安全评估类标准（安全评估准则、方法、规范）、系统与网络类安全标准（安全体系结构、安全操作系统、安全数据库、安全路由器、可信计算平台）、安全管理类标准（防信息遗漏、质量保证、机房设计）等。

4）信息安全技术集成化趋势：信息安全技术集成化趋势是指从单一功能的信息安全技术与产品，向多种功能融于某一个产品，或者是几个功能相结合的集成化的产品发展，不再以单一的形式出现，否则产品太多不利于产品的推广和应用。信息安全技术集成化趋势也指信息安全产品呈硬件化芯片化发展趋势，这将带来更高的安全度与更高的运算速率，也需要发展更灵活的安全芯片的实现技术，特别是密码芯片的物理防护机制。

（2）确定“信息资源共享与信息安全并重”的基本原则。长三角区域城市信息资源共享应该确定“信息资源共享与信息安全并重”的基本原则，并以此原则为基础建立长三角区域城市信息资源共享协调与服务机制。长三角区域城市应该通过建立新的、更加具体的信息安全标准，严格控制信息安全的范围和信息资源共享的边界。可以作以下具体考虑：第一，确定共享的信息是否会危害国家信息安全，并确定对国家信息安全危害的具体内容。第二，确定这种对国家信息安全的危害是否合乎情理，即使共享的信息可能危害国家安全，那也不意味着不能共享。第三，权衡信息共享给国家带来的利益和信息不能共享会给国家带来的损失，即信息安全是有成本的，应当权衡信息安全的收益和成本或者信息共享的收益和成本。也就是说，当某信息涉及国家信息安全等重要领域时，对这类信息就不能共享；当某信息涉及国家信息安全等重要领域，但不是至关重要的，并且公开了对国家有好处，就应该信息共享；当某信息涉及国家安全等重要领域时，如公开后给国家造成明显不利时，信息就不能共享；当某信息有很大商业价值或者有利于国防和科学应用时，则应该鼓励信息共享；当某信息共享后只对某一部门、某一城市有利而对其他部门、其他城市不利时，信息就不能共享。

5. 长三角区域城市信息资源共享协调与服务的过程中应该建立信息影响力值评估标准

对于一些有重大社会效益和经济效益的信息，应该由长三角各城市政府联合收集（费用按各城市经济实力分摊），然后免费提供给长三角各相关企业共享。那么，如何确定有重大社会效益和经济效益的信息呢？信息资源对国家和社会的利益有重大影响的，应该以其可能造成的影响评估其影响力值，对国家和社会带来正利益的信息资源应该通过政府协调与服务提高其影响力值并且扩大其影响范围。对国家和社会带来负利益的信息资源应该通过政府协调与服务减少其影响力值并且缩小其影响范围。应该建立一些信息影响力值评估标准，从以下三个方面进行评估：

（1）信息的政治影响力：信息的政治影响力是个人或组织由于占有、运用一定的公共权力或与公共权力相关的信息资源而具有的一种能力。它通过社会互动而实现，信息的政治影响力通过操控他者的社会情境或其对此种情境的感知增加他者按照自己的愿望而行动的压力。由于政治经济联系紧密，在信息的政治影响力的信息影响力值评估中，应该给予信息的政治影响力以较大的权重系数。

（2）信息的经济影响力：信息的经济影响力体现在信息的经济价值的普及结果。信息的经济影响力表现为信息在加强区域内城市的联动方面、在促进发展瓶颈的打破方面、在增强创新能力方面、在加快区域经济一体化发展的目标方面发挥的巨大作用。

(3)信息的社会影响力：信息的社会影响力表现为信息在某种程度上已经成为这个社会最广大、最深刻的创新力量、监督力量和发展力量，信息对政府、企业和个人的行为产生决定性的指导作用。

6. 在长三角区域城市信息资源共享协调与服务的过程中，要努力解决行政分割和地方本位主义问题

(1)建议成立长三角区域城市信息资源共享协会。在长三角区域内各城市地方行政分割体制条件下，长三角区域内不同城市作为利益主体难以通过信息资源共享的集体行动以实现共同利益，这是因为长三角区域信息资源的信息总结成本足够大时，长三角区域内的各个利益主体如各城市政府和企业以及团体等就会因为各自利益的理性考虑而陷入集体行动的困境。进一步说，行政分割体制条件下信息资源的信息总结成本还存在着边际成本上升的趋势，信息资源的信息总结成本一般会随着长三角区域总结范围的扩大而呈现出边际成本递增的趋势。地方行政分割程度越高，则长三角区域作为一个整体信息资源的信息总结成本越大，如果加上各城市政府的信息垄断则整体信息资源的信息总结成本更大，信息总结的边际成本则无法控制。因此，在长三角区域城市信息资源共享协调与服务的过程中，要努力解决行政分割问题。为此，建议成立长三角区域城市信息资源共享协会。长三角区域城市信息资源共享协会的优越性在于：一是它可以克服长三角区域各城市地方政府的自利化倾向，通过一个集体协商机制来强调长三角区域城市信息资源共享过程中协调与服务的良性互动；二是它将摒弃长三角区域各城市地方政府的单边行政模式，强调长三角区域多个地方政府之间的协同和合作；三是长三角区域城市信息资源共享协会是地方政府依靠行政力权威构建平等的对话平台，在信息对称基础上通过谈判、协商达成共识和合作；四是它将突破在单一政府模式框架内谋划顶层设计的思路，强调长三角区域各个利益主体都是长三角区域城市信息资源共享的主体力量。长三角区域城市信息资源共享协会在超越地方行政分割体制的同时，也是一种制度探索和创新。长三角区域城市信息资源共享协会必须建立完备的制度，稳定地和规范地开展长三角区域城市信息资源共享工作，可以把长三角区域城市信息资源共享协会定位为半官方组织，长三角区域城市信息资源共享协会的活动经费由长三角区域各城市政府共同负担。长三角区域各城市政府可以把一些跨区域信息资源共享事项权力上交给长三角区域城市信息资源共享协会，由协会来协调区域各城市各企业的利益，并代表长三角区域与中央政府及长三角区域外其他区域政府就有关信息资源共享问题进行谈判、协商和沟通。

1)长三角区域城市信息资源共享协会的主要功能：长三角区域城市信息资源共享协会的主要功能体现在以下几个方面：作为跨区域信息资源共享的总代表，以发挥更大的影响力；向中央政府反映长三角区域城市信息资源共享方面的愿望、要求和建议；作为长三角区域城市信息资源共享方面的矛盾和冲突的缓冲剂；有效促进长三角区域各城市政府间的联系和企业间的联系。

2)成立长三角区域城市信息资源共享协会的动力来源：成立长三角区域城市信息资源共享协会的动力来源是区域内各利益主体的共同利益。长三角区域城市信息资源共享的共同利益是实现长三角区域内信息资源共享合作的利益驱动力，长三角区域城市信息资源共享必须依靠多地区、多企业、多个人参与，如果长三角区域城市信息资源共享流于形式，长三角区域任何一方的利益都会受损。在长三角区域城市信息资源共享的过程中，共同利益既可表现为长三角区域城市信息资源共享规则的制定和执行，也可以表现利益主体在互动中实现利益，还可以表现为出于控制信息资源的信息总结成本的目的而达成的集体一致性等。在长三角区域城市信息资源共享的共同利益驱动下，政府、市场、公民以及社会组织共同形成多方面的长三角区域城市信息资源共享的支持系统，进而实现长三角区域各城市作为不同利益主体的合理的利益诉求。

(2)努力促进信息一体化的发展，信息一体化的发展有助于解决地方本位主义。长三角区域各城市已经逐步抛弃地方本位主义，开始进入务实合作的新阶段，长三角区域各城市之间的联系紧密了许多，信息一体化建设也已取得进展。信息一体化增加了长三角区域各城市的共同利益，增加了长三角区域各城市的互相了解，因此，信息一体化可以超越地方本位主义：信息一体化可以超越长三角区域合作在地理、制度、硬件、基础等方面的先天不足与现实制约；信息一体化可以在更高的层次、深度和广度上推动长三角区域内部各市场要素的充分互动与融合；信息一体化可以有效实现长三角区域生产力的跨越式发展，以信息化带动长三角区域的工业化、城市化和现代化。信息互通才能共同发展，信息一体化有助于解决地方本位主义，而解决地方本位主义又有助于推进信息一体化，构成一种良性循环。

7. 长三角区域城市信息资源共享协调与服务的实现方式

长三角区域城市信息资源共享协调与服务的实现方式依实际情况而变化，可以有以下几种实现方式：

(1)长三角区域城市信息资源共享协会领头方式。共享协会领头方式强调在长三角区域内不同政府间包括不同层次政府间的合作服从长三角区域的整体利益，以长三角区域城市信息资源共享协会突破地方行政分治的利益格局。信息资源共享过程突破行政边界控制，多城市在长三角区域内部共同协商和集体行动成为常态，在地方政府与长三角区域城市信息资源共享协会的关系上，共享协会领头方式要求各城市地方政府从长三角区域共同利益角度出发考虑全局问题和利益得失，以积极合作的姿态参与长三角区域城市信息资源共享协调与服务。

(2)长三角区域各城市政府的协调方式。在长三角区域城市信息资源共享过程中依靠各城市政府的双边或者多边公共协商，建立起作为不同利益主体的各城市政府之间的协调合作机制，以实现城市信息资源共享政策的合法性和政策执行的有效性，首先是建立长三角区域城市信息资源共享的地方政府协同机制，其次是建立长三角区域城市信息资源共享的企业和政府之间的利益协同机制。

(3)长三角区域各企业之间的沟通方式。在长三角区域城市信息资源共享过程中鼓励长三角区域内各企业之间进行充分的信息共享，可以采用以下办法沟通：

1)建立长三角区域行业信息平台：长三角区域行业信息平台可以提供行业研究、研究报告等信息咨询服务，可以提供行业法规、行业标准、行业动态等数据库，提供行业客户管理信息平台，可以发布行业供求信息，可以发布行业内各企业的产品的市场分析，还可以提供行业要闻。

2)建立长三角区域企业信息平台：建立长三角区域的企业信息平台，可以为企业提供免费的信息发布服务，通过这个平台可以发布企业供应信息、企业求购信息、企业产品信息、企业合作信息。

8. 打破信息垄断和防止信息选择性公开

打破信息垄断和防止信息选择性公开，可以使信息资源共享的效率、范围和深度获得巨大提升，实现信息的解放：

(1)长三角区域内的企业、图书馆和沙龙这几种产业组织和社会组织是打破信息垄断和防止信息选择性公开的重要工具，应该鼓励这些产业组织和社会组织发挥作用。企业中存在着知识网络，这些知识网络促进了信息的传播；图书馆将信息的印刷载体加以聚合，并通过杜威十进法等方法对信息进行合理的组织；沙龙则由于共同感兴趣的信息可以从中得到充分的交流，因此可以说，企业、图书馆和沙龙这几种产业组织和社会组织是打破信息垄断和防止信息选择性公开的重要工具，应该鼓励这些产业组织和社会组织发挥作用。

(2)通过长三角区域内的经济关系和利益关联打破信息垄断。长三角区域内的充分的经济竞争和有效的经济合作，发展广泛的无所不包的产品和技术的双边交易和多边交易，让价格机制在长三角区域内的各地区、各部门充分发挥作用，这样，就可以通过长三角区域内的经济关系和利益关联打破信息垄断。

9. 长三角区域要在信息资源共享的前提下发展信息安全技术

信息安全技术已经被写入《“十二五”下一代信息技术产业发展规划》，将成为“十二五”期间信息技术产业的重点发展领域。信息安全已经引起各界的高度关注，“十二五”期间将迎来全新的产业发展机遇，一个规模过千亿的市场将有望启动。[①]由于信息安全技术具有极其重要的战略地位，积极研究信息安全方面的核心技术，加快信息安全领域有自主知识产权的信息安全技术的研究开发，推动我国自主开发和生产我国有自主知识产权的电脑核心硬件和电脑软件操作平台，加快研制一些关键技术如身份识别技术、信息的完整性检验检测技术、安全审计跟踪评测技术、电子信息泄露防护技术等，同时要大力发展基于自主技术的信息安全产业，为自主安全技术的研发创造良好的环境，以此构建起比较全面的信息安全防护体系。

10. 充分认识长三角区域信息总结成本较高的劣势和信息传播成本较低的优势，充分认识信息资源共享的必要性

长三角区域各城市的政府和企业要达成这样的共识，即信

---

① 侯云龙：信息安全技术营造千亿市场空间[N]. 经济参考报 2012 年 7 月 25 日，第 2 版。

息资源共享可以消解长三角区域信息总结成本较高的劣势，并且使长三角区域信息传播成本较低的优势更加明显，即信息资源共享可以使长三角区域获得制度利润：

(1)信息资源共享可以消解长三角区域信息总结成本较高的劣势。长三角区域信息总结成本较高，但是长三角区域经济发达，企业林立，人口众多，是人流、物流、信息流的巨大集散地。信息资源共享可以分摊信息总结成本，使平均信息总结成本在信息资源共享的条件下不断降低，在使用信息资源获得的总收益不变的条件下，使用信息资源获得的利润会增加，这种利润应该是信息资源共享的制度利润。

(2)信息资源共享可以使长三角区域信息传播成本较低的优势更加明显。长三角区域信息传播成本较低，而长三角区域企业林立，人口众多，信息化建设因为有利可图而迅速发展，信息资源共享可以分摊信息传播成本，使平均信息传播成本在信息资源共享的条件下不断降低，长三角区域信息传播成本较低的优势更加明显。在使用信息资源获得的总收益不变的条件下，使用信息资源获得的制度利润会增加。

第七章　欧美区域城市经济协调与服务比较研究

国务院出台的《意见》和《规划》要求，在以产业集群为基础的城市经济运行中，推进长三角区域经济协调发展需要借鉴国际经验。因为，对区域城市经济协调与服务的研究源于欧美大都市圈的形成，正是由于高度城市化过程中形成了以核心城市为中心、城市与城市之间密切的相互作用，才逐渐发展出城市间相互协调与服务，共同促进本区域经济协调发展这样的课题。而区域城市间经济以协调与服务更多地体现在产业集群的融合方面。因此，本章研究欧美都市圈与产业集群的融合，借鉴其经验、规避其问题，将对长三角城市经济协调与服务的发展提供良好的启示。

一、欧美区域城市经济协调发展的现状分析

1. 欧洲区域城市经济协调发展的概况和特点

欧洲区域城市经济的协调与服务，主要反映为以政府为主导、以大城市为核心、规划先行，地方政府和各类公私组织共同参与，实现区域的有特色、均衡化发展。欧洲各国的城市化始于第一次产业革命，随着城市化步伐的加快，城市与城市之间的界限逐渐模糊，形成了具有明显地域特色和产业特色的城市群，进而出现了以一个或者多个大城市或特大城市为核心，以多个不同性质、规模、等级的中小城市为主体组成的都市圈。“都市圈”概念是 1957 年法国地理学家戈特曼（Jean

Gottmann)首先提出的。[①] 都市圈内城市高度密集，人口规模巨大，城市间具有建立在分工明确、各具特色、优势互补基础上的密切的经济联系，是一个国家或地区经济最活跃、最重要的区域。欧洲最著名也是最具特色的都市圈主要有英国伦敦都市圈、法国巴黎都市圈和德国柏林都市圈。下面我们首先来分析一下它们各自的发展历程以及内部各城市间协调与服务的特色。[②]

(1)欧洲主要都市圈的历史与现状

1)英国大伦敦都市圈。伦敦大都市圈以伦敦—利物浦为轴线，包括伦敦、伯明翰、谢菲尔德、利物浦、曼彻斯特等大城市以及众多小城镇，面积 4.5 万平方公里，人口 3650 万，是产业革命后英国主要的生产基地和经济核心区。由伦敦城和其他 32 个行政区共同组成的大伦敦区是这个都市圈的核心，其半径约 30 公里，面积达 1605 平方公里，共有 33 个次级行政区。靠近伦敦城的 12 个市区称为“内伦敦”；其他 20 个市区叫作“外伦敦”，相当于一般城市的郊区。

伦敦是大伦敦都市圈的核心城市。作为世界金融和贸易中心，伦敦是世界最大的外汇市场、欧洲美元市场和国际保险中心，伦敦总就业人口中约 4/5 在金融保险业中，比所有工业部门职工总和还要多。伦敦股票交易所是世界四大股票交易所之一。此外，伦敦还有众多的商品交易所，从事黄金、白银、有色金属、羊毛、橡胶、咖啡、可可、棉花、油料、木材、食糖、茶叶和古玩等贵重或大宗的世界性商品买卖。作为世界历史文化名城，伦敦集中了众多的世界级历史文物、博物馆和新闻机构，第三产业高度发达。伦敦是世界最大的国际港口和航运市场

---

① J. Gottmann, Megalopolis or the urbanization of the Northeastern seaboard. *Economic Geography*, 1957, 33(3), pp189—200.

② 王玉婧，欧洲首都大都市区经验对我国首都区建设与发展的启示，环渤海经济瞭望，2010(3)，pp49—53。

之一，世界上所有的主要航运、造船和租船公司，都在这里设有代表机构。

大伦敦都市圈的规划始于1944年，该规划体现了西方区域综合研究和区域规划的创始人帕特里克·盖迪斯(Patrick Geddes)的“组合城市”的概念，在距伦敦中心半径48公里范围内，规划了四个同心圆：第一圈是城市内环，第二圈是郊区圈，第三圈是绿带环，第四圈是乡村外环。大伦敦的规划结构为单中心同心圆封闭式系统，采取放射路与同心环路直交的交通网路连接。

随着人口的不断增长，交通拥堵、环境恶化、住房紧张也困扰着伦敦市民。为了解决随着规模扩大而带来的城市病，20世纪50年代末，离伦敦市中心50公里的半径内建成了8个被称为伦敦新城的卫星城，目标是“既能生活又能工作，内部平衡和自给自足”，以减少居民从居住地到工作场所的长距离交通所带来的问题。为了达到这个目标，新城千方百计引进工业，并注意避免工业部门单一化，为新城居民提供相当数量的工作岗位。在新城区，配有完善的基本生活服务设施，以满足居民工作和日常生活需要。

20世纪60年代中期，英国重新制定大伦敦发展规划编制，试图改变同心圆封闭布局模式，使城市沿着三条主要快速交通干线向外扩展，形成三条长廊地带，在长廊终端分别建设三座具有“反磁力吸引中心”作用的城市，以期在更大的地域范围内解决伦敦及其周围地区经济、人口和城市的合理均衡发展问题。① 70年代，英国政府调整了疏散大城市及建设卫星城的有关政策，1978年通过《内城法》，开始注重旧城改建和保护。②

1994年，英国政府又发表了伦敦战略规划建设书，强化了

---

① 董晓峰、成刚，国外典型大都市圈规划研究，现代城市研究，2006(8)，第12～17页。

② 周开疆，伦敦大都市圈考察的启示，杭州，2011(3)，第40～41页。

伦敦作为世界城市的作用和地位，明确了伦敦大都市圈和东南地方规划圈之间的关系和发展战略。1997年发表了大伦敦战略规划，提出了该区域的四大目标，包括强大的经济、高水准的生活质量、可持续发展的未来、为所有人提供机遇。①

目前，在大伦敦规划的指导下，大伦敦都市圈内各主要城市分工明晰、各具特色，全方位的具体政策促进了区域开发空间的紧凑发展和整体可持续发展。

2)法国巴黎都市圈。大巴黎区或巴黎大区位于法国北部，由巴黎市和埃松、上塞纳、塞纳－马恩、塞纳－圣德尼、瓦尔德马恩、瓦尔德瓦兹和伊夫林7省组成，是法国22个行政大区之一。全区面积2072平方公里，占全国面积比例为2.2%，人口1100万，占全国的18.8%，是法国人口最多的大区。

巴黎是世界金融和贸易中心之一，产业部门齐全，金融、保险、商业、会议博览和旅游业都很发达，第三产业就业人口占巴黎就业人口的70%。奢侈品生产是巴黎工业的一大特色，在工业生产中居第二位。巴黎是欧洲的交通枢纽，市内水、陆、空交通发达，地铁与公交网覆盖全部市区，加上郊外的高速铁路系统和航空系统，可以通达整个欧洲。

在19世纪末，巴黎的城市发展进入扩张阶段，与伦敦相似，出现了市内交通拥挤、设施不足等城市问题，由于市区发展受到限制，工业规模的扩大和人口的增长迫使巴黎向外扩展。从20世纪30年代起，政府开始探索巴黎区域规划，到20世纪末，巴黎大区已经进行了六次规划。②

1932年，法国第一次通过法律提出打破行政区域壁垒，根据区域开发需要设立巴黎地区，并对城市发展实行统一的区域规划。1934年的PORST规划(以该规划的制定者亨利·普罗

---

① 宁越敏，国外大都市区规划体系评述，世界地理研究，2003(3)，第36～43页。

② 邹欢，巴黎大区总体规划，城市总体规划，2000(4)，第17～20页。

斯特的名字命名)针对人口和产业向郊区扩散日益严重的现象,从区域高度对城市建成区进行了调整和完善。该规划将巴黎地区划定在以巴黎圣母院为中心、半径35公里的范围之内,对区域道路结构、绿色空间保护和城市建设范围三方面作出详细规定。

第二次规划是在1956年,名为《巴黎地区国土开发计划》(PARP),该规划继续PORST规划的思想,通过设定地域范围限制巴黎地区城市空间的扩展,并提出降低巴黎中心区密度、提高郊区密度、促进区域均衡发展的新观点,试图通过建设新的增长极来探求区域的均衡发展。这两次规划的共同特点是注重城市布局建设、区域交通结构和大型住宅等设施建设,对于巴黎的未来发展战略有所忽视。

1960年,戴高乐政府制定新的《巴黎地区国土开发与空间组织总体计划》(PADOG),其中心思想依然是通过限定城市建设区范围来遏制郊区蔓延,在既有的城市聚集区内建设新城。PADOG规划的创新之处在于将建设新的发展极作为城市发展战略的重要内容,"新城"概念第一次出现在正式区域规划文件里。规划在现有城市聚集区内建设新的城市中心,沿城市主要发展轴和城市交通轴建设卫星城市,一方面疏解城市中心区人口,提高城市生活质量,另一方面在巴黎东、南、西、北四个方向分别设立集就业、居住和服务于一体的新的城市发展极,促进城市发展。

第四次规划为《巴黎地区国土开发与城市规划指导纲要(1965—2000)》(SDAURP),被称为巴黎都市圈规划的转折点。主张开发新城作为中间层次的地区城市中心,吸收就业和新建设项目,将新城建设沿交通干线布局,形成城市发展轴线,在郊区和新城地区建立多功能城市中心。

1976年的第五次规划《法兰西之岛地区国土开发与城市规划指导纲要(1975—2000)》(SDAURIF),重申了巴黎大区城市发展的基本原则，即：轴线—多中心空间格局原则；地区增长中心综合化多样化建设原则；区域开放严格空间保护原则和环状放射的交通便利系统原则等。[①]

第六次规划为1994年的《法兰西之岛地区发展指导纲要(1990—2015)》(SDRIF)，制定了新世纪巴黎地区发展总体目标和战略。针对巴黎都市圈在世界、欧洲、法国和巴黎盆地等不同层次区域的城市功能定位，阐述了区域发展的总体目标和基本战略，并从自然环境保护、城市空间整合和交通运输系统三个方面对规划原则进行了详细说明。SDRIF规划的空间布局原则依然是“多中心的大巴黎地区”，新城建设和近郊空间重组是区域空间调整的重点，同时，更加强调不同层次城市极在规模、功能和区位上的多样性及相互之间的联系与协作，作为加强区域整体性的重要手段。

经过6次规划的调整，巴黎大都市圈在城市和产业空间布局上得到了极大的改善。在城市空间布局方面，从原来的旧城单中心变为现在的多中心城市布局，极大地改善了交通和居住情况。通过基础工业、高密集区人口迁移和周围郊区、卫星城的开发建设，减缓了中心城区居住、环境、交通等压力，也加快了周边农村城镇化进程，在巴黎和新城区70多平方公里的周围形成了2500平方公里的卫星城、城镇化郊区。郊区成为工业聚集区，在整个大都市区的工业地位相对稳定，并且形成了合理的专业分工。在产业布局方面，20世纪60年代后期，巴黎工业中心西移，从市区西郊到西部形成工业轴心，两侧组成西北—东南向的工业带。巴黎大都市带产业结构以第二、三产业为主，主要表现在：制造业主要在郊区，如西郊的汽车工业、南郊的航空、电子工业、东郊的基础化学、制药工业等；第三产业集中在市区，如金融、保险和商业等，而且高科技、教育、研

① 曾刚、王琛，巴黎地区的发展与规划，国外城市规划，2004(5)，第44～49页。

发、贸易、管理等人员比重在市区高于郊区。目前巴黎与其周边地区所形成的都市圈，人口分布均衡，产业规划合理，形成了互为补充、共同发展的良好局面。

3)柏林—勃兰登堡大都市圈。柏林是德国的首都，勃兰登堡(Brandenburg)是环绕柏林的一个州，二者均为独立的联邦州。柏林面积狭小，仅 900 平方公里，因此必须与勃兰登堡联合发展。柏林是一个城市州，包含 23 个地区和自治市。勃兰登堡州出于区域规划的目的，在州和自治市间设立了 5 个规划区，它们围绕柏林形成了"同心圆"结构。柏林市和勃兰登堡州共同组成了德国的首都地区，是欧洲高活力经济区之一。

为了促进柏林与勃兰登堡州区域的协调发展，柏林和勃兰登堡在 1996 年组建了正式的跨州规划合作机构"柏林—勃兰登堡联合区域规划部"，负责编制和实施利益互助共享的区域发展策略和空间规划框架，以促进区域一体化进程，从而实现平等分配发展机遇及潜力、强化共同的经济需求、促进两州的共同发展、保护生活依赖的自然资源、增进区域竞争力等目标。

为了加强区域合作，实现利益共享，柏林和勃兰登堡州提出了以下空间发展模式：一是执行多中心的城市体系发展策略。除了将柏林作为该都市圈的中心城市外，还建立了 4 个地区中心、25 个次中心以及 3 个具有补充职能的次中心，以此构成较为完整的多中心体系；二是采取分散集中的空间发展模式，将集中在柏林的建设压力分散到都市区的各个中心；三是形成网络化的开敞空间体系；四是加强对建设用地增长的区域管制。①

在柏林和勃兰登堡州共同制定的发展规划的指导下，该地区已经发展成为空间有序、产业结构有序、市场协作统一的都市圈，成为德国经济最发达的区域。

---

① 吴唯佳，奔向协调发展的柏林与勃兰登堡州地区，国外城市规划，2001(5)，第 13～17 页。

(2)欧洲主要都市圈的共同特点。虽然英法德三国都市圈的形成时间有先后,形成原因不一,但是它们具有一些共同的特点。

1)分散性、独立性、低密度是都市圈结构的基本特征,中小城市和小城镇在城市化过程中发挥了重要作用。虽然伦敦、巴黎和柏林都是世界级大城市,城市人口分别高达1185万人、980万人和420万人,但从总体上看,在三大都市圈中,中小城市和小城镇都发挥了非常重要的作用。如属于英国大伦敦都市圈的米尔顿凯恩斯(Milton Keynes)是1946年以来英国建设的32个新镇中最大的一个,但人口只有20万人左右。在英国和法国,城市的最小人口规模分别不超过2000人。德国也是如此,城市大多在100万人以下,20～30万人的中、小城市高度发达。究其原因,欧洲各国都市圈的形成过程同时也是各国经历城市化—郊区化—逆城市化—再城市化的过程,而且都经历了城市从单中心向多中心的转变,最后形成以大城市为核心、各具特色、功能互补的都市圈。

2)同一都市圈中,各城市的主导产业既互补又各具特色。欧洲各国城市的发展主要有两种类型。一是依托某种主导产业或资源开发而发展运行的,具有相对的独立性。英国的剑桥就是在剑桥和牛津两个大学城的带动下,成为英国东南部一个重要城市。法国的尼斯因其便利的交通和优美的风光,成为重要的旅游城市。二是依托大中城市的卫星城。部分卫星城属于单纯的生活居住型,如在英国的米尔顿凯恩斯,40%的公司属分销行业,75%的就业岗位属第三产业、教育和行政方面,另有25%的就业岗位属轻型制造业。这些卫星城作为子城直接服务于其母城,缺乏独立性。但是有些城市和小城镇的发展注意突出自身特色,发展出自己的主导产业。如德国勃兰登堡州的维也道市,位于柏林－勃兰登堡这个德国的科技密集区,具有经济和科技方面的双重优势,该市在吸引投资时将目光锁定在医疗器械、电信、宇航企业等方面的高科技企业上。离巴黎南郊30公里的艾佛利小镇，有一个法国著名的"基因谷"生物科技园，吸引了包括法国许多国家级的科研机构、高等院校和高技术企业，除进行基因科学的基础研究外，还开展基因技术的工业化应用研究、开发。①

3)政府在都市圈的形成过程中具有主导作用，区域规划是都市圈发展的基础。正如在欧洲都市圈的第一个特点中所提到的，欧洲都市圈的形成伴随着城市化—郊区化—逆城市化—再城市化的过程，这也是政府不断调整城市规划解决城市病的过程。

以英国为例，第二次世界大战后，在伦敦、伯明翰等大城市，由于城市产业结构调整滞后，失业率上升，导致以内城危机为主的城市问题日趋严重，人口、经济活动大量外移，城市"空心化"问题日趋凸显。整个20世纪60年代，英国伯明翰市的人口减少8%，伦敦人口减少54万人。为解决这些问题，从20世纪70年代开始，英国政府将城市发展政策的重点由地区中心城市转为中小城市和中心城市的卫星城，并专门设立"城市整治基金"等给予支持。通过城市发展和管理政策的调整，逐步形成了大、中、小城市和小城镇有序分层发展的格局。②

法国巴黎从1932年通过法律提出打破行政区划壁垒，对城市发展实行统一规划开始，直到1994年批准《巴黎大区总体规划》，前后历经60余年，但巴黎市政府对区域平衡发展问题一直给予高度重视，强调巴黎都市圈整治的基本原则是强化均衡发展，城市之间应合理竞争，大区内各中心城市之间、各大区之间应保持协调发展；并将大区内部划分为建设空间、农业空间和自然空间，三者兼顾，相互协调，均衡发展；此外，还明确了

---

① 国家发改委"欧洲城市化与小城镇管理"考察团，欧洲三国城市化与小城镇管理，经济研究参考，2003(74)，第33～40页。

② 王超，欧洲推进城市化发展的主要经验，中国城市化，2002(2)。

政府不干预规划的具体内容，但是要对重大项目的决策负责，如大型基础设施建设、建筑产业政策、城市开发组织、环境保护与巴黎盆地地区的协调等。政府还一直注意控制巴黎的人口和经济膨胀，限制创办新企业；同时，鼓励巴黎等大城市的工商业企业、政府或公共办事机构、金融机构，向中小城市或欠发达地区疏散，并由“经济和社会发展基金”对其提供优惠资助。20世纪60年代，为了扭转人口和经济活动向巴黎过度集中的趋势，政府还致力于建立同巴黎相抗衡的“平衡大城市”，即里昂、马赛、里尔、南锡、梅兹、南特、图卢兹和波尔多。地区中心城市的发展，一方面减轻了巴黎的发展；另一方面促进了人口和经济活动向地区中心城市的流动，使这些城市逐步成为地区经济中心，促进了区域协调发展。①

德国柏林—勃兰登堡联合区域规划部在德国独一无二，它同时是柏林“城市发展部”和勃兰登堡“基础设施和区域规划部”的组成部分，机构拥有直接的政治权力来制定和执行联邦州层面的规划决策。在协商基础上，联合区域规划部通过了柏林及勃兰登堡整个地区协调发展的战略方案以及大都市圈的发展方案，将柏林和勃兰登堡作为一个整体来进行空间规划，确立以柏林为中心，两者利益共享互助的区域规划和空间发展框架。该方案原则上是为整个地区提供均等的发展机会，以此缩小大都会、大都市圈以及周边地区之间的发展差距。同时，通过空间结构的规划，确立了大都市圈各级重点增长区域，旨在实现大都市区的功能转换，通过产业结构升级来提高整体经济实力和竞争力。②

从以上对欧洲三大都市圈发展历程的分析，我们可以看

---

① 刘慧，高晓路，刘盛和，世界主要国家国土空间开发模式及启示，世界地理研究，2008(2)，第38～46页。

② 唐燕，柏林—勃兰登堡都市区：跨区域规划合作及协调机制，城市发展研究，2009(1)，第49～54页。

出，三国政府在都市圈的形成过程中发挥了至关重要的作用，如果没有政府制定的规划以及不同行政区政府的协调，就不会有三大都市圈的形成。

2. 美国区域城市经济协调发展的概况和特点

1920 年美国人口首次突破 1 亿，而其中 50%的人口生活在城市，至此美国成为一个城市化国家。在城市化过程中，大城市的地位日益凸显，大城市本身的规模也不断扩大。一些规模较大的城市超越原有的地域界限，向周边扩展，将周围地区纳入城市化轨道，并与中心城市紧密相连，融为一体，形成了功能相对集中的市中心商业区和以居民为主的郊区，即大都市区。直至今日，美国城市的发展主要是在大都市区范围内进行的。

大都市区的发展又可分为两个时期。第一个时期为 1920—1940 年，在此阶段，大都市区的规模和数量普遍增长。1940 年大都市区人口占全国总人口的比例达 47.6%，接近全国人口总数的一半。而且，大都市在地域分布上也成为全国性现象，包括城市发展迟缓的南部也出现了众多大都市区，至此，美国成为一个大都市区化国家。第二个时期为 1940—1990 年，主要表现为大型大都市区的不断增长。在这段时期，人口在 100 万以上的大型大都市区人口占美国总人口的比例由 25.5%上升到 53.4%。至此，美国又成为一个以大型大都市区为主的国家。①

在大都市区不断发展的过程中，美国出现了由数千英里高速公路连接的绵延不断的数个大都市复合体，即大城市带，它标志着大都市区的发展进入了一个更高的层次。目前已成型并为学术界所公认的大城市带共有下列三个：东北部大西洋沿岸巨大城市带，以纽约为中心，北起缅因州，南至弗吉尼亚州，

---

① 王旭，对美国大都市区化历史地位的再认识，历史研究，2002(3)，第 110～119 页。

沿大西洋沿岸跨越十个州；中西部大湖区巨大城市带，以芝加哥为中心，东起匹兹堡、布法罗、克利夫兰、底特律，西达圣路易斯，中有密尔沃基、哥伦布，南绕五大湖呈半月形；太平洋沿岸巨大城市带，以旧金山和洛杉矶两大都市区为主体，从北部的圣克拉门托向南一直延伸到圣迭戈。这三个巨大城市带的人口几乎相当于美国全国总人口的一半。在美国南部的墨西哥湾地区，以特大城市休斯顿为主体的巨大城市带也在形成。①下面我们将介绍纽约都市圈和中西部大湖区都市圈的概况。

(1)美国主要都市圈的历史与现状

1)纽约都市圈。纽约都市圈位于美国经济最发达的东海岸，北起缅因州，南至弗吉尼亚州，跨越了10个州，包括纽约、波士顿、华盛顿、费城、巴尔的摩5个大城市，以及40个10万人以上的中小城市，总面积13.8万平方公里，总人口达到6500万，占美国总人口的20%，城市化水平超过90%。

纽约都市区以曼哈顿岛为核心，然后逐渐向外蔓延和扩散，在空间结构上形成了四个圈层：一是核心圈，主要包括曼哈顿地区，总面积58平方公里，是典型的中央商务区(CBD)，是纽约的城市商务活动中心和高档功能集聚区域，也是整个纽约都市圈的核心部分和美国经济的"心脏"。二是纽约市(城区)，主要包括纽约市辖的曼哈顿、皇后、斯塔腾岛、布朗克斯、布鲁克林等五个自治区，总面积约830平方公里。三是纽约大都市区，由纽约市区及其周边若干郊区相连接、经济联系紧密的区域所组成，包括纽约、新泽西、康涅狄格、宾夕法尼亚4州的29个县，其中的郊区不属于城市当局管辖，但与城市经济高度联系，是主要的通勤区域，属于纽约大都市圈的内圈，总面积为10202平方公里，总人口为2000多万。四是纽约大都市圈，即上述所界定的"跨越10个州、包括五大中心城市"的空间范围，

① 王旭，大都市区化：本世纪美国城市发展的主导趋势，美国研究，1998(4)，第65～77页。

包括纽约大都市区加上纽约大都市圈的外圈，总面积为13.8万平方公里。纽约都市圈是美国经济的核心地带，也是世界上经济最发达、功能最完善的大都市圈，以占美国1.5%的国土面积和20%的人口创造了占全国24%的经济产值。

与大伦敦都市圈、巴黎大都市圈和柏林—勃兰登堡大都市圈一样，政府在纽约大都市圈的形成过程中起着至关重要的作用。纽约的都市规划在实际操作上主要由官方和非营利性组织“纽约区域规划协会”(Regional Plan Association of New York，RPA)负责编制，这一组织在实施纽约大都市区规划的基本指导思想是致力于“中心城市—周边区域”良性互动的可持续发展，即围绕将纽约定位和打造为全美最卓越城市地区和世界一流城市的战略目标，努力寻求和依托周边3个州在大都市圈规划上的协力支撑，对空间资源的优化利用作出综合安排。①

1921—1929年，RPA对纽约大都市地区进行了第一次区域规划，并发表《纽约及其周围地区的区域规划》(The Regional Plan of New York and Its Environs)。这次规划的核心是“再中心化”，提出用环路系统来鼓励建设一个理想的都市景观：办公就业从中心城市(曼哈顿)疏散出去；工业布置在沿着主要的郊区交通枢纽的工业园中；居住向整个地区扩散，而不是形成密集的邻里；这样，留出来的许多空地作为开放空间，吸引白领阶层到该区来生活。但是，由于种种原因，这次规划的再中心化并没有实现。

第二次世界大战后，以公路建设为先导，低密度的郊区在纽约大都市地区迅速蔓延，形成了一种典型的美国式发展，即所谓“铺开的城市”。铺开的城市不是任何城市的郊区——不是那种传统的郊区；又不是一个城市，因为它铺得太开而又分

① 武廷海，纽约大都市地区规划的历史与现状，国外城市规划，2000(2)，第3～8页。

散；也不是农村，因为它的设施是城市化的设施，它的人也是城市的人。无疑，如果没有规划，这种铺开的城市将造成不良的后果：意味着要延长通勤者的往返路程，形成一个被隔离的社会，缺乏大城市区域应提供的公共设施和交通运输设施，以及缺乏一个明确的公共中心，有一种脱离自然和乡村的感觉。

为了避免产生上述问题，1968 年 RPA 发表了第二次区域规划，重点是建立新的城市中心，把纽约改造成多中心的大城市，提供更加多样化的住宅类型和密度，使不同家庭规模和结构的需求都能够得到满足，并改善老城区的居住环境。然而，1970 年后纽约的情况是，不断向外疏散的人口消耗了大量的土地，同时这种居住与工作的蔓延致使人们更多地使用小汽车，导致公路交通拥塞以及区域空气质量下降。相应地，中心城市出现衰败，城市土地得不到有效的利用，出现所谓的“空洞化”现象。1969—1975 年，纽约市工作岗位减少 40 万个，城市经济衰退，出现财政危机。可见，第二次区域规划希望解决的问题，非但没有改善，反而更加严重了。

1996 年，RPA 以《一个处在危险中的地区》(A Region at Risk)为题发表了第三次区域规划。RPA 的分析表明，随着新千年的临近，纽约的国际金融中心地位正在下降，纽约—新泽西—康涅狄格 3 州大城市地区处于危险之中：大萧条后该地区经济增长缓慢、波动不定；公共或私人部门对基础设施、办公与住房上投入不足；社会分化严重；等等。因此，RPA 主张，长期规划与相对适度的投资将使区域保持其集中全球资本的地位。从长远看，如果对基础设施、社会、环境与劳动力进行新的投资，这个地区就有机会从可持续的经济增长中获益，其动力来自生产力提高以及为开拓全球市场而进行的规模扩张。

1996 年，美国正式实施东北部沿岸城市带规划，确立了建设纽约都市圈的全新理念。这一理念的核心是在经济全球化进程中扩大地区竞争力的视野，使纽约与新泽西州、康涅狄格州等实现共同繁荣，以及促进“再连接、再中心化”的思路。这次规划的结果是，区域经济得以整体、协调发展，中心城市纽约以其科技、资本和产业优势，在产业结构调整中发挥了先导和创新作用，最终使中心城市的实力和地位得到增强，而周围地区也获得了良好的发展契机。

从产业的空间分布看，纽约大都市圈的三个圈层存在明显的产业集聚与转移梯度差异：在以纽约市为主的核心层高度集聚的产业大多是高附加值、高技术含量、知识密集型的现代服务业，如金融业、房地产业、信息业、艺术娱乐业、科技服务业等；在内圈高度集聚的产业主要是经由核心层产业升级后转移出来的产业，如制造业（占整个都市圈的75%以上），以及满足当地居住人口需要的零售业、医疗及社会救助业等；而其外圈则主要承载着农业及部分服务于本地居民的零售、医疗服务业，除此之外几乎无产业可言，表明外圈整体上还属于未开发的区域，后续发展的潜力较大。需要说明的是，作为首位城市，纽约市以占都市圈不到2%的国土面积，承载着都市圈38%的就业人口和34%的经济总量，而曼哈顿地区又占纽约市就业人口的61%和经济总量的71%，可以说，纽约大都市圈的经济在纽约市高度集聚，而纽约市的经济又在曼哈顿高度集聚。

综观整个纽约都市圈，其层级结构犹如一座大金字塔：塔尖是纽约，第二层是波士顿、费城、巴尔的摩、华盛顿4大城市，再下面则是围绕在5个核心城市周围的40多个中小城市，五大核心城市各具特色，错位发展，相互补充，纽约与周围城市合理的地域分工格局和产业链的深度融合，形成了世界上产业分工布局最完善、城市功能分异最明显、城市竞合运行最有序的大都市圈。

2）中西部大湖区都市圈。中西部大湖区都市圈分布于五大湖沿岸，从芝加哥向东，经过底特律、克里夫兰、匹兹堡，一直延伸到加拿大的多伦多和蒙特利尔，包括了20多个百万人口以上的大城市。它与美国东北部大西洋沿岸都市圈共同构成北美发达的制造业带，是北美工业化和城市化水平最高的区域。

作为世界上著名的制造业带，无论芝加哥，还是底特律、匹兹堡等，都曾是盛极一时的制造业名城。然而，随着产业结构老化、环保不力，污染严重等问题凸显，尤其是20世纪70年代相继爆发世界性石油危机后，这些以制造业为主导的城市相继衰落，一度陷入巨大的困境之中。20世纪90年代后，在信息技术革命、再城市化运动和环境风暴的有力推动下，这些陷入困境的城市相继完成转型，成功实现经济服务化、多元化而再度崛起。从20个世纪八九十年代至今，经济转型、产业升级和环境保护与重建一直是这个新兴都市圈的“主旋律”。不过，尽管大湖区都市圈已实现经济多元化，但在产业结构上还是保留了比较浓厚的制造业色彩。

芝加哥是大湖区都市圈的核心城市。自20世纪80年代初开始，随着产业结构的快速转型和城市人口郊区化和工作分散化趋势的出现，芝加哥经历了惊人的地理扩张。伴随着高速公路和铁路沿线越来越多的卫星城的出现，加入芝加哥的行政县、就业中心和边缘城市不断增加，从而形成了以芝加哥为中心的都市圈。目前，芝加哥最突出的产业优势和功能集中体现在两个方面：会展业和期货业。规模宏大的麦考米克会展中心每年要承办2000多场专业展览与会议，接待参观者超过200万人次。此外，芝加哥作为美国第三大城市，通过实施错位发展战略，在全球金融衍生产品交易领域取得了统治地位，20世纪90年代后期，芝加哥抓住了电子交易时代对金融衍生产品交易巨大需求的良机，通过一系列资源整合与制度创新，交易量连续超越纽约和伦敦，成为全球最大的金融衍生产品交易市场。借此，芝加哥一跃成为仅次于纽约的美国第二大金融中心，在期货和期权领域成为全球最大金融衍生产品交易中心。

会展业和期货业领域的强势崛起使芝加哥实现了向服务经济的成功转型。

芝加哥之所以能在较短的时间内完成从传统的制造业基地转变为以服务业为支柱的多元化经济的成功转型，除了传统的金融贸易、信息咨询等行业比较发达，以及拥有美国交通运输网络中心这一优势地理位置外，更重要的是，芝加哥建立起了政府和市场、社会的协作机制。很多发展规划、建议和新技术的应用都是先由民间组织提出，再由政府推动实施。民间组织的高度专业化，使其提出的建议、制定的标准既切合实际，又能引领产业发展的方向。在芝加哥，类似招商引资的工作都是由民间组织来完成的，对企业需要什么样的商业环境，它们的触觉更加敏锐。现在，芝加哥已经成为了美国中西部的最佳投资地区。

相比芝加哥，同处大湖区的“汽车城”底特律和“钢铁城”匹兹堡的经济转型要艰难得多。随着汽车、钢铁制造厂商的不断迁出，两个城市尤其是底特律经历了近40年的经济衰退。但20世纪90年代之后，借助美国信息化浪潮和“新经济”的兴起，这两个城市也先后完成了向“服务经济”的转型，成为大湖区新的富有特色的生产性服务中心。昔日的制造业中心底特律将产业重点由传统的汽车制造向汽车研发转型，并在此基础上开发更多的信息、咨询等高端服务，拉长产业链，占领设计、管理、咨询等市场高地，完成产业升级。

与其他都市圈相比，中西部大湖区都市圈在空间上显得阔大和松散，整体发育尚处于较初级水平。圈内不仅核心城市的国际影响力有限，而且由于地跨两国及五大湖区导致主要城市之间的联系比较松散，缺乏统一的区域规划，在城市功能和主导产业上也远未形成错位发展、各具特色的格局，仅仅在空间上结成了所谓的都市密集区，所以，这一都市圈更准确地应称为“城市群”，属都市圈发育初级阶段的空间结构。

(2)美国都市圈的特点。

1)政府在都市圈的形成和发展过程中起着至关重要的作用。正如上面所介绍的,美国政府在都市圈的形成和发展中起到了非常重要的作用。以纽约为例,纽约区域规划协会(RPA)是一个非官方和非营利性的组织,它主要针对纽约大都市地区的发展,制定跨越行政界限的综合规划,并鼓励政府与私人组织合作来促进规划的实施。1921年以来,RPA先后对纽约大都市地区作过3次区域规划,有效地推动了整个纽约都市圈的发展。政府还根据具体情况,跟踪性地作出调整,使规划符合新的经济和社会发展状况,这是纽约都市圈发展的重要特点。

纽约市政府在城市内部功能优化及有效引导产业集群发展方面也起到了关键性的调控作用。例如,在曼哈顿金融服务业集群发展过程中,为解决曼哈顿因产业不平衡而产生的矛盾,纽约市政府对格林威治街和第五大街采取了一些调控手段,改善投资环境,加强纽约商务贸易中心功能,增强吸引力。在西部建了许多办公楼、住宅楼、展览中心等,修建了穿过市中心区的地铁。随后,政府又颁布了曼哈顿南部规划,在岛南端建成了宽阔的环型高速公路、世界贸易中心、1.5万套公寓及办公楼。在20世纪70年代中期,改造后的曼哈顿区焕发出勃勃生机,为国际金融机构及商务服务业集群发展创造了适宜的环境。①

此外,政府还采取措施促进了各中心城市功能与主导产业的错位发展,使得纽约都市圈形成了功能互补、错位发展的格局。纽约作为首屈一指的国际金融中心,不仅是美国经济的"神经中枢",也是全球经济的"心脏",发达的总部经济和种类齐全的高级专业服务部门,使纽约成为控制国内、影响世界的经济管理和服务中心。同时,借助纽约的资本优势,都市圈内

---

① 张强,全球五大都市圈的特点、做法及经验,城市观察,2009(1),第26～40页。

的其他核心城市也都根据自身特点，寻找着与纽约的错位发展之路，分别形成了各自的产业亮点，如波士顿的高科技产业、费城的国防及航空工业、巴尔的摩的矿产冶炼工业以及首都华盛顿极其发达的旅游业，而这些城市各自的发展始终离不开纽约金融中心的辐射作用。孤立地看，每座城市的主导产业都是单一的，但放眼整个都市圈，多样化、综合性的整体功能远远大于单个城市功能的简单叠加，圈内产业分布呈现出多元互补的格局。

在中西部大湖区都市圈的发展中，政府的规划指导也是至关重要的。比如，大湖区都市圈的核心城市芝加哥就邀请民间组织参与该市的很多发展规划的制定，而且由于民间组织的高度专业化，它们提出的建议、制定的标准既切合实际，又能引领产业发展的方向。

2)区域整体协调发展是美国都市圈发展的最重要的特点。相比于英国、法国注重伦敦、巴黎及其郊区和周边卫星城发展的特点，美国大都市圈更重视区域整体的协调发展。区域规划打破了行政界限的限制，从区域整体利益出发，综合考虑各地人口、经济的发展和资源的利用，因此纽约大都市地区和大湖都市圈虽然包括了不同的行政单元，但在地理、生态、经济、社会等方面都是一个相互联系的整体，区域内任何一地的城市发展、土地开发均对其他地区产生影响。例如，在政府的干预下，纽约都市圈各中心城市功能与主导产业实现错位发展。首先，在城市功能定位上，各次级中心城市努力与纽约形成各具特色的发展格局：纽约作为国际金融中心，拥有最为发达而齐全的生产性服务业，为整个都市圈和全球经济活动提供多种重要的高端专业化服务；波士顿是全美最富盛名的高科技产业基地和高等教育城市，集中了高科技产业、金融、教育、医疗服务、建筑和运输服务业，其中高科技产业和教育是波士顿最具特色和优势的产业。20 世纪 50 年代后，沿波士顿附近 128 号公路形成了与“硅谷”齐名的“高科技走廊”，成为世界著名的电子、生物、宇航和国防企业中心；华盛顿是全美政治中心，总部经济优势明显，集聚了一批全球性金融机构，如世界银行、国际货币基金组织和美洲发展银行等总部，在国际经济中有着重要影响；费城地理位置优越，是纽约大都市圈的交通枢纽和港口城市，经济结构比较多样化，交通运输、国防及航空工业比较发达，巴尔的摩紧邻华盛顿特区，分享了很多联邦开支和政府采购合同，国防及矿冶工业很有基础。

与此同时，纽约都市圈在一些细分产业中也呈现有序分工、错位发展的格局。如在港口发展上，都市圈内目前有纽约、费城、波士顿、巴尔的摩等多个重要港口，其中纽约港作为美国东部最大港口，主要发展比较高端的远洋集装箱运输，费城港主要从事近海货运，巴尔的摩港一般定位于矿石、煤炭、谷物等重要大宗原材料商品的转运，而波士顿则是以转运地方特色产品为主的商港。这种港口功能上的有序分工，构成了一个分工合理、运营灵活、极具效率的美国东海岸港口集群。

大湖区都市圈也在都市圈范围内构建了跨区域的社会协调机制。2003 年，五大湖地区的 51 个城市一同成立了一个区域协调委员会，各市市长或其他负责人定期碰头，商讨通过采取统一行动解决一些跨区域的公共问题，如减少这一地区的污染等。

3)重视交通与环境，构筑畅通的交通和有效的环保体系。纽约都市圈和大湖区都市圈的形成都与城市化密切相关，正是城市化导致了人口外迁、居住分散、交通拥堵、环境污染等问题，才促使政府一次次地制定区域规划，最终形成了都市圈。在都市圈的形成过程中，交通和环境一直是政府非常重视的问题。

以纽约大都市圈为例，从纽约大都市圈城市之始，环境和交通就是区域规划中十分重要的项目，RPA 的三次区域规划都提到了交通和环境问题。在 1923 年的第一次规划中，RPA 提出了 10 项政策，其中就有提供更多的开放空间（包括公园与森林保护区），以及为减轻交通拥塞，新的交通设施应注重整体性效果。在 1968 年的第二次区域规划中，RPA 提出了 5 项基本原则，其中强调为避免交通堵塞，应将纽约改造成为多中心的大城市，同时新的城市发展应当使区域的主要部分仍然保持自然状态。交通和环境继续为这次规划所关注。为改善交通运输，RPA 提倡把纽约市地铁及一些郊区铁路与都市区运输中心、新泽西州运输系统联系起来，RPA 还努力使近 100 万英亩受到威胁的开放空间得到保护。在 1996 年的第三次规划中，RPA 提出了 5 个战役（five campaigns），包括植被（greensward）、中心（centers）、机动性（mobility）、劳动力（workforce）、管理（governance）。其中，“植被”保证地区森林、分水岭、河口、农田等绿色基础设施，确立未来增长的绿色容量。“机动性”提供一个全新的交通网络，把重新得到强化的中心连接起来。

大湖区是传统的制造业中心，完成产业升级、促进昔日制造业中心向研发基地和服务中心转型，少不了人才和资金的支持。如何吸引高级人才和大公司在这里落户扎根，是芝加哥、底特律等这些老工业基地面临的最大挑战。为此，治理污染、构筑有效的环保体系、重塑优美的生活和居住环境，成了当地政府的首要任务。同时，政府不但注重在政策上引导全社会保护环境、节约能源，进行积极的资金和项目支持，在绿色环保技术和模式上也同样作出示范。

二、欧美区域城市经济协调发展基本经验与问题

欧美不同区域城市之间协调发展的做法，与大都市区政府管制理论的演进息息相关。应该说，正是理论上的演进推动了城市之间协调发展模式的改变。下面我们首先介绍大都市区

政府管制理论的演进和治理改革运动，然后再介绍欧美区域城市经济协调发展的主要经验和问题。

1. 大都市区政府管制理论的演进和治理改革运动

在大都市区发展过程中，数量众多的地方政府成为城市（尤其是大城市）向外扩张的束缚，这就是所谓的大都市区政府"碎化"问题。一般而言，较大的大都市区内往往有上百个甚至上千个政府单位。1954 年，在圣路易斯大都市区有 402 个市政府，大费城有 702 个，大芝加哥有 960 个，而纽约则高达 1467 个。有的学者形象地指出：纽约地区政府是世界上最大的非自然奇观之一，它可能比迄今人类所发明的任何一种政府都远为复杂。[①] 政府碎化问题严重影响着区域内城市间的经济协调与服务，因此大都市区政府管制理论的演进主要是围绕如何解决政府碎化问题而展开的。

政府碎化问题是大都市区管制理论演进的逻辑起点。大都市区的政府碎化包含两层含义：地域意义上的碎化和职能意义上的碎化。前者指每一个地方政府都对城市的一部分具有统治权，而没有一个覆盖整个区域范围的单一的政府单位；后者指一个特定地区内地方政府职能在若干个主体之间进行分割，而没有一个统一的单位来履行这些职能。以这两个标准来衡量大都市区的政府碎化问题，那么就会存在两种极端的情况：其一是整个区域完全由诸如自治市这样的综合性地方政府单位拼凑起来进行治理，也就是极端的地域碎化；其二是整个区域完全由交通委员会、规划组织等这样的单一目的机构治理，也就是极端的职能碎化。大多数大都市地区的政府碎化情况都处在这两个极端之间，也就是兼有地域碎化和职能碎化的特征。这样一来，大都市区往往在地域碎化和职能碎化的共同

---

① Kenneth Fox, Metropolitan America: Urban Life and Urban Policy in the United States, 1940—1980, Macmillan, 1985, p89。

作用下，形成大都市政府碎化的“马赛克”。[①] 在大都市区碎化状态下，一方面，由于存在规模经济、外部性和需求多样性等问题，公共产品的供给效率较低；另一方面，政府的碎化也加大了区域内部经济协调与服务的难度。

为解决大都市区的政府碎化问题，学者们提出了众多解决方案，形成三个流派：主张建立大都市政府的传统区域主义、主张多中心管制结构的“公共选择”学派和主张网络化地方合作的新区域主义。

(1)传统区域主义与大都市政府。传统区域主义者认为，大都市区的基本问题是地方政府分散化，地方政府过多进而导致效率低下和社会财富分配不均、公共服务不平等；缺少对区域的整体性关注、对社会经济问题负责、对未来有清晰规划的大都市范围的政治领导层。面对大都市区政府碎化问题，传统区域主义学者们开出的药方是建立统一的具有正式权威的大都市政府，即“一个区域，一个政府”。该论点主要是基于两个高度相关的假设：其一，一个大都市区是由若干相关个体组成的群体共同组成，这些群体具有共同的利益基础，正是这些共同利益将它们紧密联结成一个单一区域；其二，只有单一的政府才能整合这些利益，因为只有从整个区域的层次统筹考虑，才能真正整合这些不同的利益，从而维护整个区域的共同利益。正是基于这两个假设，他们认为大都市区改革的必然方向是建立一个统一的大都市政府。由于这些改革强调区域整体发展，构建以区域为基础的大都市政府，因此被称为“区域主义”。

在 19 世纪，一些大城市通过地方合并减少了周边的地方政治单元。以美国为例，1854 年，费城市吞并了整个费城县。1889 年，芝加哥市的面积扩大了四倍。1898 年，纽约市与布鲁

---

① 洪世健、张京祥，“碎化”与整合：大都市区管治理论演进探讨，城市发展研究，2008(6)，第 113～118 页。

克林、昆斯、斯塔腾岛以及今天的布朗克斯的大部分地区合并，形成了大纽约市。1889—1895年，马萨诸塞州议会创设了大都市区的水供应、污水处理和公园行政区，以服务于波士顿市及其周边地区。[①]

随着城市化的发展，郊区自治市的数量迅速增加。由于担心中心城市经济衰落，1920—1930年，在圣路易斯、匹兹堡和克里夫兰等大都市地区，许多人都致力于构建一种双层结构的治理体系——即成立大都市区政府统一行使区域性职能，而各个自治市政府继续保留地方性职能。但选民反对这种双层治理结构，他们不断通过投票否决类似动议。直到1957年，迈阿密地区的选民批准了一项提案，将迈阿密市政府的一些职能转移给大都市地区的县政府。20世纪60年代，印第安纳州议会为印第安纳波利斯市创设了一种市县合并体制，将市辖区扩展到整个县的辖区范围。同期，明尼苏达州立法机构批准设立了双城（Twin Cities）大都市区议会，统一负责区域性规划和协调。

纵观自19世纪以来的大都市区兼并运动，尽管少数地区整合碎片化的努力取得了成功，但它们只是少数案例，而非普遍情况。欧美大都市区的基本治理结构仍呈“多中心”和“碎片化”状态。

（2）公共选择学派与多中心结构。在传统区域主义之后，以主张运用经济分析方法来研究大都市区问题的“公共选择”学派成为西方大都市区管治理论研究的主流。“公共选择”学派从与传统区域主义不同甚至对立的角度，对大都市区管治进行了研究和探索。按照“公共选择”学派的理念，大都市地区需要存在大量地方政府，也就是说，“碎化”的大都市地区是公共服务有效供给的必要条件。他们声称“碎片化”具有优越性，认

---

① 杨宏山，美国城市治理结构及府际关系发展，中国行政管理，2010(5)，第102～105页。

为在“用脚投票”机制下，多个市镇并立的“多中心”秩序，一方面使市民能够根据自身状况找到合适的就业和居住地方；另一方面促使各个地方政府在公共产品和服务供给上形成竞争。正是基于这样的思想，公共选择学派认为并不需要改变大都市区政府的分散化现状，而主张通过建立一套完善的针对多中心特征的自我统治和民主行政的机制来对大都市区进行管理。

在“公共选择”学派的猛烈攻击下，到20世纪80年代，对于大都市政府的讨论逐渐销声匿迹。但是，公共选择并未得到学术界的一致认可，而且多中心的区域管治结构这一替代方案并没有缓解大都市区“碎化”等一系列社会经济问题。这些问题依然存在，甚至有逐渐恶化的趋势。分割的地方政府导致了中心城区和郊区的隔离；由于白人、中产阶级不断迁往郊区，而无力改变现状的黑人和其他有色人种留在内城，导致了越来越严重的种族隔离；公共设施、工作机会的差异导致了经济的隔离；种族和经济隔离导致了严重的社会矛盾。这样，区域政治“碎化”的顽疾也再度成为学术研究的热点和批判的对象，于是以主张网络化合作为特征的新区域主义得以兴起和不断发展壮大。

(3)新区域主义与网络化合作。新区域主义与传统区域主义一样，认为地方政府碎化是大都市区各种经济社会问题的症结。但是与传统区域主义者不同的是，他们不是抨击碎化的地方政府提供公共服务的规模不经济，而是抨击碎化的地方政府对整个区域经济、社会公正和中心城市与郊区关系的负面影响。与传统区域主义相比，新区域主义的“新”体现在以下五个方面：

第一，管治而非统治。新区域主义通常用“管治”(governance)一词来取代传统区域主义的“统治”(government)。由于公众并不赞同建立一个新的政府层级的改革方案，因此新区域主义关注的重点从正式的结构安排转移到非正式的结构，以求更好地制定政策和开展行动。它致力于增强地方政府间的合作，以形成有效的大都市区管治。

第二，跨部门而非单一部门。从统治向管治的转变，意味着营利和非营利部门与公共部门一起共同努力实现有效的大都市区管治。每个部门都具有独特的能力和专门的权限范围。跨部门的安排使得大都市区管治的实践更具有弹性。

第三，合作而非协调。传统区域主义的一个主要目标是提高公共部门在规划和行动等方面的协调能力。而新区域主义则强调让具有独特能力和权限范围的各个部门共同努力，实现大都市区范围的特殊任务。

第四，过程而非结构。协作关注的是过程，而并不要求正式的结构安排。过去，过程被看作数据分析和目标的一步步达成，而如今所强调的过程注重的是制定区域的远景和目标，在关键的利益相关者中形成一致意见，并且最终利用资源来实现目标。

第五，网络而非正式的结构。对协作和过程重视程度的提高，说明了新区域主义对网络状组织而不是正式结构的依赖。这样的网络一般拥有一个稳定的利益相关者核心，它们在特殊的战略领域具有重要的共同利益。

正是在新区域主义的理论引导下，大都市地区逐渐形成了以政府间合作为主要形式的治理改革。

2. 欧美区域城市经济协调的经验

从对欧美各主要城市圈的介绍和特点分析，我们可以发现，每个都市圈的发展都离不开政府的规划，而且，不同行政区域政府之间的协调与服务对于各个中心城市主导产业的协调发展起着至关重要的作用。

(1)欧洲区域城市经济协调的经验。从对欧洲主要都市圈历史和现状的分析可以看出：欧洲大都市圈的协调往往存在于中心城区和郊区之间，即中心城区制造业、零售业等产业大批向郊区转移，人口加快向郊区扩散，郊区小城镇和各种规模的商业、工业、聚居中心大量涌现。与此相对应，这些都市圈的区域战略发展规划不仅注重区域经济一体化，而且更加重视区域经济、社会、环境协调发展，接受以往“城市病”的教训，逐步改变单一追求经济一体化的发展模式，致力于城郊经济、社会、环境的协调发展。一方面，加大城市尤其是郊区的生活基础设施建设，规定新型工业区和居民住宅区都必须有相应的排水、给水和道路设施及垃圾处理设施；另一方面，加强环境保护规划，加大环境治理力度，提倡可持续发展。

欧洲主要都市区在组织结构和治理模式上，基本是以大都市区政府为主。例如，大伦敦都市区实行一级制政府结构，由伦敦自治市和伦敦城议会行使政府大部分职权，两者属同级政府。除此以外，大伦敦都市区还有一些依功能而设立的非民选政府组织或准政府机构，负责某项政策的执行与管理，担任执行特殊功能及沟通协调的角色。近年来，还出现了一种半自治的地区发展机构，承担了原来英国政府和地方政府的部分职能，由公共资金支持并致力于促进地区经济竞争力的提高、推动地区经济增长和内源性发展。

法国巴黎大区政府的行政组织为经济和社会委员会，由直接选举产生的评议会、评议会选举产生的议长和社会各界代表组成的咨询机构组成。省的行政组织和大区行政组织相类似，区别在于省负责农村事务，而大区侧重于区域的经济与社会计划和领土整治，但在制定计划时要直接或间接听取市镇和省的意见，要得到它们的同意。市镇在城市规划、建设和管理方面享有充分的自主权。

德国的柏林－勃兰登堡联合区域规划部虽然只是一个规划部门，但该机构拥有直接的政治权力来制定和执行联邦州层面的规划决策。实践表明，90%以上的跨州规划问题都可以通过该机构找到答案，仅有小部分需要由两州的政治领导人来拍板，一些极具争议的问题也可通过双方的政治谈判得以妥善解决。

欧洲各大都市区建立这种具有较高权威的、综合性机构——大都市区政府或议会，是为了协调各城市之间的基础设施、供水、治安等公共事务，解决区域性冲突和矛盾，从而形成一种职能分工明确的双层政府管理体制。这种双层结构的区域政府治理模式具有较高的权威性，交易成本较低，但在地方政府、企业、非政府组织、团体、个人等多主体参与性方面以及信息沟通方面存在困难，政策制定和推行的效果难以保证。

（2）美国区域城市经济协调的经验。与欧洲主要都市区不同，美国都市圈在组织结构和治理模式上主要是以区域委员会为主，或以松散的非政府组织为主。

纽约大都市区的跨区管理是典型的非政府组织形式。该区域各城市间虽然经济联系紧密，但却并未形成统一的、具有实体性质的城市群管理机构，区域间的协调和跨区域管理大多通过一些专业性的协调机构进行，城市间的协作是松散的和非正式的。例如，纽约和新泽西州于 1921 年就共同成立了纽约和新泽西港务局。如今，该局仍然控制着区域内多数交通运输设施，包括机场、桥梁、隧道和海港设施等，该局的 12 名委员由州长任命，财政相对独立，收入来源于其所执行的项目。此外，在纽约大都市区发展过程中，针对供水、排水、垃圾处理等具体的区域性问题，都形成了一系列专门的非政府组织协调整个区域的发展。

与纽约大都市区不同，华盛顿大都市区是典型的区域委员会模式。华盛顿大都市区包括哥伦比亚特区（核心区）、马里兰州和弗吉尼亚州，1957 年成立了华盛顿大都市区委员会，由 21 个地方政府组成，是个独立的非营利性协会。该组织职能众多，从交通规划到环境保护，解决了许多公众关注的区域问题，包括将联邦和州拨款分配给它的成员，提供区域内地方政府讨论协商规划、交通、环境等区域问题的平台和提供跨地区的公共服务等，其主要资金来源是地方政府的会费、联邦和州政府的拨款和合约以及基金和私人部门的捐赠。董事会是华盛顿大都市区委员会的权力机构，对其所有的政策、职能和资金负责，一般每月开一次会议讨论区域问题。董事会成员任期1年，由各地方政府以及来自本区域的州立法会代表任命。董事会下设执行董事1名，负责所有的行政事务，并监督政策和规划的制定和执行过程。董事会下还设置主要行政官员委员会，负责具体行政事务，另外还设置了空气质量委员会、环境和公共工程委员会、运输规划委员会等负责不同区域问题的专门委员会。需要说明的是，这些跨行政区的非政府组织或者区域委员会的存在，并没有剥夺地方政府的权力，而是对传统行政管理体制的必要补充。它的存在极大地强化了规划的科学性、民主性和权威性，并使区域经济协调发展成为可能。大都市区政府的“碎化”是区域经济发展面临的最大的障碍，而区域城市经济的协调主要是为了解决“碎化”问题，使经济发展更顺畅有效。

3. 美国区域内城市间进行经济协调的主要形式

(1)区域内设立特殊服务区承担单一的服务功能。在地方政府间合并难以推动的情况下，为了提高公共服务的供给规模和效率，特殊服务区(special service districts，简称“特区”)得到了广泛运用。例如，一些州的法律授权大城市议会通过与周边的市、镇议会协商，设立特殊服务区，凡是被列入具有特殊功能的服务事项，均由大城市政府或专门成立的特区委员会统一管理。这些特殊服务区跨越若干个市、镇的管辖区。这样，各个市、镇在保留自治权的同时，把适宜由专业化机构统一提供的服务事项移交出去，由“特区”提供专业化服务，并为此承担相应的税费。每个“特区”都承担单一的服务功能，如供水、住房和社区发展、卫生、医院、学校、机场、垃圾收集与处理、污水处理、公共交通、图书馆、高速公路、自然资源、工业区等。特区根据服务项目的具体内容,确定征税或收费的标准。

(2)签订政府间协议向另一个地方政府购买公共服务。即地方政府之间达成协议,由一个地方政府支付费用,委托或雇用另一个地方政府提供某些公共服务。例如,一个城市政府与另一个城市政府达成协议,委托后者提供消防和污水处理服务。一些学区由于高中生数量较少,可以与邻近的学区达成协议,把本学区的学生送到邻近学区的高中接受教育,并向该学区支付费用。一些城市政府还通过政府间协议,购买邻近城市提供的公共卫生、精神健康、儿童福利、监狱、看守所、毒品治疗、图书馆、公交运输等服务项目。州议会在征求小城市政府意见的基础上,也可以通过立法形式,把小城市的某些服务职能转移给大城市政府。

(3)市县联盟、市镇联盟。即市政府与县政府或周边的市、镇结成双层联盟结构的联合体,低层(lower tier)地方政府负责提供警察、消防、学校等服务项目,这些服务由城市税收买单。上层(upper tier)地方政府提供应急管理、机场、码头、交通、环境保护、污水处理、固体废弃处理、公共住房、卫生保健等服务。① 例如,随着人口不断增加和大都市区的不断扩大,1957年,美国佛罗里达州的迈阿密市与戴德县合并形成了具有双层联盟结构的大都市区政府系统。2006年,迈阿密—戴德县的人口规模达到240万人,成为佛罗里达州人口最多的县,在全美各县中人口排名第八位。市县联盟后,除了迈阿密—戴德县这个大都市区联盟实体(包括35个自治市)外,原来的迈阿密市政府仍然继续存在。

(4)城市都市政府联合会。美国多数大都市地区都设有都市政府联合会,它是由各市、镇议会、行政首长或派代表组成的

① 沈山,美国的都市区管制模式及其对长三角区域管制的借鉴,世界经济与政治论坛,2005(5),第43～47页。

松散性质的联合组织，就各市、镇共同面临的一些问题定期开会，互相沟通信息，在政策上采取协作行动解决共同面临的问题。有的还设立有常设机构，开展日常调查或协调各方行动。都市政府联合会是协商性组织，无权强制各市、镇政府执行决议，只能依靠各市、镇政府自愿遵守。

三、欧美区域城市经济协调发展对我们的启示

当前，在我国地方治理实践中，当区域发展遇到跨越行政区的障碍时，很多主政者的第一反应是调整行政区划。欧美大都市区治理的经验在于，实施跨域治理的方法很多，行政区划调整并非唯一的手段。城市发展是一个持续的过程，而行政区划应保持相对稳定，除非面临重大机遇，行政区划调整应该慎之又慎。激烈的行政区划调整，不仅要付出巨大的政治、经济和社会成本，还可能会损害当地经济的活力，引发本地居民的不安定感。因此，进行多种形式的政府间的协调与合作，理应成为促进区域经济一体化的重要手段。对于长三角地区而言，欧美区域城市经济协调发展给我们的启示有以下一些：

1. 区域发展规划先行

欧美几大都市圈发展的经验都说明了规划在区域经济发展中的重要性。伦敦都市圈的规划始于1944年，到目前为止已经发布了5次规划，几乎每十年就要根据现实的经济和社会发展情况进行一次调整。巴黎大都市圈的规划始于20世纪30年代，到目前已经发布6次规划，巴黎大都市圈在城市和产业空间布局上得到了极大的改善。德国柏林—勃兰登堡大都市圈不但设立了联合区域规划部，还在正式规划合作途径之外，通过各种非正式的规划合作——特别是促进公众参与、与社会各界进行对话的各种论坛，来强化交流、增进共识和建立信任，这些地方对话平台为在不同层面上促进跨行政区合作发挥了重要作用。纽约区域规划协会(RPA)先后对纽约大都市圈进

行了3次规划，中西部大湖区也邀请民间机构参与都市圈的规划，共同推动区域社会经济的发展。正是在政府区域规划的指导下，各都市圈的城市间通过协调发展形成了既互补又各具特色的主导产业，共同推进区域经济的发展。从这个意义上来说，在促进长三角都市圈的形成过程中，应当从区域整体的高度进行合理规划，规划是各个城市协调合作的基础。

2. 重视城市间的产业布局与分工

目前，世界各大都市圈基本形成了制造业主要分布在郊区，而第三产业（如金融、保险和商业等）集中在市区的局面，而且中心城市间也形成了产业互补。如大伦敦都市圈，原中心城区的制造业、零售业等产业大批向郊区和卫星城转移，同时推动人口加快向郊区和卫星城扩散，而中心城区则演变为金融、贸易和创意产业中心。巴黎大都市圈产业结构以第二、三产业为主，制造业主要在郊区，如西郊的汽车工业、南郊的航空、电子工业、东郊的基础化学、制药工业等；第三产业集中在市区，如金融、保险和商业等。柏林—勃兰登堡大都市区通过各城市错位发展金融、房地产、贸易、研发、传播媒体等第三产业，实现区域的可持续发展。纽约大都市圈中，首位城市纽约是全美乃至全球的金融中心，也是美国和国际大公司总部以及各种专业管理机构和服务部门的聚集地；费城是该城市群的第二大城市，重工业发达，利用进口原材料发展了钢铁、石油化工与有色金属冶炼业，并在此基础上建立起重型机器制造、造船、铁路机车制造与汽车制造工业群；巴尔的摩的有色金属冶炼工业地位重要；而波士顿是著名的文化中心，各个城市形成了产业互补，共同促进区域经济发展。从产业互补的角度来说，长三角地区应加强上海作为区域核心城市的综合功能，加大力度发展金融、贸易、航运等产业，同时增强区域内的次中心城市的经济实力，发展这些城市具有自身特色的优势产业，提升其在各自范围内的集聚、辐射能力，促进各城市产业的互补与功能的相互衔接。

3. 加强中心城市城郊的城市化发展

欧美各都市圈的发展(尤其是大伦敦都市圈和巴黎大都市圈的发展),与为解决城市病而不断发展城郊和卫星城的过程融为一体。中心城市城郊小城镇的发展可以通过接轨中心城市,接受中心城市经济辐射,承担中心城市部分外移功能,构筑与中心城市功能互补的产业结构,从而把小城镇发展融入大都市圈建设中。因此,在长三角都市圈建设中,有必要推进分层次的人口和经济要素的集中,逐步理顺地级市、县级市之间的关系,并解决小城镇过于分散的问题,使城市体系空间布局进一步趋向合理化。

4. 城际间形成一体化的合作机制

建立多种形式的跨区域组织负责城市间的经济协调与服务,通过不同层级的治理模式推动城际间形成一体化的合作机制。从欧美国家都市圈发展的经验来看,由于每个都市圈都跨越了多个行政地域单元,单个政府难以承担城市间协调发展的责任,为促进整个都市圈的发展必须建立新的跨区域组织。不管是在自愿和契约基础上的单一目标的区域规划组织、由选民和地方政府代表组成的咨询机构、特殊服务区、城市联盟或是政府间公共服务的购买,其主要目的都是经济高效地促进区域经济的协同发展,这些方法和机构组织模式都值得长三角地区借鉴。

5. 以法律形式规范区域规划

国外主要都市圈的区域规划很多是以法律形式确定的,具有权威性。比如,在巴黎都市圈建成过程中,以法律形式规范城市规划是成就巴黎大都市圈最重要的特征。从 1934 年到 1994 年 60 年的历程中,城市规划一直不脱离法律规范,保证了规划的权威性和可执行性。相比而言,当前的《长三角区域规划》只是一个指导性文件,权威性还远远不够,正因为如此,也增添了城市间协调的难度。

总之，发展区域经济，必然涉及属不同行政区划的政府、企业和非政府组织的协调与发展，长三角地区在这方面已经作出了一些努力，例如"长江三角洲城市经济协调会"的成立，《关于进一步推动经济合作与发展的协议》、《进一步加强经济基数交流与合作的协议》的签署，《长三角人才开发一体化共同宣言》、《苏浙沪旅游促进会(上海)宣言》的发布，《长三角地区现代化公路、水路交通规划纲要》、《长三角都市圈区域规划》的制定等等。但是，要想将长三角发展成为一个世界级的都市圈仍然需要借鉴其他成熟都市圈的发展经验，在各中心城市的产业互补，经济协调组织模式的多样化等方面作出更多的尝试。

附录一　国务院关于进一步推进长江三角洲地区改革开放和经济社会发展的指导意见

国发〔2008〕30 号

各省、自治区、直辖市人民政府，国务院各部委、各直属机构：

长江三角洲地区是我国综合实力最强的区域，在社会主义现代化建设全局中具有重要的战略地位和带动作用。改革开放特别是推进上海浦东开发开放以来，长江三角洲地区经济社会发展取得巨大成就，对服务全国大局、带动周边发展作出了重要贡献，积累了丰富经验。在当前国际经济环境发生重大变化、国内各项改革深入推进的新形势下，为进一步推进长江三角洲地区改革开放和经济社会发展，现提出以下意见：

一、进一步推进长江三角洲地区改革开放和经济社会发展的重要意义、总体要求、主要原则和发展目标

（一）重要意义。长江三角洲地区包括上海市、江苏省和浙江省。进一步推进长江三角洲地区改革开放和经济社会发展，有利于推进区域经济一体化，提高自主创新能力和整体经济素质；有利于增强对中西部地区的辐射带动作用，推动全国区域协调发展；有利于提高开放型经济水平，增强我国国际竞争力和抗风险能力；有利于推进体制创新，促进建立健全充满活力、富有效率、更加开放的体制机制。

（二）总体要求。高举中国特色社会主义伟大旗帜，以邓小平理论和“三个代表”重要思想为指导，深入贯彻落实科学发展观，进一步解放思想、与时俱进，进一步深化改革、扩大开放，着力推进经济结构战略性调整，着力增强自主创新能力，着力促进城乡区域协调发展，着力提高资源节约和环境保护水平，着

力促进社会和谐与精神文明建设,实现科学发展、和谐发展、率先发展、一体化发展,把长江三角洲地区建设成为亚太地区重要的国际门户、全球重要的先进制造业基地、具有较强国际竞争力的世界级城市群,为我国全面建设小康社会和实现现代化作出更大贡献。

(三)主要原则。坚持科学发展,努力提高自主创新能力,切实加强资源节约和环境保护,推进经济发展方式的转变;坚持和谐发展,着力保障和改善民生,加强社会主义民主法制建设,维护社会公平正义;坚持率先发展,加强与周边地区和长江中上游地区的联合与协作,强化服务和辐射功能,带动中西部地区发展;坚持一体化发展,统筹区域内基础设施建设,形成统一开放的市场体系,促进生产要素合理流动和优化配置;坚持改革开放,继续在体制创新上先行先试,率先在重要领域和关键环节取得突破,为又好又快发展提供制度保障。

(四)发展目标。到 2012 年,产业结构进一步优化,服务业比重明显提高;创新能力显著增强,科技进步对经济增长的贡献率大幅提升;区域分工和产业布局趋于合理,对外开放的质量和水平明显提升;单位地区生产总值能耗低于全国平均水平,重点地区生态环境恶化的趋势得到遏制;社会保障体系覆盖城乡,公共服务能力进一步增强,基本实现全面建设小康社会的目标。

到 2020 年,形成以服务业为主的产业结构,三次产业协调发展;在重要领域科技创新接近或达到世界先进水平,对经济发展的引领和支撑作用明显增强;区域内部发展更加协调,形成分工合理、各具特色的空间格局;主要污染物排放总量得到有效控制,单位地区生产总值能耗接近或达到世界先进水平,形成人与自然和谐相处的生态环境;社会保障水平进一步提高,实现基本公共服务均等化。再用更长一段时间,率先基本实现现代化。

二、加快发展现代服务业，努力形成以服务业为主的产业结构

（五）优先发展面向生产的服务业。加快以上海国际航运中心和国际金融中心为主的现代服务业发展。进一步整合港口资源，加强港口基础设施、集疏运体系建设，加快发展现代航运服务体系，努力提高管理水平和综合服务能力，尽快建成以上海为中心、以江苏和浙江港口为两翼的上海国际航运中心。依托区域综合交通网络，大力推进现代物流业发展。积极探索金融机构、金融产品和服务方式等多种金融创新，健全多层次金融市场体系，引进和培育高层次金融人才，大力改善金融业发展环境，提高金融服务业发展水平。扶持和培育技术创新型第三方服务企业，大力发展科技服务业。运用信息技术和现代经营方式改造提升传统商贸业，加快现代商贸业发展步伐。整合建立区域内综合性的软件服务公共技术平台和公共信息应用平台，培育创新型特色化的软件服务和信息服务企业，积极发展增值电信业务、软件服务、计算机信息系统集成和互联网产业。

（六）积极发展面向民生的服务业。大力发展旅游业，进一步拓展市场、整合资源，建设世界一流水平的旅游目的地体系。加快发展广播影视、新闻出版、邮政、电信、文化、体育和休闲娱乐等服务业。积极扶持电子书刊、网络出版、数字图书馆、网络游戏、电影特技制作、数字艺术设计、数字媒体、虚拟展示等新兴数字创意产业发展。

（七）大力改善服务业发展环境。加快建设区域服务业联动机制，开展多方面的交流与协作。研究建立区域现代服务业标准规范体系，加强面向现代服务业技术、产品与服务的认证机制建设。加快建立市场化运作的企业和个人信用服务体系，

制定行业标准，完善监管制度。大力开展现代服务业人才培训与职业教育，多层次培养现代服务业复合型人才。

三、全面推进工业结构优化升级，努力建设国际先进制造业基地

（八）做大做强高技术产业和优势支柱产业。继续巩固和提高实体经济发展水平，集中力量积极发展电子信息、生物、新材料、新能源等战略性高技术产业，培育更多新的增长点。进一步做大做强石化、钢铁、汽车、船舶及先进装备制造等优势支柱产业，加快形成核心关键技术和提升规模水平。大力发展总部经济和研发、设计、营销中心，促进产业链条向高端延伸。加快淘汰落后生产能力，积极推动传统产业的升级改造和梯度转移。大力培育建设与全球先进制造业基地相适应的优秀经营管理人才和高级技工队伍。

（九）进一步优化空间布局。以沪宁、沪杭甬沿线为重点发展具有先导效应、发展潜力大的电子信息、生物、新材料和先进装备制造等产业；在沿江、沿海、杭州湾沿线优化发展产业链长、带动性强的石化、钢铁、汽车、船舶等产业。促进企业向产业带集中、向园区集聚，引导关联企业集聚发展。加快连云港、温州等发展潜力较大地区的发展，形成新的经济增长点，带动江苏沿海、东陇海沿线、浙江温台沿海、金衢丽高速公路沿线发展。

（十）进一步提升企业竞争力。鼓励和支持优质资本、优势企业跨行政区并购和重组。在电子信息、石化、钢铁、汽车、船舶、装备制造、轻纺、商贸、旅游等重点领域和优势行业，加快培育形成一批拥有自主知识产权的世界级品牌、具有国际竞争力的大企业，形成以大企业为龙头、中小企业专业化配套的协作体系，提升产业整体素质，增强竞争能力。

四、统筹城乡发展，扎实推进社会主义新农村建设

（十一）大力发展现代农业。着力发展高附加值的特色农业、设施农业、生态农业、观光农业、都市农业和现代养殖业。支持创建名优品牌。充分发挥江苏沿海等地区滩涂资源丰富的优势，建立现代农业示范区，积极发展规模化高效农业。稳定发展粮食生产，积极推进大型优质商品粮基地建设。依托沿江靠海的优势，发展现代渔业。积极改造和提升传统农业，大力提高农业机械化水平和土地集约利用水平。加强优势农产品产业带和规模化养殖基地建设。大力支持农业产业化经营和标准化生产，培育一批带动能力强的龙头企业。鼓励扩大农产品出口，进一步做大做强外向型农业。

（十二）加快完善农业生产、经营、流通等服务体系。加快培育生产性的专业服务组织，构建新型农业服务体系。大力发展农村现代物流，在农村培育一批大型流通企业。积极培育、发展农民专业合作社和农业行业协会、学会等各类组织，加快农业信息服务网络建设。改善农村金融服务，发展农村信用担保和农村小额贷款，加快建立农业保险体系。

（十三）全面深化农村改革。坚持农村基本经营制度，稳定和完善土地承包关系，按照依法、自愿、有偿的原则，健全土地承包经营权流转市场，有条件的地方可以适度发展多种形式的规模经营。深化集体林权制度改革。探索集体经济有效实现形式。加快农村投融资体制改革，合理划分各级政府的财政投入职责，加大政府对农业和农村的投入，引导各类资本进入农业社会化服务体系和合理开发未利用农业资源。建立健全多层次、广覆盖、可持续的农村金融体系，不断完善对“三农”的金融服务。扎实推进农村综合改革，强化乡镇政府的社会管理和公共服务职能，逐步建立起精干高效的农村基层行政管理体制。建立健全村民自治机制，完善村民一事一议制度，积极推

进奖补措施，推广民主恳谈会、村民议事会等有效的民主形式。

（十四）稳步推进城乡一体化进程。统筹城乡基础设施建设，推动城市基础设施、公共服务和现代文明向农村延伸。进一步做好村庄规划，节约农村建设用地。加强城市饮用水安全保障工作，加快实施农村饮水安全工程建设和中小河流及湖泊河网水环境整治，推进农村节能减排，加强城乡绿化美化一体化建设。统筹城乡社会事业发展，逐步实现城乡基本公共服务均等化。全面落实被征地农民基本生活保障制度，确保做到即征即保，探索建立农村养老保险制度，积极做好城乡社会保障制度的统筹衔接。提高农村最低生活保障水平，逐步实行城乡统一的低保制度。统筹城乡劳动就业，逐步建立城乡统一的人力资源市场和公平竞争的就业制度。

五、大力推进自主创新，加速建成创新型区域

（十五）构建具有国际竞争力的区域创新体系。抓紧编制自主创新规划，加快构建技术创新体系。引导创新要素向企业集聚，支持有条件的企业建立技术研发机构和创办海外研发机构，鼓励有条件的企业与高校、科研院所建立技术创新战略联盟。整合自主研发力量，建设一批一流的研究型大学、科研机构和创新型企业，加强国家重点实验室、工程技术（研究）中心、国家重大科学工程的建设，建设开放共享的科技基础条件平台和产业共性技术研发试验平台。构建区域创新网络，建立和完善技术转移转化的公共服务平台和中介服务机构，重点办好若干区域性重点科技园区。实行科技资质互认制度。

（十六）实现关键领域和核心技术的创新突破。重点推进电子信息、生物、先进制造、新能源、新材料、航天航空等领域的自主创新，加强区域联合协作，共同攻克产业核心技术、共性关键技术，组织开展新技术开发和推广示范。充分发挥高新技术产业园区在产业集聚和创新载体方面的作用，协同推进原始创

新、集成创新和引进消化吸收再创新。支持区域联合承担国家重大科技专项。

（十七）营造鼓励自主创新的政策环境。加大财政对竞争前技术和共性技术研发、引进技术消化吸收再创新、初创型科技中小企业的引导性投入。抓好企业研发费用税前抵扣和高新技术企业优惠政策的贯彻落实。进一步改善创新创业投融资环境，鼓励发展创业风险投资和私募股权投资，支持区域内国家级开发区中高新技术企业进入股权代办转让系统，鼓励发展金融租赁业，积极发展小企业信用担保体系。推动形成市场化、专业化的创新服务体系。加大知识产权保护力度，加强知识产权的集成、运营和管理。

（十八）加强创新型人才的培养和引进。调整完善高等教育的学科布局和专业设置。鼓励企业依托高等院校、职业院校和科研机构，建立区域高新技术和高层次应用型人才、高技能人才培养基地。加强国际合作交流，发展和完善多种形式的科技创新人才国际化培养模式。加大人才引进力度，重点引进高层次人才、高科技人才以及经济社会发展需要的紧缺人才。

六、走新型城市化道路，培育具有较强国际竞争力的世界级城市群

（十九）构建完备的城镇体系。加快建设以特大城市和大城市为主体、中小城市和小城镇合理发展的网络化城镇体系。发展基础较好、已初步形成城市带的各个城市，要进一步密切相互间的经济、技术、文化联系，促进要素流动和功能整合，发挥同城效应。苏北、浙西南等开发强度相对不高、发展潜力较大的地区，要大力引导产业、人口有序集聚，形成新的城镇发展带。

（二十）完善和提升各类城市功能。继续发挥上海的龙头作用，加快建成国际经济、金融、贸易和航运中心，进一步增强

创新能力和高端服务功能，率先形成以服务业为主的经济结构，成为具有国际影响力和竞争力的世界城市。进一步提升南京、杭州等特大城市的综合承载能力和服务功能，扩大辐射半径。其他大城市要按照自身优势，形成特色，提升功能。中小城市和小城镇要进一步增强实力，完善服务功能。

（二十一）提高城乡规划和建设管理水平。合理规划城市规模，优化城镇建设布局。严格控制新增建设用地规模，促进城镇集约紧凑发展。统筹规划建设城镇供排水、供电、通信、垃圾处理和覆盖城乡的区域性防洪排涝、供水、治污工程等重大基础设施。加强城镇防灾减灾和应急管理能力建设。统筹新区开发与旧城保护，切实维护城镇历史文化风貌。

七、积极推进重大基础设施一体化建设，增强区域发展的支撑能力

（二十二）完善综合交通运输体系。铁路要以客运专线和城际轨道交通建设为重点，加快区域对外通道、区域内省际通道、城际快速通道以及跨长江通道、重要枢纽客运设施等建设，优化路网结构，提高路网质量。公路要以加强关键工程和断头路段建设为重点，加快国家高速公路网建设，加强区域对外通道、区域内省际通道、重要的城际快速通道、跨海湾和跨长江通道及重要疏港高速公路建设。抓紧编制实施沿海港口发展总体规划，加强港口群协调发展。提高长江"黄金水道"、京杭运河等高等级航道通航标准，完善集装箱运输系统、外贸大宗散货海进江中转运输系统、江海物资转运系统和客运系统。积极推进空域管理和使用方式改革，科学利用空域资源，加强航空枢纽与配套支线机场建设。

（二十三）构建区域能源安全体系。进一步优化能源结构，鼓励发展可再生能源和清洁能源。加快石油、天然气基础设施建设，共同推进石油和液化天然气码头建设，完善油气输送管

道网络，加强油气战略储备，加快建设区域石油流通枢纽和交易中心，研究建立区域天然气交易中心。改善煤炭运输条件，研究规划建设大型储煤基地。优化电力基础设施建设与布局，重点在沿海、沿江地带布置电源点，加快西电东送、北电南送和皖电东送输变电线路等的规划和建设，建设过江电缆通道。加快核电的规划和建设，进一步做好江苏沿海等地区的风电项目规划建设。

（二十四）改善水利基础设施。按照水资源和水环境承载能力，统筹协调区域水利基础设施建设，构筑防洪减灾体系、水资源合理配置和高效利用体系、饮用水安全保障体系以及水生态环境保护体系。加快实施太湖流域第二轮治理、长江口综合整治、淮河治理和沿海防浪堤及防护林等重点工程建设，加强城市防洪排涝能力建设，继续实施病险水库除险加固，加强蓄滞洪区建设和管理，加强低洼易涝地区和山洪灾害易发区综合治理。加快水源工程等水资源调蓄和配置工程建设，继续加强重点地区、重点城市河湖治理和水生态修复工程建设。加快水文、水资源和水环境实时监控系统建设。加强水资源统一管理，完善流域综合管理体制。

（二十五）改进和健全信息基础设施。统筹规划，加快推进区域信息一体化，统一数据标准，完善信息资源共建共享机制。完善信息网络基础设施，不断提高网络性能和技术水平，务实推进“三网”（电信网、广播电视网、计算机网）融合，组织推进光纤接入等高速接入技术的试点，促进传统电信网向宽带综合信息服务网络发展，强化网络信息安全与应急保障基础设施建设。加快区域空间信息基础设施建设，提高地理空间信息社会化应用与共享程度。推进综合性网络应用工程、公益性信息服务工程、企业信息化等重点应用项目建设。促进高速公路电子收费系统、交通信息联网、危急抢险信息联网建设。

八、推进资源节约型和环境友好型社会建设，全面提高可持续发展能力

（二十六）提高土地节约和集约利用水平。坚决实行最严格的土地管理制度，严格执行土地利用总体规划和土地利用年度计划，切实保护耕地和基本农田，加强土地资源需求调控，实行更严格的区域土地供应政策和市场准入标准，制定并实行合理的新建项目土地使用率标准，严格控制新增建设用地。加强对存量建设用地的调整和改造，加大对闲置土地行为的处罚力度，积极盘活闲置和空闲土地。积极开展土地复垦，大力加强农村土地整理，适度开发宜耕后备资源。加强围海造地的管理和调控，合理有序开发利用滩涂资源。

（二十七）全面推进节能降耗。加强区域产业政策和环保政策的衔接，完善节能减排地方性法规。对新建、改建、扩建等涉及新增能力的项目，率先实行国际先进水平的能耗、物耗、水耗等标准。突出抓好高耗能行业和重点耗能企业的节能降耗工作，全面实施节能降耗重点工程，着力推进节能降耗科技进步。到2010年全部淘汰国家产业政策明令禁止的落后生产能力。着力抓好高耗水行业的节水改造和水的循环利用，加强工业、农业和城市节水，全面推进节水型社会建设。大力推动发展节能省地环保型建筑，推进政府办公建筑及大型公共建筑节能运行与改造，新建筑严格实施节能强制性标准。大力发展资源再生和环保产业。大力发展循环经济，实现清洁发展。落实节能降耗目标责任制。

（二十八）强化环境保护和生态建设。加强区域生态环境的共同建设、共同保护和共同治理。落实《太湖流域水环境综合治理总体方案》和《淮河流域水污染防治规划》，加强杭州湾、长江沿岸、长江口和近海海域污染综合治理和生态保护。实行

更严格的环境保护标准。完善区域污染联防机制，推进区域环境保护基础设施共建、信息共享和污染综合整治。加快规划和建设城乡污水处理和生活垃圾处理设施，强化对已建成污染治理设施的运行监管。治理农村面源污染，加大畜禽养殖污染防治力度。加大江河湖库饮用水源地建设，加强饮用水水源地保护，确保饮用水安全。坚决关停达不到污染物排放标准的企业，治理工业污染，大幅减少燃煤电厂二氧化硫和汽车尾气排放，控制高架源氮氧化物的排放。加大水土流失综合防治力度，加强水土保持清洁型、生态型小流域综合治理。严格执行开发建设项目“三同时”（建设项目环保设施与主体工程同时设计、同时施工、同时投产使用）和水土保持方案报告制度。加强林业生态建设，增强涵养水源等能力。强化地下水资源保护，遏制地下水超采，建立区域联动机制，防治地面沉降，保护地质环境。建立海洋重大污染事件通报和海区关闭制度。健全环境违法行为联合惩处机制，加强联合执法检查，完善跨界污染防治的协调和处理机制。披露环境信息，建立健全社会公众参与和监督机制。落实污染减排考核和责任追究制度，实行环境保护一票否决和问责制。研究推进排污权交易和建立生态环境补偿机制。

九、加强文化建设和社会事业建设，促进经济社会协调发展

（二十九）切实加强社会文化建设。运用生动活泼、寓教于乐的形式，广泛开展社会主义核心价值体系宣传普及活动，大力弘扬爱国主义、集体主义、社会主义思想，为和谐社会建设注入精神动力。切实加强社会公德、职业道德、家庭美德和个人品德建设，形成文明健康的社会风尚。建立区域文化联动发展协作机制，制定区域文化发展规划。不断深化文化体制改革，着力推进文化创新，加快文化产业基地和区域性特色文化产业

群建设。建立完善覆盖城乡的公共文化服务体系，重视城乡区域文化协调发展，着力丰富农村、相对落后地区和进城务工人员的精神文化生活。加强网络文化建设与管理，营造良好网络环境。加强中华优秀文化传统教育，认真做好文物和非物质文化遗产保护，不断扩大对外文化交流。

（三十）着力推进社会事业发展。整合区域社会事业资源，强化教育、卫生、体育等领域的合作与交流。推进义务教育实现“双高普九”，率先基本实现教育现代化，基本普及包括学前教育、义务教育和高中阶段教育在内的15年教育，全面提高高等教育质量，显著提升高校科技创新与服务能力。大力发展职业教育，加快建立完善的区域职业教育培训体系。建立更加完善的现代国民教育体系和终身教育体系，加快学习型社会建设。着力构建覆盖城乡的公共卫生服务体系、医疗服务体系、医疗保障体系、药品供应保障体系。建立健全区域内疾病预防控制、卫生监督、突发公共卫生事件应急处理协调机制和联防联控网络。积极发展体育产业，加快构建全民健身服务体系。

（三十一）加快完善就业和社会保障体系。制定统一规范的劳动用工制度，完善转移就业的政策制度，建立区域人力资源市场。逐步完善就业服务、社会保障服务、信息服务和劳动维权等人力资源市场管理体系。鼓励自谋职业和自主创业。加快建立覆盖城乡居民的社会保障体系，继续完善城镇企业职工基本养老保险制度，加快实现省级统筹，积极推行农村养老保险制度，切实做好被征地农民就业培训和社会保障工作。完善城镇职工基本医疗保险制度，推进城镇居民基本医疗保险制度试点和新型农村合作医疗制度建设。完善失业保险制度，扩大工伤和生育保险覆盖面。鼓励发展补充性保险。加快社会保障服务中心建设，随着经济发展适当提高社会保障标准。规范灾民救助制度和农村五保供养制度，健全教育救助、医疗救助、住房救助、司法救助等专项救助制度，率先建立较为完善、覆盖城乡的社会救助体系。发展适度普惠型社会福利事业，扩大社会福利覆盖范围。大力培育各类慈善组织。率先建立更加科学合理的收入分配调节机制和宏观监测机制，努力缩小城乡、地区和居民间的收入差距。

(三十二)加强外来人口服务和管理。改革区域户籍制度，逐步实行以居住证为主的属地化管理制度。保障外来务工人员子女的同等受教育机会。完善和落实国家有关农民工的政策，切实维护农民工的合法权益。在国家统一规划指导下，建立社会保险关系跨统筹区转移制度和信息网络，完善参保人员社会保险关系转移、衔接的政策措施。建立健全区域内流动人口管理与服务协调机制。健全流浪乞讨人员救助管理制度。

十、着力推进改革攻坚，率先建立完善的社会主义市场经济体制

(三十三)大力推进行政管理体制改革。切实转变政府职能，全面实现政企分开、政资分开、政事分开以及政府与中介组织分开，进一步强化社会管理和公共服务职能，加快构建责任政府和服务政府。创新政府管理模式，减少和规范行政审批，积极利用市场机制和法律法规进行管理，必不可少的行政审批尽可能采取核准和备案方式。深化机构改革，优化政府管理层次，加强社会管理机构，完善经济调节机构，合并职能相同或相近的政府部门，规范各种类型的办事机构，减少行政层级，提高运行效率。

(三十四)继续推进非公有制经济发展和国有企业改革。推进公平准入，改善融资条件，优化政策环境，促进非公有制经济发展，支持有条件的中小企业做大做强。开展相关试点工作，探索、引导和推动个体、私营企业制度创新，优化产业结构，提高自主创新能力，实现科学发展。加强和改进对非公有制企业的服务和监管，切实维护企业和职工合法权益。加快国有大

型企业和国有垄断企业公司制股份制改革和战略并购重组，鼓励发展具有国际竞争力的大企业集团。运用多种有效方式，推动国有资本、民营资本和外资经济的融合，积极发展混合所有制经济。平等保护各类产权，推动形成各种所有制经济平等竞争、相互促进的新格局。

（三十五）加快市场化进程。建立统一开放的产品、技术、产权、资本、人力资源等各类市场，实现生产要素合理流动和资源优化配置。进一步整顿和规范市场秩序，以信贷、纳税、合同履约等信用记录为重点，建立区域社会信用平台与体系，构建经济、金融信息共享平台。实施统一的准入标准和技术标准，建立区域市场准入和质量互认制度。抓紧清理和修订阻碍要素合理流动的法规和政策，逐步统一企业创业和经营的地方性法规。完善财税管理体制。建立科技、人力资源共享和联动机制以及人力资源的合理流动机制，建立信息资源的开放共享机制，建立知识产权协调保护机制。

（三十六）着力构建规范透明的法制环境。进一步清理、修订、完善现有政策和各类法规，建立稳定、规范和可预见的政策环境以及与国际通行做法相适应的法制环境，加快建立与国际接轨的法律规则。大力推进依法行政，加强政府法制建设。加快推进政务公开，建立公开、透明的行政体制和问责机制，实行投诉制、评估制、公示制和监察制，建立完善的监管制度。加强区域立法工作的合作与协调，形成区域相对统一的法制环境。

（三十七）继续推进重大改革试验。深化上海浦东综合配套改革试点，推广相对成熟、行之有效的改革政策。对具备一定人口规模和经济实力的中心镇赋予必要的城市管理权限。在国家批准的范围内，实行城镇建设用地增加和农村建设用地减少挂钩的改革试点，在严格执行土地用途管制的基础上，促进农村集体建设用地依法流转。积极探索互利共赢的财政政策，有序推动异地联合兴办开发区。深化金融改革，扩大金融改革试点。推动外汇管理改革创新，优化企业跨区域外汇业务规程，支持中外资金融机构提供多样化的外汇服务。推进地方中小金融机构和农村金融机构改制、重组和上市。

十一、健全开放型经济体系，全面提升对外开放水平

（三十八）加快转变外贸增长方式。进一步优化进出口结构，鼓励高附加值产品、服务产品出口，大力支持自主品牌和自主知识产权产品出口。鼓励能源、原材料、先进技术装备、关键零部件进口。率先实现加工贸易转型升级，严格执行加工贸易禁止类和限制类产品目录，推动加工贸易由代加工向代设计、自主品牌转变，推动加工贸易梯度转移。率先推行符合国际惯例的质量、安全、环保、技术、劳工等标准，强化企业社会责任。加快推进海关特殊监管区域整合，推进大通关建设。

（三十九）着力提高利用外资质量。统筹协调对外开放政策，完善涉外经济管理体制。继续积极有效利用外资，更加注重引进先进技术、管理经验和智力资源。创新外商投资管理方式，试行对外商投资企业合同、章程的格式化审批。进一步优化外资结构，引导外资投向高新技术产业、基础设施领域和高端制造环节。大力承接国际服务外包。积极拓展利用外资方式，规范和引导外国投资者以多种方式参与国有企业改组改造以及向上市公司战略投资。在有条件的地方，扩大离岸金融试点。规范招商引资行为，实行相对统一的土地、税收政策，营造公平、开放的投资环境。

（四十）加快企业“走出去”步伐。鼓励各类有条件的企业开展对外投资与合作，在海外建立生产加工基地、营销网络和研发中心，在境外投资、海关通关、人员出入境、税收等方面予以支持。加大对企业境外重点开发项目的支持力度。鼓励对外工程承包，简化境外工程承包相关物资出口的退税审批手续，简化对境外工程承包相关设备出境的外汇管理。鼓励国内

商业银行进一步扩展海外网点和业务，为企业境外并购融资。选择有条件的企业开展国际贸易人民币结算试点。

十二、加强组织协调，全面落实各项任务

（四十一）加强统筹协调。推进长江三角洲地区改革开放和经济社会发展是一项系统工程，各有关方面要认真贯彻落实本指导意见提出的各项目标和任务。两省一市要根据本指导意见的要求，研究制订切实可行的实施方案，落实各项工作任务；要深入实际调查研究，及时总结经验，扎实推进，重大问题要及时向国务院报告。由国家发展和改革委员会牵头，抓紧编制《长江三角洲地区区域规划》，并做好与相关规划的衔接协调、组织实施和各项政策措施落实的督促检查工作。国务院各有关部门要加快职能转变，增强服务意识，根据本指导意见研究提出本部门支持和推进长江三角洲地区改革开放和经济社会发展的具体措施。

（四十二）完善合作机制。要积极探索新形势下管理区域经济新模式，坚持政府引导、多方参与，以市场为基础、以企业为主体，进一步完善合作机制，着力加强基础设施建设、产业分工与布局、生态建设与环境保护等方面的联合与协作。努力促进长江三角洲地区在高起点上争创新优势、实现新跨越。

国务院

2008年9月7日

资料来源：参阅《国务院关于进一步推进长江三角洲地区政府开放和经济社会发展的指导意见》，中国政府网站，2008年9月16日。

附录二　长江三角洲地区区域规划

2010 年 5 月

长江三角洲地区(以下简称“长三角地区”)是我国综合实力最强的区域,在社会主义现代化建设全局中具有重要的战略地位和突出的带动作用。改革开放以来,长三角地区锐意改革,开拓创新,实现了经济社会发展的历史性跨越,已经成为提升国家综合实力和国际竞争力、带动全国经济又好又快发展的重要引擎。当前,长三角地区处于转型升级的关键时期,从实施国家区域发展总体战略和应对国际金融危机出发,必须进一步增强综合竞争力和可持续发展能力。为实现长三角地区又好又快发展,带动长江流域乃至全国全面协调可持续发展,依据《国务院关于进一步推进长江三角洲地区改革开放和经济社会发展的指导意见》,制定本规划。本规划的范围包括上海市、江苏省和浙江省,区域面积 21.07 万平方公里。规划以上海市和江苏省的南京、苏州、无锡、常州、镇江、扬州、泰州、南通,浙江省的杭州、宁波、湖州、嘉兴、绍兴、舟山、台州 16 个城市为核心区,统筹两省一市发展,辐射泛长三角地区。规划期为 2009—2015 年,展望到 2020 年。本规划是指导长三角地区未来一个时期发展改革的纲领性文件和编制相关规划的依据。

一、发展基础与背景

改革开放以来,长三角地区经济社会发展取得了举世瞩目的巨大成就,已成为全国发展基础最好、体制环境最优、整体竞争力最强的地区之一,具有在高起点上加快发展的优势和机遇。

（一）优势条件。区位条件优越。位于亚太经济区、太平洋西岸的中间地带，处于西太平洋航线要冲，具有成为亚太地区重要门户的优越条件。地处我国东部沿海地区与长江流域的结合部，拥有面向国际、连接南北、辐射中西部的密集立体交通网络和现代化港口群，经济腹地广阔，对长江流域乃至全国发展具有重要的带动作用。自然禀赋优良。属于我国东部亚热带湿润地区，四季分明，水系发达，淡水资源丰沛，地势平坦，土壤肥沃，港口岸线及沿海滩涂资源丰富，具有适宜发展的自然条件。经济基础雄厚。农业基础良好，制造业和高技术产业发达，服务业发展较快，经济发展水平全国领先，是我国综合实力最强的区域。体制比较完善。较早地建立起社会主义市场经济体制基本框架，是完善社会主义市场经济体制的主要试验地。已率先建立起开放型经济体系，形成了全方位、多层次、高水平的对外开放格局。城镇体系完整。上海建设国际大都市目标明确，在长三角地区的核心地位突出。南京、苏州、无锡、杭州、宁波等特大城市在区域乃至全国占有重要地位。区域内城镇密集，一批各具特色的城市具有很强的发展活力。目前，核心区城镇化水平超过60%，具备了跻身世界级城市群的基础。科教文化发达。区域内集中了大批高等院校和科研机构，拥有上海、南京、杭州等科教名城和南京、苏州、镇江、扬州、南通、徐州、淮安、杭州、宁波、绍兴、金华、衢州等国家历史文化名城，人力资源优势显著，文化底蕴深厚，具有率先建成创新型区域的坚实基础。一体化发展基础较好。地域相邻，文化相融，人员交流和经济往来密切，形成了多层次、宽领域的合作交流机制，具备了一体化发展的良好条件。

（二）机遇和挑战。在新的历史条件下，长三角地区发展面临着前所未有的机遇。经济全球化和区域经济一体化深入发展，国际产业向亚太地区转移方兴未艾，亚太区域合作与交流日益密切；我国仍处在重要的战略机遇期，工业化、信息化、城镇化、市场化、国际化不断深入，国家扩大内需的政策加快实施；国家区域发展总体战略深入推进，特别是党中央国务院高度重视长三角地区发展，进一步加大支持力度，长三角地区一体化发展势头强劲。这些都为长三角地区又好又快发展提供了有利条件和广阔空间。同时，区域内尚未解决的结构性矛盾与国际金融危机的影响交织在一起，长三角地区进一步发展困难加大，一些深层次矛盾和问题亟待解决。区域内各城市发展定位和分工不够合理，区域整体优势尚未充分发挥；交通、能源、通信等重大基础设施还没有形成有效的配套与衔接，促进要素合理流动的制度环境和市场体系有待完善；产业层次不高，现代服务业发展相对滞后，产业水平和服务功能有待提升；外贸依存度偏高，贸易结构还需优化；自主创新能力不够强，国际竞争力尚需提高；土地、能源匮乏，资源环境约束日益明显；社会事业发展不平衡，城乡公共服务水平还有较大差距；行政管理、社会管理体制等方面改革还不到位，改革攻坚的任务仍然繁重。这些都给长三角地区进一步发展带来严峻的挑战。

二、战略定位与发展目标

（一）指导思想。高举中国特色社会主义伟大旗帜，以邓小平理论和“三个代表”重要思想为指导，深入贯彻落实科学发展观，进一步解放思想，坚持改革开放，着力推进经济结构战略性调整，着力增强自主创新能力，着力促进城乡区域协调发展，着力提高资源节约和环境保护水平，着力促进社会和谐，在科学发展、和谐发展、率先发展、一体化发展方面走在全国前列，努力建设成为实践科学发展观的示范区、改革创新的引领区、现代化建设的先行区、国际化发展的先导区，为我国全面建设小康社会和实现现代化作出更大贡献。

（二）战略定位。亚太地区重要的国际门户。围绕上海国际经济、金融、贸易和航运中心建设，打造在亚太乃至全球有重要影响力的国际金融服务体系、国际商务服务体系、国际物流网络体系，提高开放型经济水平，在我国参与全球合作与对外交流中发挥主体作用。全球重要的现代服务业和先进制造业中心。围绕培育区域性综合服务功能，加快发展金融、物流、信息、研发等面向生产的服务业，努力形成以服务业为主的产业结构，建设一批主体功能突出、辐射带动能力强的现代服务业集聚区。加快区域创新体系建设，大力提升自主创新能力，发展循环经济，促进产业升级，提升制造业的层次和水平，打造若干规模和水平居国际前列的先进制造产业集群。具有较强国际竞争力的世界级城市群。发挥上海的龙头作用，努力提升南京、苏州、无锡、杭州、宁波等区域性中心城市国际化水平，走新型城市化道路，全面加快现代化、一体化进程，形成以特大城市与大城市为主体、中小城市和小城镇共同发展的网络化城镇体系，成为我国最具活力和国际竞争力的世界级城市群。

（三）发展目标。当前和今后一段时间，必须准确把握国际国内经济形势，坚定信心，齐心协力，携手应对国际金融危机带来的挑战，认真落实中央加强和改善宏观调控的各项政策措施，把扩大内需与经济增长、社会建设、民生改善和提高开放水平结合起来，加快转变发展方式，为促进全国经济平稳较快发展发挥更大作用。到 2015 年，率先实现全面建设小康社会的目标。服务业比重进一步提高，产业结构明显优化；创新能力显著增强，科技进步对经济增长的贡献率大幅提升；区域分工和产业布局趋于合理，对外开放水平明显提高；单位地区生产总值能耗进一步降低，主要污染物排放总量得到有效控制；社会保障体系覆盖城乡，公共服务能力显著增强；城乡居民人均收入进一步提高，人民生活明显改善。人均地区生产总值达到 82000 元（核心区 100000 元），服务业比重达到 48%（核心区 50%），城镇化水平达到 67%（核心区 70%左右），研发经费支出占地区生产总值比重达到 2.5%（核心区 3%）。到 2020 年，力争率先基本实现现代化。形成以服务业为主的产业结构，三次产业协调发展；在重要领域科技创新接近或达到世界先进水平，对经济发展的引领和支撑作用显著增强；区域内部发展更加协调，形成分工合理、各具特色的空间格局；生态环境明显改善，单位地区生产总值能耗接近或达到世界先进水平，形成人与自然和谐相处的良好局面；社会保障水平进一步提高，实现基本公共服务均等化；人民生活更加富裕，生活质量显著提高。人均地区生产总值达到110000元（核心区130000元），服务业比重达到53%（核心区55%），城镇化水平达到72%（核心区75%左右）。

三、区域布局与协调发展

按照优化开发区域的总体要求，统筹区域发展空间布局，形成以上海为核心，沿沪宁和沪杭甬线、沿江、沿湾、沿海、沿宁湖杭线、沿湖、沿东陇海线、沿运河、沿温丽金衢线为发展带的“一核九带”空间格局，推动区域协调发展。

（一）优化总体布局。以上海为发展核心。优化提升上海核心城市的功能，充分发挥国际经济、金融、贸易、航运中心作用，大力发展现代服务业和先进制造业，加快形成以服务业为主的产业结构，进一步增强创新能力，促进区域整体优势的发挥和国际竞争力的提升。

沪宁和沪杭甬沿线发展带。包括沪宁、沪杭甬交通沿线的市县。优化城市功能，提升创新能力，严格控制环境污染重、资源消耗大的产业发展，保护开敞生态空间，改善环境质量，建成高技术产业带和现代服务业密集带，形成国际化水平较高的城镇集聚带，服务长三角地区乃至全国发展。

沿江发展带。包括长江沿岸市县。充分发挥黄金水道的优势及沿江交通通道的作用，合理推进岸线开发和港口建设，引导装备制造、化工、冶金、物流等产业适度集聚，加快城镇发展，注重水环境保护与生态建设，建成特色鲜明、布局合理、生态良好的基础产业发展带和城镇集聚带，成为长江产业带的核心组成部分，辐射皖江城市带，并向长江中上游延伸。

沿湾发展带。包括环杭州湾的市县。依托现有产业基础和港口条件，积极发展高技术、高附加值的制造业和重化工业，建设若干现代化新城区，注重区域环境综合治理，建成分工明确、布局合理、功能协调的先进制造业密集带和城镇集聚带，带动长三角南部地区的全面发展。

沿海发展带。包括沿海市县。依托临海港口，培育和发展临港产业，建设港口物流、重化工和能源基地，带动城镇发展，合理保护和开发海洋资源，形成与生态保护相协调的新兴临港产业和海洋经济发展带，辐射带动苏北、浙西南地区经济发展。

宁湖杭沿线发展带。包括宁湖杭交通沿线的市县。充分考虑资源环境容量和生态保护要求，重点发展高技术、轻纺家电、旅游休闲、现代物流、生态农业等产业，积极培育城镇集聚区，形成生态产业集聚、城镇发展有序的新型发展带，拓展长三角地区向中西部地区辐射带动的范围。

沿湖发展带。包括环太湖地区。坚持生态优先原则，以保护太湖及其沿岸生态环境为前提，严格控制土地开发规模和强度，优化产业布局，适度发展旅游观光、休闲度假、会展、研发等服务业和特色生态农业，成为全国重要的旅游休闲带、区域会展中心和研发基地。

沿东陇海线发展带。包括东陇海沿线的市县。大力发展劳动密集型产业，积极发展对外贸易，建设资源加工产业基地，成为振兴苏北、带动我国陇海兰新沿线地区经济发展的重要区域。

沿运河发展带。包括运河沿岸市县。依托人文底蕴深厚、生态环境良好的优势，大力发展旅游休闲、文化创意等服务业，积极发展生态产业，改善人居环境，成为独具特色的运河文化生态产业走廊。

沿温丽金衢线发展带。包括温州—丽水—金华—衢州高速公路沿线的市县。发挥毗邻海峡西岸经济区、生态环境良好、民营经济发达的优势,重点发展日用商品、汽车机电制造和商贸物流业,大力发展生态农业,建设浙中城市群,成为连接长三角地区和海峡西岸经济区的纽带。

(二)推动区域协调发展。加快核心区发展。以上海为龙头,南京、杭州为两翼,增强高端要素集聚和综合服务功能,提高自主创新能力和城市核心竞争力。核心区其他城市要抓住上海优先发展现代服务业和先进制造业的机遇,协同推进产业升级、技术创新和集约发展,增强现代产业和人口集聚能力。推动城市之间的融合,加快形成世界级城市群。促进苏北、浙西南地区发展。充分利用苏北地区的土地、劳动力和能源资源优势,建立长三角地区优质农产品、能源、先进制造业基地和承接劳动密集型产业转移基地。充分利用浙西南地区民营经济发达的优势和山区资源条件,建设长三角地区先进制造业基地、绿色农产品基地和生态休闲旅游目的地。加快连云港、盐城、温州等发展潜力较大地区的发展,形成新的经济增长点,带动江苏沿海、东陇海沿线和浙江温台沿海、金衢丽高速公路沿线地区发展。依托上海设在盐城的三个农场,建设承接上海产业转移基地。强化核心区与苏北、浙西南地区基础设施的共建共享,延伸城际轨道交通和高速公路,加强上海港与南北两翼港口的合作共建,充分发挥核心区的辐射服务与产业链延伸功能,促进区域共同发展。

四、城镇发展与城乡统筹

坚持走新型城镇化道路,增强城市功能,构建完备的城镇体系,推进城乡一体化发展,建设具有较强国际竞争力的世界级城市群。

(一)完善和提升各类城市功能。提升上海核心地位。进一步强化上海国际大都市的综合服务功能,充分发挥服务全国、联系亚太、面向世界的作用,进一步增强高端服务功能,建成具有国际影响力和竞争力的大都市。加大自主创新投入,形成一批国际竞争力较强的产业创新基地和科技研发中心,发挥自主创新示范引领作用,带动长三角地区率先建成创新型区域。充分发挥上海浦东新区作为国家综合配套改革试验区的带动作用,率先形成更具活力、更加开放的发展环境。依托虹桥综合交通枢纽,构建面向长三角、服务全国的商务中心。优化功能分工,中心城区重点发展现代服务业,郊区重点建设先进制造业、高技术产业和现代农业基地,积极发展生产性服务业,形成合理的产业布局,带动产业转型与升级。

嘉定新城。依托沪宁高速等交通网络,重点发展以汽车产业为依托的现代服务业,建设集科研教育、运动休闲、生活居住、商业贸易、文化娱乐、旅游度假和都市工业等功能于一体的现代化城区。

松江新城。依托沪杭高速等交通网络,以高技术产业为支撑、现代服务业为导向,建设长三角地区重要的高等教育基地、适宜居住的生态园林城区、具有历史文化底蕴的旅游城区。

临港新城。依托集装箱国际深水枢纽港、国际航空枢纽港,建设以现代装备制造为核心的重要产业基地、具有海港特色的旅游目的地和综合型滨海新城。

完善区域性中心城市功能。进一步提升南京、杭州等区域性中心城市的综合承载能力和服务功能,错位发展,扩大辐射半径,带动区域整体发展。

南京,发挥沿江港口、历史文化和科教人才资源优势,建设先进制造业基地、现代服务业基地和长江航运物流中心、科技创新中心。加快南京都市圈建设,促进皖江城市带发展,成为长三角辐射带动中西部地区发展的重要门户。

苏州，发挥区位、产业和人文优势，进一步强化与上海的紧密对接，建设高技术产业基地、现代服务业基地和创新型城市、历史文化名城和旅游胜地。

无锡，充分发挥产业、山水旅游资源优势，建设国际先进制造业基地、服务外包与创意设计基地和区域性商贸物流中心、职业教育中心、旅游度假中心。

杭州，充分发挥科技优势和历史文化、山水旅游资源，建设高技术产业基地和国际重要的旅游休闲中心、全国文化创意中心、电子商务中心、区域性金融服务中心。建设杭州都市圈。

宁波，发挥产业和沿海港口资源优势，推动宁波—舟山港一体化发展，建设先进制造业基地、现代物流基地和国际港口城市。增强其他重要城市实力。按照区域总体布局的要求，充分发挥自身优势，形成特色鲜明、功能互补、具有竞争力的核心区城市。

常州，发挥产业和科教优势，建设以装备制造、新能源、新材料为主的先进制造业基地和重要的创新型城市。

镇江，依托长江港口和山水旅游、历史文化资源优势，建设以装备制造、精细化工、新材料、新能源、电子信息为主的先进制造业基地、区域物流中心和旅游文化名城。

扬州，发挥历史文化和产业优势，建设以电子、装备制造、新材料、新能源为主的先进制造业基地和生态人文宜居城市。

泰州，发挥滨江优势，建设以医药、机电、造船、化工、新材料、新能源为主的先进制造业基地，成为长江南北联动发展的枢纽、滨江生态宜居旅游城市。

南通，发挥滨江临海优势，建设以海洋装备、精细化工为主的先进制造业基地和综合性物流加工基地，建设江海交汇的现代化国际港口城市。

湖州，发挥临湖和生态优势，建设高技术产业引领的先进制造业基地和文化创意、旅游休闲城市，成为连接中部地区的重要节点城市。

嘉兴，发挥临沪和沿湾优势，建设高技术产业、临港产业和商贸物流基地，成为运河沿岸重要的港口城市。

绍兴，发挥传统文化和产业优势，建设以新型纺织、生物医药为主的先进制造业基地和国际文化旅游城市。

舟山，发挥海洋和港口资源优势，建设以临港工业、港口物流、海洋渔业等为重点的海洋产业发展基地，与上海、宁波等城市相关功能配套的沿海港口城市。

台州，发挥民营经济发达的优势，建设以汽摩、船舶、医药、石化为主的先进制造业基地，成为民营经济创新示范区。依托核心区，引导苏北、浙西南地区产业和人口有序集聚，加快城市发展。

连云港，建设综合性交通枢纽、以重化工为主的临港产业基地和国际性海港城市。

徐州，建设以工程机械为主的装备制造业基地、能源工业基地、现代农业基地和商贸物流中心、旅游中心，成为淮海经济区的中心城市。

盐城，建设先进制造业基地、能源基地和现代农业示范区、重要生态湿地旅游目的地，成为沿海地区现代工商城市。

淮安，建设区域性交通枢纽、商贸物流中心、先进制造业基地和历史文化旅游目的地。

宿迁，建设新兴工业和商贸基地、绿色生态和创新创业城市。

温州，建设以装备制造为主的先进制造业基地、商贸物流为主的现代服务业基地、国家重要枢纽港和民营经济创新示范区，成为连接海峡西岸经济区的重要节点城市。

金华，建设国际商贸物流中心和高技术产业基地，加快以金华—义乌为核心的浙中城市群发展。

衢州，重点发展装备制造、新材料、职业教育、商贸物流、文化旅游，建设省际重要节点城市。

丽水，建设绿色农产品基地、特色制造业基地和生态文化休闲旅游目的地，建成浙西南重要的区域性中心城市。

鼓励发展中小城镇。依托现有中小城市和重点中心镇，建设网络化的城镇体系。发挥各自比较优势，大力发展县域经济，突出发展特色，增强县域经济实力。着重发展一批经济实力雄厚、竞争力较强、发展空间较大的县（市），努力提高发展层次和质量，促进产业结构优化和空间集约利用。依托现有产业基础，重点培育一批工贸型小城镇。依托机场、港口、铁路和高速公路，发展一批交通节点型小城镇。依托独特的自然和人文资源，打造若干国内外知名度较高的旅游型小城镇。促进重点中心镇发展，将有条件的重点中心镇培育成为小城市。

（二）优化城镇人口布局。引导人口合理分布。科学编制和实施人口分布规划，引导和鼓励人口向沿江、沿湾、沿海以及主要交通沿线、资源环境承载能力强的重点城镇转移，适度提高人口集聚度。创新流动人口服务管理体制，完善常住人口调控管理制度，引导人口有序流动。合理控制沪宁和沪杭甬沿线特大城市人口增长，积极引导重点生态保护区的人口逐步向外迁移。调控城镇人口规模。上海市中心城常住人口控制在1000万以内，嘉定、松江和临港三个新城常住人口规模发展到80～100万。南京、杭州市区常住人口不超过700万，苏州、无锡、常州、徐州、宁波、温州等城市市区常住人口规模不超过400万，镇江、扬州、泰州、南通、连云港、盐城、淮安、湖州、嘉兴、绍兴、台州、金华、衢州等城市市区常住人口规模发展到100～200万，宿迁、舟山、丽水等城市市区以及一批基础较好、潜力较大的县级市发展成为50～100万人口的城市，适度扩大小城镇人口规模，形成大、中、小城市和小城镇协调发展的城镇格局。

（三）推进城乡一体化。提高城乡规划水平。切实加强城乡规划管理，加快城乡一体化建设，创造人与自然和谐发展的宜居环境。加强城乡规划与土地利用总体规划及各级各类区域规划、专项规划的相互衔接。加强分类指导，合理划定功能分区，优化城乡建设空间布局，做好村庄建设规划，严格控制新增建设用地规模，促进城乡集约发展。统筹城乡基础设施建设。推动城市基础设施向农村延伸，提高城乡基础设施一体化水平。统筹建设城乡供排水、供气、供电、通信、垃圾污水处理和区域性防洪排涝、治污工程等重大基础设施。加快实施农村饮水安全工程，加强中小河流治理及湖泊河网水环境整治，保障农村饮用水安全。加快建成覆盖城乡、方便快捷的公交客运网络和现代商贸物流网络。实施农村清洁工程，改善农村卫生条件和人居环境。促进城乡基本公共服务均等化。建立和完善基本公共服务均等化的保障机制，把社会事业建设重点转向农村，统筹城乡教育、卫生、文化、就业和社会保障发展，优化公共资源在城乡之间的配置，提升农村公共事业建设的财政保障水平，率先实现城乡基本公共服务均等化。

五、产业发展与布局

推进产业结构优化升级，加快发展现代服务业，推进信息化与工业化融合，培育一批具有国际竞争力的世界级企业和品牌，建设全球重要的现代服务业中心和先进制造业基地。

（一）优先发展现代服务业。面向生产的服务业。推进上海国际航运中心建设，依托区域综合交通运输网络，大力发展现代物流业。推进上海国际金融中心建设，进一步健全金融市场体系，加快金融产品、服务、管理和组织机构创新，促进金融业发展。扶持和培育工业设计、节能服务、战略咨询、成果转化等技术创新型服务企业，大力发展科技服务业。规范发展法律咨询、会计审计、工程咨询、认证认可、信用评估、广告会展等商务服务业。整合建立区域内综合性的软件和信息服务公共技术平台，培育创新型特色化的软件服务和信息服务企业，积极发展增值电信业务、软件服务、计算机信息系统集成和互联网产业，大力发展服务外包产业。面向民生的服务业。立足历史人文、山水风情、江南风貌、江海风光、现代都市等特色旅游资源，大力发展旅游业，进一步拓展市场、整合资源，建设世界一流水平的旅游目的地。加快发展广播影视、新闻出版、邮政、电信、商贸、文化、体育和休闲娱乐等服务业。运用信息技术和现代经营方式改造提升传统商贸业，加快现代商贸业发展。积极扶持文化科技、音乐制作、艺术创作、动漫游戏等文化创意产业发展。上海重点发展金融、航运等服务业，成为服务全国、面向国际的现代服务业中心。南京重点发展现代物流、科技、文化旅游等服务业，成为长三角地区北翼的现代服务业中心。杭州重点发展文化创意、旅游休闲、电子商务等服务业，成为长三角地区南翼的现代服务业中心。苏州重点发展现代物流、科技服务、商务会展、旅游休闲等服务业，无锡重点发展创意设计、服务外包等服务业，宁波重点发展现代物流、商务会展等服务业。苏北和浙西南地区主要城市在改造提升传统服务业的基础上，加快建设各具特色的现代服务业集聚区。

（二）做强做优先进制造业。电子信息产业。按照立足优势、加快研发、强化协作、促进集群的原则，加快建设世界级电子信息产业基地。发挥区域在电子信息研发、设计、制造及服务方面的综合优势，加快拥有自主知识产权的核心技术研发，促进集成电路、软件、新型平板显示器件、激光显示关键材料与器件、新型电子元器件、电子专用设备仪器制造等产业发展。加强区域产业协作配套能力和分工体系建设，努力打造自主品牌。以国家电子信息产业基地或产业园为依托，打造通信、计算机及网络、数字音视频等产业集群。以上海、南京、杭州为中心，沿沪宁、沪杭甬线集中布局。沿沪宁线重点发展具有自主知识产权的通信、软件、计算机、微电子、光电子类产品制造，形成以上海、南京、苏州、无锡为主的研发设计与生产中心，以常州、镇江等为主要生产基地的电子信息产业带；沿沪杭甬线以上海、杭州、宁波为研发设计与生产中心，整合嘉兴、湖州、绍兴、台州等地的相关产业，构建国内重要的软件、通信、微电子、新型电子元器件、家电产业生产基地。扬州、泰州、南通、温州、金华、衢州等在巩固发展电子材料、电子元器件产业的基础上，以产业协作配套为重点，开拓计算机网络和外部设备等新产品领域，加快信息产业发展。装备制造业。按照提升水平、重点突破、整合资源、加强配套的原则，加快建设具有世界影响的装备制造业基地。发挥大型机械、成套设备及汽车、船舶研发制造等方面的优势，巩固提升装备制造业水平，力争在大型电力设备、交通设备、数控机床以及大型加工设备等关键技术和规模生产上取得突破。依托重大工程建设，积极引导企业整合相关资源，组建具有国际竞争力的大型企业集团。采取产业链接、技术外溢和资本扩张等形式，进一步加强区内外产业配套协作。以上海为龙头，沿沪宁、沪杭甬线及沿江、沿湾和沿海集聚发展。以上海、南京、杭州为先导，苏州、无锡、宁波、徐州、台州等为骨干，提升机械装备制造业水平和核心竞争力。上海、南京、杭州、宁波、台州和盐城积极发展轿车产业，形成区域性轿车研发生产基地。以苏州、常州、扬州和金华为重点，加快形成国内重要的客车生产基地。鼓励开展新能源汽车研发和生产。以上海、南京、常州为重点，加快形成轨道交通产业基地。围绕汽车整车制造，鼓励沿海、沿江等地区发展汽车零部件生产，形成汽车零部件产业带。以上海、南通、舟山等为重点，建设大型修造船及海洋工程装备基地。结合上海地区船舶工业结构调整和黄浦江内部船厂搬迁，重点建设长兴岛造船基地。

钢铁产业。按照提高产业集中度、提升国际竞争力、构建循环经济产业链的原则，推动钢铁产业集约式发展。依托区域现有大型钢铁企业，通过跨地区、跨行业的兼并重组和战略联盟，促进企业集团化发展。实施产品差异化战略，调整产品结构，增强高端产品的国际竞争力。大力发展和运用节能、节水、环保等技术，积极推广新一代可循环钢铁流程工艺技术，构建钢铁循环经济产业链。依托上海、江苏的大型钢铁企业，积极发展精品钢材。推进钢铁产业结构调整，充分利用海港的有利条件，在不增加现有产能的前提下，结合大型钢铁企业搬迁和淘汰落后生产能力，在连云港等沿海具备条件的地方建设新型钢铁基地。

石化产业。按照立足优势、突破创新、促进集聚、清洁生产的原则，加快建设具有国际竞争力的石化产业基地。充分利用区域石化产业发展基础及沿江临海的区位优势，进一步优化发展石化产业。大力开发核心技术和专有技术，调整产品结构，重点发展精细化工及有机化学新材料。加快现有化工园区整合，推动产业集聚升级。在充分考虑资源环境承载能力的基础上，依托现有大型石化企业加快建设具有国际水平的上海化工区、南京化学工业园区和宁波—舟山化工区，发挥沿海地区深水岸线和管道运输优势建设利用境外资源合作加工的大型石化基地，进一步壮大炼油、乙烯生产规模，建设大型基础石化产业密集区。发挥泰州、盐城、宁波、嘉兴、温州等滨海或临江区位优势，集中布局，优化发展精细化工。充分利用淮安岩盐和盐城矿盐资源，发展盐化工。

（三）加快发展新兴产业。生物医药产业。充分利用区域医药生产门类齐全的优势，以生物基因工程和现代中药为重点，打造集研发、生产、销售及信息服务为一体的产业链，形成自主创新能力较强、具备一定国际竞争力的生物医药产业密集区。建成上海生物及新型医药研发与生产中心，加快建设上海、泰州、杭州国家生物产业基地，进一步做强无锡“太湖药谷”等品牌，建设南京、苏州、连云港、杭州、湖州、金华等中医药、化学原料药和生物医药研发生产基地，加快以上海临港新城、盐城、宁波、舟山等为重点的海洋生物产业发展。

新材料产业。依托区域内雄厚的科研实力及产业基础，与电子信息、冶金、汽车、建筑、化工等产业配套衔接，大力发展信息新材料、金属和非金属新材料、纤维新材料、纳米材料、半导体照明用材料、新型建筑材料以及特种工程材料等产业。以上海为核心，沿江、沿湾为重点区域，发展各类新材料产业。加快建设上海、苏州、杭州、宁波新材料研发中心和宁波、连云港国家新材料高技术产业基地，无锡、常州、镇江、泰州、南通、徐州、湖州、嘉兴、绍兴、台州、金华、衢州等城市积极建设新材料研发转化生产基地。

新能源产业。充分利用技术优势和发展基础，加大新能源技术研发和生产投入，鼓励发展可再生能源和清洁能源，开发利用风能、太阳能、地热能、海洋能、生物质能等可再生能源、发展燃气蒸汽联合循环发电等。在沪宁、沪杭甬等沿线大城市，加快新能源技术研发基地建设。在南通、盐城、舟山、台州、温州等沿海地区以及杭州湾地区，大力发展风能发电。鼓励发展以风电、核电和光伏为主的新能源装备制造，提高零部件研发设计和生产加工能力。优化发展太阳能光伏电池及原材料制造业。

民用航空航天产业。充分依托上海民用航空航天产业研发、制造和综合集成能力较强的优势，利用已有的支线飞机和大型客机的研制基础和国际合作经验，积极推动民用飞机制造业、航空运输业和航空服务业协同发展。全面推进国家民用航天产业基地建设，大力发展卫星导航、卫星通信、卫星遥感和相关设备制造业与服务业，加快航天技术向新材料与新能源、节能技术、信息技术、特种制造、特种装备等领域延伸拓展。

（四）巩固提升传统产业。农业。加快转变农业发展方式，推进农业科技进步与创新，发挥国有农场的示范作用，大力发展高产、优质、高效、生态、安全的现代农业，率先实现农业现代化。稳定发展粮食生产，加强粮食生产能力建设。改造和提升传统农业，大力提高农业机械化水平和土地集约利用水平，支持创建名优品牌，发展循环农业。充分发挥沿海地区滩涂资源丰富和山区生态优势，建立现代农业示范区。依托沿江靠海的优势，发展现代渔业。完善农产品质量安全体系，大力发展无公害、绿色、有机农产品，推进良好农业规范认证。建设优势农产品产业带和规模化养殖基地，积极引导农产品加工业发展，大力支持农业产业化经营和标准化生产，培育一批带动能力强的龙头企业。鼓励扩大农产品出口，进一步做大做强外向型农业。积极发展农村新型合作组织，健全农业经营和流通服务体系。

纺织服装业。以提升档次、打造品牌为重点，建成集研发、制造、展销、贸易等多功能于一体的国际纺织及服装设计制造中心。上海重点发展服装设计和贸易，苏州、无锡、南通、常州、杭州、宁波、湖州、温州重点发展服装及面料生产、研发、展销等，鼓励扬州、泰州、盐城、湖州、嘉兴、绍兴、金华等地发展现代纺织业，积极提升产业层次和产品档次，促进传统纺织业向周边地区转移。

旅游产业。加强旅游合作，联手推动形成“一核五城七带”的旅游业发展空间格局。以上海为核心，发展上海都市旅游，打造长三角地区旅游集散枢纽。以南京、苏州、无锡、杭州、宁波五城市为节点，培育和开发都市工业旅游、农业旅游、休闲旅游、文化旅游、会展旅游、水上旅游等新型品牌。积极开发以连云港—盐城—南通—上海—嘉兴—宁波—舟山—台州—温州为主的滨海海韵渔情旅游带，以苏州—无锡—常州—湖州为主的环太湖水乡风情旅游带，以上海—嘉兴—杭州—绍兴—宁波为主的杭州湾历史文化旅游带，以南京—镇江—扬州—泰州—南通—上海为主的长江风光旅游带，以杭州—嘉兴—苏州—无锡—常州—镇江—扬州—淮安—宿迁—徐州为主的古运河风情文化旅游带，以杭州—千岛湖—黄山为主的名山名水旅游带，以温州—丽水—金华—衢州为主的山水休闲旅游带。

六、自主创新与创新型区域建设

以关键领域和核心技术创新为突破口，增强自主创新能力，形成优势互补、资源共享、互利共赢的具有国际竞争力的区域创新体系，率先在全国建成创新型区域。

（一）建设区域创新体系。强化企业的创新主体地位。加强以企业为主体的技术创新体系建设，加大政府对企业创新的支持力度，通过财税、金融等政策引导企业增加研发投入，加强企业创新能力建设。到 2015 年企业研发投入占全社会研发投入的比重达 85％以上。开展自主创新产品的互认或联合认定，将自主创新产品纳入政府采购目录，支持科技创新型企业发展。创新产学研合作模式，建立产学研主体之间成果共创、信息互通、利益共享的机制。鼓励发展产学研联盟等多种形式的合作，重点围绕船舶、冶金、石化、风电、太阳能光伏、软件等产业建设一批具有国际先进水平的产业技术研究机构。支持高等院校、科研院所开放科技资源，与企业联合兴办研发机构、博士后工作站、成果转化基地等产学研合作组织。积极推进国际产学研合作，吸引和集聚国外先进技术和人才等创新要素，推动本土企业研发国际化和外资企业研发本土化。

完善区域科技创新平台。选择若干创新基础较好的地区开展自主创新试点，探索有利于促进区域自主创新一体化的财政、税收、金融等有关政策。以国家重点实验室、工程实验室、工程（技术）研究中心等为重点，建设研究实验体系。以科技文献情报资源、自然科技资源共享等为重点，加强科技公共支撑体系建设。依托高等院校、科研院所和骨干企业，建设一批技术创新服务平台。建立若干区域性重点科技园区，引导高技术产业、研发机构和融资平台向高新园区集聚，构建布局合理、开放高效的区域创新资源共享网络。加强区域创新合作机制建设，促进科技资源开放共享，推进科技资质互认，加强科技基础条件平台建设。到2015年，规划建设科技公共服务平台300个左右，创业投融资规模突破1000亿元。

（二）提高技术创新能力。加快关键领域与核心技术创新。以加快突破核心技术瓶颈、显著增强科技国际竞争力为目标，积极承担民用大型飞机、极大规模集成电路制造装备及成套工艺、新医药、重大疾病防治、核心电子器件、高端通用芯片及基础软件产品等国家重大科技专项，开展电子信息、生物医药、新能源、重大装备、纺织、石化、钢铁冶金等战略产业的重大科技联合攻关，研制一批具备国家乃至国际先进水平的重大战略产品，培育一批具有自主知识产权的世界品牌。在电子信息、机械装备、汽车、船舶等具有一定优势的产业领域，推动建立一批产业技术联盟，协作突破核心技术瓶颈。以高等院校和科研机构为主体，加强基础研究，开展联合攻关，全面提高原始创新能力。加大资源整合力度，形成一批优势学科领域、研究基地和跨地区产业共性技术科研机构。加强科研机构与高等院校合作，促进创新资源共享。共建重大产业技术创新链。在软件与服务、集成电路、新一代移动通信、生物医药等高技术产业领域，上海逐步向研发、设计、高端制造转型，南京、苏州、杭州等城市侧重测试和制造。在汽车制造、先进装备制造等重要支柱产业领域，以上海为主体加强自主知识产权、核心产品和核心技术研发，南京、苏州、无锡、杭州、宁波等城市在研发、设计环节加强与上海的对接。在纺织、服装等传统特色产业领域，充分发挥上海的科研、高端制造优势，苏南地区、环杭州湾地区在研发、设计和深度加工方面加强与上海的对接。

（三）营造有利于自主创新的政策环境。建立科技创新投融资体系。落实国家激励自主创新的有关政策措施，建立以政府科技投入为引导，企业、社会投入为主体的市场化科技创新投融资体系。加大财政对共性技术研发、引进技术消化吸收再创新、初创型科技中小企业的支持力度，确保财政科技投入增长高于财政经常性收入增长幅度。研究制定鼓励创业投资发展政策，完善退出、收益保障和风险承担机制。强化政府资金引导作用，结合产业发展特点，推动建立一批创业投资机构。充分发挥天使基金和种子基金的引导作用，支持高科技初创企业发展。设立中小企业信用再担保资金和中小科技企业发展专项引导资金，培育壮大中小科技企业。鼓励保险机构开发科技保险险种，积极探索科技型企业开展股权出质登记，支持符合条件的科技型企业上市。完善创新服务支撑体系。大力发展各类科技中介服务机构，充分发挥其在自主创新中的桥梁作用。加强专业性和面向区域产业技术创新的服务体系建设，创新科技中介服务机构管理模式和运营机制，推动科技中介资源跨区域共享。强化专利、商标、版权等知识产权保护，加强对外资企业收购内资企业的知识产权保护，切实保护自主产权和民族品牌。

培养和引进创新型人才。加大创新型人才培养力度，建立创新型人才培养基地。加强国际交流合作，完善人才培养模式，培育适应国际科技创新需要的人才。开辟创新型人才引进的“绿色通道”，积极引进高层次创新型人才，研究制定引进高层次创新型人才鼓励政策，对外籍在华创业人才放宽在参与创新、享受所获成果方面的政策限制。加强创新型人才社会化服务平台建设，为创新型人才提供培训、交流、咨询、法律等配套服务。强化创新型人才开发的政策协调和制度衔接，拓宽高等院校、科研机构与企业之间创新型人才流动渠道。

七、基础设施建设与布局

推进跨区域重大基础设施一体化建设，提升交通、能源、水利、信息等基础设施的共建共享和互联互通水平，形成分工合作、功能互补的基础设施体系，增强区域发展支撑能力。

（一）完善交通通道建设。沪宁和沪杭通道。依托沪宁、沪杭铁路和高速公路，优化运输结构，提升运输效率和通过能力，建设铁路、公路、水运相结合的主通道。建设京沪高速铁路沪宁段、沪宁和常苏嘉城际轨道交通、沪杭客运专线、沪苏湖铁路、杭州—黄山铁路以及沪杭磁悬浮交通，提升快速客运能力。改造京杭运河江南段、苏申内外港线、湖嘉申航道、杭申航道等国家和省级干线航道，增强水运货运能力。

沿长江通道。依托长江航道，构建综合型的交通运输通道，强化与长江中上游的联系。推进长江口 12.5 米深水航道向上延伸工程建设。改扩建宁通（南京—南通）、京沪高速公路，加快建设泰州—常州过江通道。建设南京—芜湖—安庆铁路、沿江铁路、淮扬镇铁路及过江通道，加快宁启铁路、新长铁路扩能改造及过江通道建设。

沿海通道。依托沿海港口和海运，加强崇明过江通道、崇明—启东长江公路通道建设，加快甬台温高速公路改扩建，建设连盐（淮）、沪通、甬台温、金甬、金台等铁路，规划建设跨杭州湾通道，完善沿海交通运输大通道体系。

宁湖杭通道。依托宁杭高速公路，加快宁杭客运专线建设，支撑宁湖杭发展带的发展。加强与上海的联系，建设湖州—乍浦铁路。

杭甬通道。依托杭甬高速公路和杭甬铁路，建设支撑杭州湾南翼产业和城镇发展以及连接宁波—舟山港的重要出海通道。加快杭甬客运专线、宁波铁路枢纽北环线以及疏港铁路建设，整治杭甬运河，加强沿杭州湾南岸城市间及陆岛间联系，提高沿海港口集疏运能力。

东陇海通道。依托陇海铁路和连霍高速公路，构建中西部地区至连云港港的重要出海通道。加快建设郑徐客运专线徐州段并规划延伸至连云港，增强对中西部地区的辐射带动作用并支撑沿线产业发展。

浙西南通道。依托浙赣和金温铁路、金丽温和杭金衢高速公路，建设金温铁路扩能工程、九景衢铁路、杭州长沙客运专线和杭新景高速公路，加强与长三角西南地区的联系并支撑沿线产业发展。

（二）加快综合枢纽建设。综合运输枢纽建设。重点建设上海、南京、连云港、徐州、杭州、宁波全国性综合运输枢纽，加强苏州、无锡、常州、镇江、扬州、泰州、南通、盐城、湖州、嘉兴、金华、温州、衢州等区域性综合运输枢纽建设。强化各种交通运输方式的衔接，特别是加强铁路客运专线、城际铁路和干线铁路建设及其与港口、空港、城市轨道交通等的衔接。

——上海。增强航运和航空能力，提升上海铁路枢纽地位，提高国际客货运和集装箱中转的比例，优化物流节点布局，增强物流网络统筹协调功能，建成海陆空一体化的大型综合运输枢纽和现代物流中心。

——南京。积极发展铁路、公路、水运、航空综合交通，完善服务长江流域的大宗散货江海联运，以及服务长三角地区北部及其周边地区的国际物流功能，进一步提高客货运能力，建成江陆空综合运输枢纽和长江中下游综合性现代物流中心。

——徐州。完善徐州铁路、公路枢纽功能，充分发挥徐州港的功能和作用，建设铁路、公路、水运联运的综合性运输枢纽和区域物流中心。

——连云港。加快连云港港建设，尽快形成“一体两翼”的发展格局，强化港口对中西部地区的辐射能力，建成我国重要的综合交通枢纽和物流中心，成为辐射带动力强的新亚欧大陆桥东方桥头堡。

——杭州。加快杭州铁路东站综合交通枢纽建设，强化服务长三角地区南部及其周边地区的国际物流功能。配合旅游发展，强化客运功能，建成陆空水联运综合运输枢纽和空港型物流中心。

——宁波。结合梅山保税港区和宁波铁路枢纽建设，优化集疏运系统，强化货运枢纽功能，尤其是大宗散货海进江中转、海铁联运运输功能，建成海陆联运的综合运输枢纽和全国性大型物流中心。港口枢纽与配套港口群建设。加强港口枢纽之间的协调，整合现有港口，加快以上海为中心，以江苏、浙江港口为两翼的上海国际航运中心建设。

——上海港。以建设上海国际航运中心为目标，进一步提升上海港主枢纽港的功能地位，重点加快建设洋山深水港区集装箱泊位和通往主要集装箱港区的内河集装箱运输通道及配套港区，以及洋山港区 LNG、油品码头，进一步扩大上海港的吞吐能力。

——宁波—舟山港。推进宁波—舟山港一体化进程，发展集装箱运输和大宗散货中转运输，建设宁波—舟山港大吨位、专业化铁矿石码头和原油码头，推进宁波梅山保税区 10 万吨级以上集装箱码头建设，完善铁矿石、原油、煤炭、粮油等大宗散货接卸转运系统和集装箱运输系统。

——南京以下长江下游港口。以开辟集装箱支线运输为主，加强南京、镇江、苏州、南通港口间的分工协调，重点建设太仓集装箱干线港和江海联运中转枢纽港，完善集装箱支线港。加快长江口深水航道和沿江海进江矿石码头建设，形成铁矿石转运系统。

——江苏沿海港口群。加快连云港港 30 万吨级深水航道建设，规划建设原油、矿石等大型专业化深水泊位，大力发展集装箱干线运输。以连云港港为核心，联合南通港、盐城港共同建设沿海港口群，大力发展国际航运和现代物流，增强为中西部服务的能力，建设成为上海国际航运中心北翼重要组成部分。

——浙南沿海港口群。围绕温州港深水航道建设，推进乐清港、状元岙、大小门岛港区建设。发展台州港临港产业，重点建设大陈岛、大麦屿等港区。以能源、原材料等大宗散货和集装箱运输为主，建成辐射赣东、闽北等地区的重要对外交流口岸。航空枢纽与配套机场群建设。以扩大空港设施能力为重点，优化航空运输网络为主线，提高国际竞争力为目标，加快区域航空枢纽中心建设，形成大型国际枢纽机场—区域枢纽机场—国内小型枢纽机场合理布局、分工协作的航线网络和机场群。

——上海航空枢纽港。建成以浦东机场为主、虹桥机场为辅的上海航空枢纽港。浦东机场侧重于国际航线，加强设施建设，提高中转能力，发展成为国际航空网络的主枢纽之一。虹桥机场侧重于国内航线，适度发展台港澳航线，发展成为国内航空网络的主枢纽。加强两机场间交通设施建设，提高通达效率。

——南京和杭州国际机场。优化南京禄口机场和杭州萧山机场航线布局，大力开辟国内航线，适时增辟国际客运和国际货运航线，客货并举，内外并重，不断增加航线和加密航班，建成区域枢纽机场。

——苏南和宁波国际机场。积极推进苏南硕放国际机场的改扩建工程，重点增加国内客运和国际货运航线，建成国家干线机场、苏南一类航空口岸和区域枢纽机场。加快宁波栎社国际机场扩建工程建设，大力发展国际货运航线，形成以货为主、客货兼顾的区域性国际干线机场。新建、调整、改造一批中小型机场。新建苏中江都机场和淮安机场，迁建连云港机场，调整南通、嘉兴机场运输功能，改造扩建常州、徐州、盐城、台州机场，形成区域客货运输航空网络。

（三）推进能源基础设施建设。煤炭。重点建设宁波—舟山、连云港、盐城等沿海煤港，南京、镇江、扬州、泰州、南通等沿江煤港及徐州沿运河煤港，有选择地建设煤炭储备、配送基地，提高煤炭安全供应能力，基本满足区内煤炭需求。疏浚京杭运河苏北段，使全线达到二级标准，将大运河煤炭运力提高20%左右。

油气。重点建设宁波—舟山石油中转港口，完善宁波北—上海、宁波北—南京的输油管道，规划建设日照—仪征输油管道连云港支线。在沿海规划布局油气储备基地，加强舟山等油气储备基地建设。加快洋山港区、大榭港区油品码头、台州大陈岛石油储运设施建设。开展区域石油流通枢纽和天然气交易中心建设的可行性研究，推动长三角地区天然气主干管网互连互通，保障区域能源供应。重点推进LNG项目建设，建成金坛大型天然气储气库，扩建上海五号沟LNG应急事故站。加快形成并完善环太湖天然气管网，完善苏中、苏北天然气管网，加快建设宁波—台州—温州和金华—丽水—温州天然气管网。

电力。重点在沿海、沿江和天然气管道沿线地区新建或扩建电源点。扩建田湾核电站，建设浙江三门核电站，研究在具备条件的地方新建核电站的可行性。加快电网建设和改造，扩大西电东送、皖电东送和北电南送接收规模，为启东—崇明岛—上海过江电缆通道的建设创造条件。预留通道走廊，确保西电东送工程顺利实施。

新能源。建设上海崇明等20～30万千瓦、江苏沿海500万千瓦、浙江沿海100万千瓦风电项目。加强潮汐能、洋流能的开发。积极利用太阳能、生物质能及集中型沼气等技术成熟的新能源。在沿海滩涂资源丰富的地区发展太阳能光伏发电。到2015年，新能源在能源结构中的比重提高到4%左右。

（四）改善水利基础设施。按照水资源和水环境承载能力，统筹协调区域水利基础设施建设，构筑防洪防台抗旱减灾体系、水资源合理配置和高效利用体系、饮用水安全保障体系以及水生态环境保护体系。继续实施太湖、淮河、长江中下游崩岸治理和沿海防浪堤及防护林等重点工程，加快长江口和钱塘江综合整治开发。加强城市防洪排涝能力建设,完成病险水库除险加固、灌区续建配套与节水改造和城乡饮用水安全工程,加快小型农田水利设施建设,加强低洼易涝地区和山洪灾害易发区综合治理。加快水源工程等水资源调蓄和配置工程建设,建设沿海淡水通道。继续加强重点地区、重点城市水生态修复工程建设。加快水资源实时监控系统建设,完善跨界水资源监测体系。加强水资源统一管理,完善流域水资源管理体制。

(五)健全信息基础设施。加快区域空间信息基础设施建设。在完善信息资源共建共享机制和统一数据标准的基础上,建立完整的地理空间信息库,逐步提高地理空间信息社会化应用与共享程度,不断满足国民经济和社会发展的需求,建成区域地理空间信息分发与交换中心,构建地理空间信息基础数据的汇交、分发服务和交换体系,带动各领域信息系统的建设,促进信息资源共享与应用。完善信息网络基础设施。继续优化现有网络结构,挖掘网络潜力,适应信息网络技术发展的需要引进新技术,加快新一代移动通信、下一代互联网、地面数字电视等系统建设。积极推进"三网融合",提高网络资源综合利用和信息交互能力。加强网络安全设施建设和网络安全管理,实施区域无线电协同监管。加快重点工程和信息港建设。重点推进一批综合性网络应用工程、公益性信息服务工程、信息化与工业化融合工程等重点应用项目建设。大力推进区域交通、社会保障等"一卡通"工程。促进区域政务信息资源开发、应用与共享。加快城市空间信息基础设施建设,用5～10年时间,建设若干智能型现代化城市,将长三角地区主要城市建成区域性信息港。

八、资源利用与生态环境保护

实行最严格的耕地保护制度,提高土地节约集约利用水平,加强环境保护和生态建设,推进资源节约型和环境友好型社会建设，全面提高区域可持续发展能力。

（一）合理利用土地资源。严格保护耕地。坚持保护耕地的基本国策，切实保护耕地特别是基本农田，提高耕地质量。加大土地复垦、开发整理力度，建设高标准基本农田。到2015年，核心区保有耕地面积不少于333万公顷，常住人口口粮确保自给。提高建设用地节约集约利用水平。在充分尊重农民意愿的前提下，有条件的地方引导农民居住向城镇和中心村集中。严格控制城镇和农村居住用地增长，全面提高土地利用效率。努力转变用地方式，积极推进工业向园区集中、土地利用向适度规模经营集中。在严格执行土地用途管制的基础上，促进农村集体建设用地依法流转。在严禁跨省域易地占补平衡的前提下，探索耕地占补平衡的有效途径。以提高工业用地产出效率为重点，制定区域产业用地标准，提高新上工业项目入区入园门槛。在符合规划、不改变原用途的前提下，对提高土地利用率和增加容积率的工业用地，原则上不再增收土地价款。科学规划，合理布局，统筹安排农业、生态和建设等各类用地。

保障生态用地。对重要生态功能保护区、区域生态走廊和其他生态地位重要的地区，实施限制性保护。对自然保护区、森林公园、湿地公园、重要集中式饮用水水源地和重要水源涵养区、浙江南部地区海拔500米以上山体、江苏以及浙江的湖州和嘉兴两市海拔200米以上的山体、沿海湿地等区域实施严格的保护。对于重要湿地、重要水源地外围和输水通道两侧地区、长江和钱塘江干流、城市间的重要生态斑块、浙江西部海拔200～500米之间的山体、江苏以及浙江湖州和嘉兴两市海拔50～200米之间的地带，严格控制土地开发强度，禁止开展导致生态退化的各种生产活动，鼓励发展生态型产业，有针对性地新建自然保护区和海洋特别保护区，改善区域生态环境质量。加强林地和草地保护，防止非法占用。

优化区域土地资源配置。按照区域总体布局框架,实行差别化土地政策,统筹保有耕地,优化用地布局。沪宁和沪杭甬沿线发展带,划定基本农田保护区,采取最严格的措施保护基本农田;优化土地利用结构,加大土地整理、复垦力度,着力提高土地产出率;严格控制上海、南京、苏州、无锡、杭州、宁波的城市建设用地增量。沿江、沿湾和沿海发展带,优先安排建设用地指标,科学利用滩涂资源,满足重点产业发展和基础设施建设需求。宁湖杭发展带以及其他沿路发展轴带,确保基本农田保护面积和生态保护面积,保留足够的自然生态空间,适度安排建设用地,促进城市与产业有序集聚和发展。沿湖发展带优先满足保护生态的要求,实施有效的土地用途管制,控制土地开发强度。其他地区适当调高基本农田保护率,严格控制建设用地占用耕地的规模。科学编制规划,合理有序开发利用滩涂和低丘缓坡资源,努力增加耕地和建设用地。

(二)加强生态建设与环境保护。加强饮用水源地保护。重点保护集中式饮用水水源地水质安全,对长江干流、长江口、太湖、洪泽湖、淀山湖、黄浦江、太浦河、杭嘉湖水网、钱塘江干支流、瓯江及中小湖泊和水库等,划分水源保护区,完善饮用水水源保护区分级管理制度,制定保护范围、保护要求及水源地环境综合整治方案。加强南水北调东线调水水源保护区与望虞河、新孟河、通榆河、淮沭新河、浙北太湖取水、浙东引水等输水通道的水污染控制和水质保护,严格控制调水水源保护区沿线的开发建设,提高污废水排放标准。建立健全流域和水系上下游地区互利共赢的饮用水源保护运行机制。加强地下水资源保护,遏制地下水超采,切实防治地面沉降和海水倒灌。基本解决污染严重和水量供应不足的水源地水质和水量保障问题,调水水源地水质达到相应水质功能目标要求。

继续加强水污染防治。坚持预防与治理相结合,按照水功能区水质达标要求,控制污染物排放总量,加强对重要污染源的监控，关闭持续排放有毒有机污染物的企业，建立点源达标排放的长效管理机制，强化跨省、市界断面水质达标管理，确保跨界水环境水质达标。重点整治长江、太湖、淮河、钱塘江和城市水污染，加快城镇污水和垃圾处理设施建设。制定和实施化工、医药、印染、造纸等重污染行业环境准入标准，完善排污费征收和使用制度，加大环保执法力度。加快编制沿江、沿湖、环湾及沿海地区尾水达标排放规划。有效控制长江口、杭州湾陆源污染物排海，实施海域环境综合整治，加强海岸带生态系统的保护和修复，实施重要渔场生境保护，推广生态海水养殖，逐步改善海域环境质量，恢复海洋生态服务功能。加强海洋环境监测体系建设，建立重点区域赤潮（绿潮）预警防治体系，健全海上重大污染突发事故应急体系。完善水污染区域联防联控机制。到 2015 年，全部淘汰国家产业政策明令禁止的落后生产能力，城镇污水集中处理率达到 80%以上，实施化学需氧量和氨氮排放量总量控制，使近岸海域水质恶化的趋势得到控制。

推进区域大气污染防治。以“西气东输”、“西电东送”为契机，大力推进能源结构调整，实行煤炭使用总量控制，改善区域大气环境质量。推进火电厂的燃气工程建设，加速中小型锅炉燃气或电力对煤的替代。加快关停小火电，逐步淘汰单机容量 5 万千瓦以下的常规小火电机组和大电网覆盖范围内服役期满的单机容量在 10 万千瓦以下的常规燃煤凝汽火电机组。严格按环保要求限制新建、扩建燃煤火电厂（机组）。继续加大重点污染源的二氧化硫治理力度，有效削减火电厂二氧化硫排放量，加快烟气脱硫工程建设，控制工业炉窑二氧化硫排放，积极发展清洁煤燃烧技术。加强火电厂氮氧化物污染治理。大力发展新能源，在上海开展低碳经济试点。加快区域大气监测网络建设，建立健全区域大气污染联防联控机制。到 2015 年，二氧化硫排放量削减 8%，城市空气质量明显好转，酸雨污染得到缓解。

加强固体废物环境管理。建立健全固体废物全过程管理体系，提高固体废物处置能力。强化危险废物监管制度，加快建设处置设施。在典型电子废物集中处置区域开展污染调查与风险评价，建立电子废物回收体系，加强对拆解利用的资质许可管理。强化城市污水处理厂和垃圾填埋场的环境监管，推进污水厂污泥、垃圾填埋场滤液的无害化处理处置。到2015年，形成工业危险废物和医疗废物100%由产生单位或交有资质单位无害化利用或处置的能力。

开展农村环境综合整治。大力推进农业面源污染防治和土壤污染治理与修复，提高化肥、农药、农膜等农用化学品的利用率和秸秆综合利用率，推进畜禽规模化饲养和标准化养殖小区建设，控制规模化养殖场的污染物排放，提高畜禽粪便资源化率，鼓励与推广发展无公害、绿色及有机农业。按照建设社会主义新农村的总体要求，实施农村环保小康行动计划，推进农村环境综合治理。加强村庄整治，建立村庄环境卫生长效管理机制，着力解决农村安全用水、清洁能源、卫生公厕、污水和垃圾处理等问题，不断改善农村人居环境。结合创建国家生态市（区、县）、国家园林城市（县、城镇）、环境优美乡镇及生态村，全面推进农村环境基础设施建设。

加强生态建设。由长江干流、洪泽湖—入海水道、富春江—钱塘江三条生态水廊，以及连云港—盐城—南通—崇明岛东滩—宁波象山—台州—温州沿海湿地、骆马湖—高邮湖—邵伯湖—茅山—天目山—千岛湖—浙西山地，共同构成“三横两纵”生态网架。加强自然保护区、生态功能区、水源涵养区等保护与建设，实施海洋生态修复，加强沿海、沿江防护林体系建设，实现自然生态空间的链接，扩大区域生态空间，增强生态服务功能，保障区域生态安全。加强崇明生态岛保护和建设。开展区域生态环境补偿机制试点，设立浙江湖州、丽水生态文明建设示范区。

九、社会事业与公共服务

以改善民生为重点，加强社会事业建设，推进义务教育、公共卫生、公共文化等基本公共服务均等化，促进经济社会协调发展，形成人民幸福安康、社会和谐进步的良好局面。

（一）优先发展教育事业。推进义务教育均衡发展。合理配置义务教育资源，优化学校布局，高水平、高质量普及九年义务教育。完成中小学校舍安全工程，推进义务教育阶段学校标准化建设。逐步解决常住人口子女平等接受义务教育问题，加大对欠发达地区学校的投入力度，推进城乡、区域之间义务教育均衡发展。

大力发展职业教育。继续扩大职业教育规模，提高职业教育质量，重点发展中等职业教育，加快建立完善的区域职业教育培训体系。结合区域产业特色，加快常州科教城和无锡、盐城、温州等职业教育园区建设，支持有条件的地区建设公共实训基地。完善工学结合、顶岗实习的人才培养模式，在人才紧缺的专业领域推行职业院校与企业共同培养人才。

提升高等教育发展水平。继续加强“985 工程”和“211 工程”建设，重点支持复旦大学、上海交通大学、南京大学、浙江大学等重点高校创建世界一流大学。大力支持重点学科建设，建成一批高水平、有特色的学科群，推动若干高校进入国内一流大学行列。推进中外合作办学，拓展国际交流，引进优质教育资源。发挥现有高等院校集中、高等教育发达的优势，显著提升高等院校科技创新与服务能力。

深化教育改革。鼓励开展各项教育改革试点，探索教育发展新路子。加强教育合作，建立区域间优质教育资源共享机制。以培养学生理想情操、创新精神和实践能力为重点，更新教育观念和教学方法，创新人才培养模式，全面实施素质教育。

完善以政府投入为主、多渠道筹措教育经费的投入体制。大力发展民办教育，推动公办教育和民办教育相互促进、共同发展。落实高等学校办学自主权，加快建立现代大学制度。建立完善的现代国民教育体系和终身教育体系，率先基本实现教育现代化。

（二）提升医疗卫生服务水平。加强公共卫生体系建设。建立健全疾病预防控制、健康教育、妇幼保健、精神卫生、应急处置、采供血、卫生监督和计划生育等专业公共卫生服务网络，加强重大传染病、慢性病、地方病、职业病和出生缺陷疾病的防控以及职业卫生和食品安全监管工作，提高突发公共卫生事件应急处置能力，建立疾病预防控制联防联控机制，着力构建覆盖城乡的公共卫生服务体系。适度扩大公共卫生服务范围，针对区域突出的公共卫生问题，在中央规定的服务项目基础上增加公共卫生服务内容。

优化医疗卫生资源配置。建立健全基层医疗卫生服务体系，推动医疗卫生资源向城市社区和农村基层倾斜，完善以社区卫生服务为基础的新型城市医疗卫生服务体系。在大中城市建立以三级综合医院为龙头，二级综合医院、专科医院、护理院和康复医院为骨干的现代医疗服务体系。加快建立健全以县级医院为龙头、乡镇卫生院为骨干、村卫生室为基础的农村三级医疗卫生服务网络。逐步建立城市医院与社区卫生服务机构、农村医疗卫生机构分工协作和对口支援机制，形成结构合理、分工明确、防治结合、覆盖城乡、运转有序的医疗卫生服务体系。探索建立区域化、集中化的血液采集服务网络。坚持中西医并重的原则，以上海、江苏、浙江国家中医研究基地为龙头，形成我国中医创新集聚区，推动中医药产业发展。

深化医药卫生体制改革。着眼于实现人人享有基本医疗卫生服务的目标，坚持公共医疗卫生的公益性质，实行政事分开、管办分开、医药分开、营利性与非营利性分开，加快医药卫生体制改革。建设公共卫生服务体系、医疗服务体系、医疗保障体系和药品供应保障体系，建立覆盖城乡居民的基本医疗卫生制度。强化政府责任，建立政府主导的多元卫生投入机制，鼓励和引导社会资本发展医疗卫生事业。推进公立医院改革试点，积极探索公立医院管理、运行和监管的有效形式。

（三）加快文化事业发展。提升公民文明素质。广泛开展社会主义核心价值体系宣传普及活动和群众性精神文明创建活动，大力弘扬爱国主义、集体主义、社会主义思想。建设学习型社会，全面提升公民文化水平。以增强诚信意识为重点，进一步加强社会公德、职业道德、家庭美德和个人品德建设，形成文明健康的社会风尚。

积极发展文化事业。切实增加公益性文化事业投入，在大中城市建设一批功能实用、标准较高、覆盖面广的文化基础设施。加强社区和乡村文化设施建设，重点实施乡镇文化站等基础文化设施覆盖工程。推进全国文化信息资源共享工程基层服务点建设。加强文化遗产保护与传承，保护历史文化名城、街区、村镇、重要文物和非物质文化遗产，进一步扩大对外文化交流。积极发展体育事业，加快构建全民健身服务体系。到2015年，率先建成覆盖城乡的公共文化服务体系。

大力发展文化产业。加快文化产业基地和区域性特色文化产业群建设，扶持一批发展潜力大、市场前景好的文化产业，建设一批实力雄厚、具有较强竞争力和影响力的文化企业集团，提高文化产业规模化、集约化和专业化水平。深化文化体制改革，放宽市场准入条件，推进文化创新，实施高端文化人才引进工程，激励优秀文化产品创作，形成积极向上、特色鲜明、结构优化、科技含量高的文化产业体系。加强文化市场综合执法能力建设。到2015年，文化产业增加值占地区生产总值的4%以上。

（四）完善就业和社会保障体系。建立市场化的就业促进体系。全面落实促进就业的各项优惠政策,健全统一规范的劳动用工制度和就业管理服务网络,加快建设覆盖城乡劳动者的就业、失业登记制度和城乡统一的人力资源市场,营造城乡劳动力就业公平竞争、同工同酬、同等待遇的良好环境,引导劳动力在地区、城乡之间合理有序流动。加强职业技能培训,加快培养一批高素质、专业化的高技能人才,提升劳动者职业技能和综合素质。

加快建立覆盖城乡的社会保障体系。继续完善企业职工基本养老保险制度,推进新型农村养老制度建设,探索建立城镇居民养老保险制度,切实做好被征地农民就业培训和社会保障工作,率先实现养老保险关系无障碍转移。到 2015 年,城乡养老保险制度基本实现全覆盖。推进城镇居民基本医疗保险、城镇职工基本医疗保险和新型农村合作医疗制度建设,全面建立统筹城乡、保障基本医疗、满足多层次需要的医疗保障体系,积极探索医疗保险关系转移接续和异地结算,实现全民医保。完善失业保险制度,扩大工伤保险覆盖面。完善自然灾害生活救助制度和农村五保供养制度,健全教育救助、医疗救助等专项救助制度,率先建立较为完善、覆盖城乡的社会救助体系。发展适度普惠型社会福利事业,扩大社会福利覆盖范围。大力发展各类慈善组织。

十、体制改革与制度创新

进一步发挥上海浦东综合配套改革示范作用,着力推进重点领域和关键环节改革攻坚,在新的更高起点上再创体制机制新优势,率先建立完善的社会主义市场经济体制。

(一)深化行政管理体制改革。切实转变政府职能。按照政企分开、政资分开、政事分开以及政府与中介组织分开的原则,合理界定政府职责范围,充分发挥市场在资源配置中的基础性作用,鼓励公民和社会组织参与公共事务管理,让政府、市场、企业和中介组织各司其职、各负其责。进一步强化政府社会管理和公共服务职能，加强政府社会治安、公共应急等能力建设，提高科教文卫、就业和社会保障等社会服务水平。合理匹配地方各级政府事权和财力，增强公正履行职责的能力。加快推进事业单位分类改革，理顺政府与事业单位的关系。按照市场化方向加快行业协会、商会改革，推动建立区域性行业协会。

创新政府管理方式。深化行政审批制度改革，继续清理和调整行政审批项目和部门收费，逐步实行审批管理“零收费”制度。建立和完善跨部门统一互联的电子政务平台，积极推行网上办公。完善行政监督制度，推进区域电子监察系统网络建设。完善政府信息发布制度，推进政府信息公开与资源共享，充分发挥政务信息对经济社会活动和人民群众生产生活服务的引导作用。强化行政规划和行政指导，推行现代行政管理方式，降低行政成本，提高工作效率。

深化政府机构改革。支持上海率先实行职能有机统一的大部门体制，完善农业服务、综合交通协调、社会保障与人力资源管理、食品药品安全监管等体制机制。优化政府管理层次，加快江苏、浙江省直管县(市)体制改革，扩大县级政府经济社会管理权限，增强市、县(市)政府提供公共服务的能力。明确行政执法权限，完善行政执法程序，规范行政执法行为。健全基层行政管理体制，对江苏、浙江具备一定人口规模和经济实力的中心镇赋予部分县级经济社会管理权限，探索中心镇行政综合执法管理体制改革。研究建立区域统一的政府绩效管理制度，完善政府绩效管理体系。

(二)推进非公有制经济发展和国有企业改革。推动非公有制经济科学发展。落实鼓励、支持和引导非公有制经济发展的各项政策措施，推进公平准入，改善融资条件。支持非公有制经济按照国家产业政策，积极发展低污染、低能耗、高附加值产业，提升产业层次，优化企业结构。推动非公有制经济制度创新，积极发展股份制经济，实施中小企业改制上市培育工程，鼓励民营资本参与国有大型企业和垄断企业改革，支持有条件的企业并购重组。改进对非公有制企业的服务和监管，加强执行劳动合同、工资报酬、劳动保护和社会保险等法律法规的监督检查，切实维护企业职工合法权益。到 2015 年，上海、江苏非公有制经济比重明显提高，浙江非公有制经济发展质量进一步提升。

深化国有企业改革。推动国有资本向重要行业、优势企业和企业主营业务集聚，加快技术、人才等要素资源向优势企业集中，积极培育市场竞争力强、有影响力的企业集团和行业排头兵。积极引进战略投资者，鼓励国有企业采取股权转让、增资扩股、合资合作、战略协作等方式进行跨区域、跨所有制重组，促进国有企业投资主体多元化。健全现代企业制度，完善公司法人治理结构，建立外部董事制度，健全经营管理者市场选聘机制。鼓励竞争性行业中的国有全资控股企业实施股份制改造，推进有条件的企业整体上市或主业资产上市，推动符合产业发展方向、主业清晰的国有控股上市公司采取定向增发、并购重组等方式继续发展壮大。深化国有企业内部体制改革，加快形成适应竞争的激励约束机制。

（三）加快市场体系建设。推动市场一体化。建立统一开放的人力资源、资本、技术等各类要素市场，实现生产要素跨区域合理流动和资源优化配置。建立区域统一的人力资源市场，完善人才评价体系和人力资源开发配置机制，建立有利于人才交流的户籍、住房、教育、人事管理和社会保险关系转移制度。建立区域统一的资本市场，推动产权交易市场合作，支持银行等金融机构跨地区经营，加快金融机构组织创新，建立中央与地方共同监管、各负其责的机制。建立区域统一的技术市场，实施统一的技术标准，实行高技术企业与成果资质互认制度。

开展异地购票、异地托运、异地交费及异地“一卡通”业务。共同开发旅游市场，打造旅游整体品牌。全面开通鲜活农产品运输“绿色通道”。

进一步整顿和规范市场秩序。清理和修订阻碍要素合理流动的法规和政策，努力营造公平合理、平等互利、统一规范的市场环境。打击各种违法经营活动，规范市场主体行为和市场竞争秩序。清理整顿对企业的乱收费、乱罚款和各种摊派。加强价格监管，禁止价格欺诈、价格操纵等行为。加强区域信用体系建设，以完善信贷、纳税、合同履约等信用记录为重点，推进区域社会信用信息交换共享，规范信用服务行业发展，开展联合监督管理，构建“信用长三角”。

（四）开展重大改革试验。深化上海浦东综合配套改革试点，总结和推广相对成熟、行之有效的经验和做法。开展科技创新综合改革试验，建设一批国家级创新创业平台和载体。推进上海国家级信息化与工业化融合试验区建设。

对具备一定条件和较大规模的城市赋予立法权。在国家批准的范围内，开展城镇建设用地增加和农村建设用地减少挂钩试点。建设苏州城乡一体化发展示范区，设立江苏盐城沿海滩涂综合开发试验区和浙江舟山海洋综合开发试验区。

建立浙江嘉善县域科学发展示范点。根据国家有关部署开展环境税试点，探索开征物业税，创新出口退税负担机制。研究制定互利共赢的财政政策，有序推动异地联合兴办开发区。设立区域发展促进基金，主要用于跨省市基础设施建设、生态建设和环境治理，以及产业升级、科技研发、人才引进、创新能力建设等方面，资金由长三角地区自行筹集。

探索上海服务长三角地区的非上市公众公司股份转让的有效途径。实施股权投资基金先行先试政策，积极推进股权投资企业发展。开展太湖流域综合管理体制改革试点。稳步推进排污权有偿使用和交易制度改革，开展排污权跨产业调剂交易改革试点。

（五）加强法制环境建设。加强区域内地方性法规、规章和规范性文件的制定、清理、审查备案工作的协作，形成区域相对统一的法制环境。制定和实施区域协调统一的依法行政考核指标体系，全面推进依法行政。加强城市管理行政执法规范化建设，进一步规范行政执法行为，建立健全信息共享和动态跟踪制度，推进相对集中行政处罚权和综合行政执法试点，建立健全行政执法争议协调机制，严厉查处节能减排、环境保护、市场秩序维护等方面的违法行为。建立健全政府信息公开工作考核、社会评议、年度报告、责任追究等制度，推进政府信息公开。

十一、对外开放与合作

立足长三角，服务全国，面向世界，充分利用国际国内两个市场、两种资源，在更大范围、更广领域、更高层次上参与国际合作与竞争，全面融入世界经济体系，实现开放型经济的新跨越，打造服务亚太乃至全球的重要国际门户。

（一）提高开放型经济水平。转变对外贸易发展方式。优化加工贸易结构，推动加工贸易转型升级。引导加工贸易企业加强研发设计和营销服务。鼓励内资企业融入加工贸易配套产业链，加快由代加工向代设计、由贴牌向自主品牌转变。按照国家有关规定，理顺加工贸易管理体制，完善加工贸易政策环境，构建加工贸易信息平台。建立健全出口品牌培育机制，扶持自主品牌和具有自主知识产权的高附加值产品出口。加强出口基地建设，支持机电、软件、轻纺产品和农产品出口基地发展壮大，加快公共技术平台、商务平台和信息服务平台建设，率先推行符合国际惯例的质量、安全、环保、技术、劳工等标准，完善考核制度，强化企业社会责任。鼓励能源、原材料、先进技术和装备、关键零部件进口，发布重要商品进口信息，指导企业有序进口。在江苏连云港建设进口资源加工基地。加快上海国际贸易中心建设。支持昆山花桥国际商务区设立机电产品国际展示交易平台。

提高利用外资水平。改善投资环境,创新外商投资管理方式,试行外商投资企业格式化审批,推动投资便利化。引导外资投向高技术产业、基础设施领域和高端制造环节,提高国际资源要素的聚集层次和承接国际产业转移的技术层次。在符合《反垄断法》有关规定且不影响国家安全的前提下,鼓励外商投资企业采取并购、参股、结成战略同盟等方式参与国内企业改组改造,加快引进国际先进技术、管理经验和智力资源。

实施企业"走出去"战略。健全和完善"走出去"支持服务平台,及时发布境外投资信息,加强贸易投资实务培训、国际经营人才和知识产权管理人才培训,加大对境外投资的商品通关、人员进出境及资金融通的扶持力度。鼓励有实力的企业到境外开发资源,在海外建立生产加工基地、营销网络和研发中心。完善相关金融政策,支持企业采用境外投资并购、境外上市等方式"走出去"。下放境外投资审批权限,简化审批手续,为企业营造更宽松的"走出去"环境。鼓励具备条件的国内商业银行进一步扩展海外网点和业务,为企业境外并购提供融资服务。选择有条件的企业开展国际贸易人民币结算试点。

推进大通关建设。深化口岸管理体制改革,完善口岸联络协调机制,推进电子口岸互联互通和资源共享,建立大通关电子口岸统一信息平台。积极推进分类通关改革,建设上海、南京、杭州、宁波四个直属海关"大通关协作区域",实现跨关区申报、审单、验放,加快区域内进出口货物流动。推进海关特殊监管区域整合和业务流程再造,简化货物流转的环节和手续,加强关检业务协作和物流信息共享。

(二)加强国内外区域合作。加强泛长三角合作。长三角周边的安徽等地区具有区位、自然资源、劳动力资源的比较优势，与长三角地区经济联系紧密，是长三角地区产业转移和直接辐射区。构建互联互通的基础设施体系和资源要素市场体系，强化上海及南京、杭州等中心城市的辐射功能，促进要素跨地区自由流动，实现人口和产业有序转移。加强长三角地区与周边地区的联合与协作，建立服务长三角地区的能源原材料、重要农产品生产和休闲旅游基地，实现优势互补。建立健全泛长三角合作机制，编制南京都市圈、淮海经济区区域规划，促进周边地区加快发展。

加强以长江流域为重点的区域合作。充分发挥长江黄金水道的作用，加强南京、镇江、苏州、南通等沿江港口与中上游港口合作，加快形成沿江铁路、公路、水路协调发展的综合运输大通道，促进长江上、中、下游地区的要素流动与产业协作，形成重要的沿江城镇和产业密集带。加强与中西部及其他地区之间的经贸联系，拓宽合作领域，提高合作层次，扩大地区间人才、技术、能源、原材料等方面的合作，鼓励长三角地区优势企业走向全国，促进其他地区加快发展。在连云港探索设立国家东中西区域合作示范区。

加强与港澳台地区合作。进一步拓展长三角与港澳台的经贸和科技合作。加强与港澳台的投资及贸易往来，充分利用香港作为拓展国际业务的基地和平台，进一步带动长三角地区深度融入国际市场。加强证券期货市场与港澳台资本市场的互动合作，促进互惠互利和共同发展。引进港澳台资本参与地方金融机构改造重组，推进对港澳地区贸易项下使用人民币计价、结算的试点，加强境内外币支付系统建设，鼓励符合条件的企业到香港上市融资。加强与港澳台地区的产学研合作，支持联合开展科技攻关和共建创新平台。鼓励共同建立自主知识产权和品牌，共同开拓国际市场。加大落实内地与港澳更紧密经贸关系安排力度。

加强国际经济合作。抓住上海世博会机遇，积极拓展经济、贸易、科技、文化、旅游等领域对外交流。进一步加强与东北亚、欧元区以及美英等世界发达国家和地区的合作。建立健全政府、企业、行业组织间贸易摩擦联动应对机制，更好、更快地融入世界经济体系，成为全球产业链中的重要一环，提升长三角乃至我国在世界的影响力。大力发展国际服务外包，以服务外包示范城市为重点，加快推进服务外包载体建设，积极发展信息技术、金融业务流程、医药流程等服务外包业务，加快建设苏南、环杭州湾国际服务外包产业带。

十二、规划组织实施

两省一市人民政府要切实加强对规划实施的组织领导，落实工作责任，明确工作分工，完善工作机制，制定切实可行的实施方案。要充分发挥长三角区域合作协调机制的作用，加强联系互动，推动规划实施。要加强与国务院有关部门的沟通衔接，按本规划要求落实各项任务和措施，努力实现规划确定的目标。国务院有关部门要按照职能分工，加强对规划实施的指导，深入调查研究，研究制定贯彻实施本规划的具体政策措施，及时指导地方解决规划实施中的重大问题。国家发展和改革委员会要加强对规划实施情况的分析评估和监督检查，做好与国家总体规划和相关专项规划的衔接与协调，及时将实施情况向国务院报告。进一步完善规划实施的公众参与和民主监督机制，做好规划及相关信息的公开工作。实现长三角地区又好又快发展，事关国家改革开放和现代化建设大局。两省一市人民政府和国务院各有关部门要以实施规划为契机，解放思想，开拓进取，加强合作，真抓实干，创造性地开展工作，努力促进长三角地区在高起点上争创新优势、实现新跨越。

资料来源：中国政府网 2010.06.22(http://www.gov.cn/gzdt/att/att/site1)

附录三　苏浙沪“十二五”规划纲要(节选)

江苏省“十二五”规划纲要(节选)

一、“十二五”主要目标

“十二五”时期，江苏经济社会发展的总体目标是：全省综合经济实力、自主创新能力、国际竞争力和可持续发展能力显著增强，全面建成更高水平的小康社会，苏南等有条件的地方在巩固全面小康成果基础上率先进入基本现代化，人民群众普遍过上更加宽裕安康的生活，为2020年全省基本实现现代化打下具有决定性意义的基础。

综合实力。2015年，全省地区生产总值6.58万亿元(2010年价，下同)，年均增长10%左右，经济发展质量和效益明显提升，人均地区生产总值超过8万元。

经济结构。服务业增加值比重达到48%左右，加快形成服务经济为主的产业结构；高新技术产业产值占规模以上工业产值比重达到40%；消费对经济增长的贡献率达到60%左右。

科技创新。自主创新体系逐步完善，研发经费支出占地区生产总值比重提高到2.5%；人力资本投资占GDP比重达到15%以上；人才贡献率达到43%；百亿元GDP专利授权数提高到400件，专利发展水平居全国前列；科技进步贡献率提高到60%以上。

生态文明。耕地保有量保持475万公顷；能源结构进一步优化，非化石能源占一次能源消费比重达到7%左右，单位地区生产总值能源消耗降低和二氧化碳排放减少均完成国家下达指标；主要污染物排放总量减少10%以上；单位工业增加值用水量降低25%，农业灌溉用水有效利用系数提高到0.58，森林覆盖率提高到22%。

城乡区域。城市化和城市现代化水平进一步提高，社会主义新农村建设取得明显成效，城乡发展一体化取得实质性进展；城市化水平达到63%。沿海开发取得重大突破，苏北地区人均主要经济指标超过全国平均水平，三大区域发展优势更加鲜明，形成区域协调发展新格局。

改革开放。财税、金融、资源性产品价格、要素市场等重点领域和关键环节改革取得明显进展；政府职能加快转变，政府公信力和行政效率显著提高；所有制结构进一步优化，民营经济加快转型升级，整体素质和综合竞争力显著增强。开放型经济发展水平全面提高，利用外资和对外投资、进出口贸易总额位居全国前列，参与国际分工地位和国际影响力明显提升。

人民生活。努力实现居民收入增长和经济发展同步、劳动报酬增长和劳动生产率提高同步。城镇居民人均可支配收入和农村居民人均纯收入年均增长10%左右；在2011年实现农村贫困人口（年人均纯收入低于2500元）全部脱贫基础上，继续推进脱贫奔小康工程；城镇登记失业率控制在4%以内，五年新增城镇就业500万人以上；城镇、农村基尼系数分别控制在0.39和0.35以内；居民消费价格总水平年均涨幅控制在国家规定范围。

社会建设和管理。高中阶段教育普及率达到95%以上，高等教育毛入学率提升到50%，主要劳动年龄人口平均受教育年限提高到11.2年；人口自然增长率4‰左右；医疗服务体系进一步完善，万人拥有病床数达到40张左右；公共文化服务设施网络覆盖率达到90%以上；社会救助体系更加完善，城乡基本社会保险覆盖率稳定在95%以上;城乡三项医疗保险参保率保持在95%以上;住房保障能力不断提高,城镇保障性安居工程建设139万套;民主法制更加健全,依法行政能力显著增强,社会管理机制更趋完善,人民群众权益得到切实保障,法治江苏、平安江苏建设再上新水平。

二、加快城乡发展一体化(略)

三、促进区域互动协调发展

全面落实国家区域发展总体战略,紧紧抓住长三角区域经济一体化和江苏沿海地区发展上升为国家战略的重大机遇,放大国家战略和政策的叠加效应,加快苏北振兴、苏中崛起、苏南提升,逐步实现不同区域基本公共服务均等化,进一步缩小区域发展差距,在更高层次上推进区域协调发展。

1. 培育三大区域发展新优势

加快苏北新型工业化进程。抓住沿海开发机遇,充分发挥后发优势,推进新型工业化、城市化、经济国际化互动并进,培育竞争优势,增强发展的内生动力,进一步加快苏北振兴步伐。继续加大对苏北地区的扶持力度,深入推进"四项转移",加强南北共建开发园区建设,更大力度承接国内外产业转移,加快培育优势主导产业,加大沿东陇海线产业带建设力度,大力发展劳动密集型产业,建设资源加工产业基地,做大做强一批骨干龙头企业。推动苏北中心城市扩大规模、增强实力、优化功能,推进县城和重点镇建设。加大财政支持,提高苏北基本公共服务水平。加快振兴徐州老工业基地,支持宿迁发展实现更大突破。

构建苏中经济国际化新高地。发挥苏中承南启北、江海联动的区位优势,深入推进沿江开发和沿海开发,促进苏中全面融入苏南经济板块,进一步提高发展层次和水平。重点发展先进装备制造业、基础原材料产业和港口物流业，着力打造海洋工程装备、生物医药等具有国际竞争力的产业集群。大力引进外资，扩大对外贸易，加强国际交流与合作，加快建立与国际市场接轨的生产体系、营销体系和服务体系。加大对苏中里下河地区的扶持力度。

推动苏南经济转型升级。加强规划引导，大力发展战略性新兴产业和现代服务业，力争在有基础有条件的领域与发达国家同步发展，形成一批自主知识产权、核心技术和知名品牌，实现自主创新能力、国际竞争力和可持续发展能力的同步提升，加快建成高新技术产业集聚地、先进制造业研发基地和现代服务业高地，成为发展创新型经济、在更高层次上参与国际分工合作的先导区，更好地发挥辐射带动作用。全面推进苏南基本现代化建设，在转变经济发展方式上走在全国前列，加快实现产业结构高度化、城乡发展一体化、经济社会协调化、公共服务均等化。

2. 建设我国东部地区重要经济增长极

加快建设新亚欧大陆桥东方桥头堡。加快区域性、功能性重大基础设施建设，以连云港港为核心，联合南通港、盐城港共同建设沿海港口群，推进淮安、宿迁等城市借港出海。加快连云港港深水航道和深水泊位建设，积极发展大型仓储和港口物流，完善口岸“大通关”体系，建立电子商务平台，提升港口综合服务能力。加强与沿陇海兰新地区的合作，推进连云港建设东中西互动合作示范区，充分发挥对外开放窗口和东中西合作平台作用，增强为中西部地区发展的服务能力。

着力推进新型工业基地建设。发挥沿海深水港口、土地、岸线资源丰富的独特优势，集中布局发展大型石化、钢铁、造船、汽车、粮油加工等临港产业，形成产业发展的规模优势和集聚效应。加快发展新能源、新材料、新医药、环保、风电装备等优势产业，改造提升纺织等传统产业。大力发展物流、金融、信息等生产性服务业，组建江苏沿海发展银行，设立沿海产业投资基金。在沿海地区形成一批千亿元级产业板块。

大力发展海洋经济。坚持陆海统筹，科学规划海洋经济发展，合理开发利用海洋资源，重点发展远洋运输、远洋渔业和海洋生物医药、海洋工程机械、海洋化工等产业，积极开发盐土农业，尽快在一些领域形成技术优势和品牌优势。加强海洋学科建设，支持发展海洋研究机构。

努力形成土地后备资源开发区。依托沿海地区丰富的海域滩涂资源，科学合理围垦滩涂，有效增加土地后备资源，增强粮食安全保障能力。到 2015 年，围垦滩涂 130 万亩。积极推进滩涂资源综合开发，合理布局建设空间、生态空间和农业空间，支持在盐城设立沿海滩涂围垦综合开发试验区，建立滩涂围垦开发新机制，进一步拓展发展空间。

3. 积极推进长三角一体化进程

加快基础设施等重点领域一体化进程。建设长三角地区高速铁路网、城际轨道交通、高速公路和机场体系，形成沪宁杭“1 小时交通圈”。呼应上海信息港建设，积极筹建南京等地互联网交换中心，实现区域内的互联互通。建立统一的市场准入和质量标准体系，形成统一开放的产品、技术、产权、资本、人力资源等各类市场，实现生产要素合理流动和资源优化配置。加强社会保障政策衔接，进一步完善各项社会保障关系转移接续的政策措施，开展区域内医疗、工伤等网上资源共享，有条件的地区逐步实现异地就医联网结算。探索建立标准统一、资源共享的就业和人力资源信息库。加强区域产业政策和环保政策、能源政策顺利衔接，推动实行更严格的环境保护标准，实现区域生态环境的共防、共治、共保和共建。

加强区域产业合作。围绕把长三角地区建成全球重要的现代服务业中心和先进制造业中心的目标，加强区域产业分工协作，培育具有更强自主创新能力的产业集群，共同提升产业竞争力。在大飞机及配套产业领域,依托上海,加强配套,建成集大飞机与发动机的研发、总装、客户服务为一体的航空产业基地。在汽车产业领域,注重新能源汽车研发和技术储备,加快发展轿车制造业,努力建成国内重要的轿车生产基地。在集成电路领域,充分发挥无锡微电子国家高技术产业基地作用,加强与高校、龙头企业合作,共建创新平台,攻克关键技术,形成制造、设计、封装测试等较为完整的产业链。在新能源产业领域,重点发展太阳能、半导体照明产业,适度扩大产业规模,加强核电、风电等新能源装备产业合作,增强核心竞争力和产业发展后劲。支持南通、盐城加强与上海的产业合作,加快上海驻大丰农场综合开发,建设高水平的产业转移基地,提升先进制造业发展水平。

4. 提升援建援助和合作水平

全面落实中央关于援藏援疆援青工作的战略部署,以科学规划为引导,以改善民生为重点,以项目建设为抓手,以干部援助为关键,实行干部援助与项目援助相结合,经济援助与智力援助相结合,政府主导与企业参与、社会支持相结合,全力做好对口支援工作,确保江苏援建工作继续走在全国前列。积极支持参与西部大开发,将江苏的人才、资金、技术优势和中西部省份的能源、资源、劳动力优势结合起来,进一步提升区域经济合作水平。

四、实施主体功能区战略

启动实施主体功能区战略,按照"到 2020 年形成主体功能定位清晰的国土空间格局"的战略要求,调整开发内容,创新开发方式,规范开发秩序,提高开发效率,构建高效、集约、均衡、永续的美好江苏。

1. 构建空间开发战略格局

树立空间开发新理念,统筹谋划人口分布、经济布局和城镇化格局，加快各类主体功能区建设，推进集中开发与均衡布局，构建全省建设开发、农业生产和生态保护三大空间，进一步优化国土空间开发格局。

构建"核心优化、双带重点，多极拓展"的建设开发空间。"核心"是指长三角北翼核心区，是国家层面的优化开发区域，是我国参与国际竞争的核心区域，是我省率先实现转型升级的重点区域。"双带"是指沿海发展带和东陇海发展带，东陇海发展带是国家层面的重点开发区域，沿海发展带是江苏持续快速发展的新引擎，是我国区域发展的重点地区，要尽快发展成为我国东部沿海新的经济增长极。"多极"是指国家经济中心城市、综合交通枢纽城市等，包括南京、苏州、无锡、徐州、连云港以及苏北腹地中心城市淮安和江海交汇中心城市南通。

构建"两带三区"的农业生产空间。"两带"是指沿江农业带和沿海农业带，"三区"是指环太湖农业区、江淮农业区和渠北农业区。沿江农业带重点加快农业现代化步伐，成为我省重要的综合性农产品生产区域。沿海农业带重点推进规模化农业生产，建设特色海产品生产加工基地和出口基地。太湖农业区重点提高农业设施化水平和集约化程度，成为都市型农业的示范区。江淮农业区积极发展高效特色农业和外向农业，成为全省重要的农产品商品化生产区域。渠北农业区重点加快农田水利综合治理，成为重要的商品粮生产基地和特色农产品出口基地。

构建"两横两纵"的生态保护空间。"两横"是指长江和洪泽湖—淮河入海水道两条水生态廊道，"两纵"是指海岸带和西部丘陵湖荡屏障，是江苏重要的饮用水水源地和重要的水源涵养区，对于我省水源涵养、生态维护、减灾防灾等具有重要作用。

2. 实施差别化区域政策

依据主体功能区，调整和完善现行政策，实行差别化的区域政策体系，推动区域差异化管理。财政政策，重点完善省级财政一般性转移支付制度，加大财政对农业生产和生态保护的支持力度，建立不同主体功能区间的援助机制。投资政策，以主体功能区为方向，安排政府投资，逐步加大用于农业和生态环境保护的比例，严格限制不符合主体功能区要求的产业类项目的审批、核准和备案。产业政策，修订现行产业结构调整指导目录，形成不同区域的鼓励、限制和禁止发展的产业目录。完善市场准入制度，对不同主体功能区的项目实行不同的强制性标准。建立和完善农业发展政策，健全农业生产补偿制度。土地政策，制定差别化的土地利用政策，按照主体功能区配置建设用地，控制建设用地增长。环境政策，制定符合主体功能区的污染排放、环境准入、排污许可、污染控制和管理政策。人口政策，引导人口有序流动和定居，鼓励有稳定就业和住所的外来人口定居落户，在限制开发和禁止开发区域引导人口逐步自愿平稳有序转移。应对气候变化政策，实施不同主体功能区的节约能源政策和低碳政策。

3. 完善绩效考核评价

制定和实施主体功能区绩效评价体系，在强化对各类区域提供公共服务、加强社会管理、增强可持续发展能力等方面评价基础上，对不同区域提出有差异的绩效评价指标和要求，实施分类评价。对优化开发区域，实行转变经济发展方式优先的绩效评价，强化对经济结构、自主创新以及外来人口公共服务覆盖面等评价。对重点开发区域，实行工业化和城镇化水平优先的绩效评价，综合评价经济增长与质量、吸纳人口与公共服务覆盖面等，突出承接产业和人口转移方面的评价。对限制开发区域，实行农业发展优先和生态保护优先的绩效评价，强化对农产品保障能力和生态保护能力的评价。对禁止开发区域，强化对自然文化资源的原真性和完整性保护情况的评价。

五、进一步深化改革

以更大的决心和勇气全面推进各领域改革,加大改革攻坚力度,在重点领域和关键环节取得新突破,不断完善社会主义市场经济体制机制,为科学发展提供有力保障。

1. 建设服务型政府

按照建设服务型政府的要求,深化行政管理体制改革。推进政府职能转变,进一步加快政企分开、政事分开、政资分开、政社分开,切实减少政府对资源配置和经济行为的干预。强化公共服务职能,把政府职能切实转到经济调节、市场监管、社会管理、公共服务上来,提高行政效率,降低行政成本。全面推进依法行政,健全科学决策、民主决策、依法决策机制,完善重大问题集体决策、专家咨询、社会公示和听证制度,强化行政问责制,改进行政复议和行政应诉工作,提高政府公信力。加快推进政务公开,增强公共政策制定透明度和公众参与度,充分发挥人民群众和社会舆论对政府行政的监督和制约,加快电子政务建设,拓展行政权力网上公开透明运行的内涵,强化政府绩效管理。继续优化政府结构、行政层级和职能责任,继续推进大部门体制改革,稳步推进扩权强县,探索实行省直管县体制,开展经济发达镇行政管理体制改革试点,对规模较大、经济实力较强的镇,赋予其一定的县级经济社会管理权限。积极稳妥推进事业单位分类改革。

2. 完善所有制结构

深化国有企业改革。坚持和完善基本经济制度,推进国有经济战略性调整,加快垄断行业改革。完善国有资产管理体制,进一步分离政府的公共管理职能和国有资产出资人职能。健全国有资本经营预算、收益分配制度和国有企业经营业绩考核制度,实现国有资产保值增值。加大国有企业重组力度,优化国有资产配置,引进战略投资者,推进产权多元化,做强做大一批主业优势明显、影响力和带动力强的国有企业。深化国有企业公司制、股份制改革，完善法人治理结构，健全现代企业制度。

大力发展民营经济。落实支持民营经济发展的政策措施，鼓励和引导非公有制经济进入金融服务、公用事业、文化产业和基础设施等领域，鼓励民间资本重组联合和参与国有企业改革。鼓励一批优势企业做大做强，增强行业带动和示范作用。完善信用担保体系，鼓励发展商业性担保机构和互助性担保基金，为民营企业提供资金支撑。到 2015 年，力争民营经济占国民经济比重达到 60%左右，对高新技术产业的贡献份额力争达到 45%。

培育壮大中介组织。推进中介组织市场化运作、规范化管理，实施自我管理和自我服务。加强多层次中介组织网络建设，培育壮大一批人力资源中介机构，扶持发展技术市场的科技中介机构，大力发展土地中介服务市场，鼓励发展金融中介、实物中介和服务中介，不断满足市场经济发展的需要。建立与我省经济发展和产业结构相适应的、以企业为主体的行业组织新体系，推行政会分开，增强行业组织功能，充分发挥行业组织在行业管理中的重要作用。

3. 深化财税金融价格体制改革

加快财政管理体制改革。完善省直管县财政体制，健全财政转移支付制度，增强基层政府提供基本公共服务的财力保障。进一步明确各级政府事权和支出责任，使各级政府财力与事权相匹配，建立县级基本财力保障机制，增强基层政府提供基本公共服务的能力。加大财政转移支付力度，逐步提高一般性转移支付规模和比例，完善和规范转移支付行为。完善预算编制、执行、绩效管理制度，推进预算绩效管理，探索建立绩效评价结果公开机制和有效的问责机制。调整和优化财政支出结构，把更多的财力用于社会建设和改善民生，加大对教育、科技、医疗卫生、社会保障的投入。创新财税激励约束机制，强化有利于转变经济发展方式的利益导向。规范地方政府融资平台管理，防范金融风险。

稳步推进金融体制改革。深化农村合作金融机构改革，鼓励有条件的地区以县为单位建立社区银行，积极发展各种所有制金融机构、农村新型金融组织和小额信贷。引导金融机构加大对“三农”、中小企业以及科技创新的信贷支持。加快金融产品、工具和服务创新，充分满足市场多元化需求。

深化资源性产品价格和要素市场改革。理顺煤、电、油、气、水、矿产等资源类产品价格关系，完善重要商品、服务、要素价格形成机制。加强通胀预期管理，保持市场价格总水平基本稳定。正确处理价格改革与保障群众基本生活的关系，加强重要生活消费品价格波动监管，提高应急处置能力，完善价格听证制度，稳妥推进公共产品价格改革，继续清理取消涉及民生的不合理收费。完善社会救助和保障标准与物价上涨挂钩的联动机制，切实保障群众生活。健全土地、资本、劳动力、技术、信息等要素市场，完善市场法规和监管体制，规范市场秩序。

六、增创开放新优势

适应我国对外开放由出口和吸收外资为主转向进口和出口、吸收外资和对外投资并重的新形势，实行更加积极主动、互利共赢的开放战略，不断拓展新的开放领域和空间，完善更加适应发展开放型经济要求的体制机制，增创开放型经济新优势。

1. 提高对外开放水平

优化利用外资结构和方式。拓展利用外资新领域，引导外资为自主创新、经济结构调整、区域协调发展服务，鼓励外资投向高新技术产业、现代服务业、节能环保产业、现代农业等领域和苏北、沿海地区。加大招商选资、招才引智力度，鼓励外资企业在江苏设立研发中心、销售机构和地区总部等功能性机构，借鉴国际先进管理理念、制度、经验，促进体制创新和科技创新。支持外资以多种方式参与企业改组改制，制定并实施外资并购安全审查制度。鼓励省内优势企业利用境外资本市场上市融资。

加快转变外贸发展方式。推动外贸出口由量的扩张向质的提升转变，提高出口产品附加值，延长加工贸易国内增值链。开拓新兴出口市场，巩固欧美日传统主销市场，培育周边市场，利用自贸区和CEPA、ECFA协议，加强双边贸易。深度参与国际分工，优化出口产品结构，培育以技术、品牌、质量、服务为核心竞争力的新优势，积极支持具有自主知识产权和自主品牌的产品出口，提高一般贸易的规模和国际竞争力。推动出口基地建设，加快加工贸易转型升级。大力发展新型贸易，重点促进保税贸易和国际电子商务。积极推进服务贸易出口，加快发展信息技术、动漫设计、服务外包和物流服务等新型服务贸易。培育扶持一批与我省优势企业、新兴产业密切相关的省内重点展会。鼓励进口国外先进技术和装备、关键零部件、紧缺资源类产品，培育发展一批大宗商品进口集散地，增强进口对经济发展的促进作用。

促进开发园区转型升级。充分发挥各类国家级和省级开发园区在提升产业层次、形成产业集聚和创新集群的主阵地作用，大力推进开发园区“二次创业”，提升集聚、服务和创新功能，加快特色产业园区、特殊功能园区、创新型园区、生态工业园区和南北共建园区建设。推进开发区与出口加工区、保税区和保税物流园区功能叠加、资源共享和优势再造，继续拓展保税、通关、物流、商品展示、贸易服务等功能，把开发区建设成为科技创新先导区、新兴产业集聚区和集约发展示范区。支持有条件的省级开发区升格为国家级开发区，有序推进各类省级开发区的设立和扩区工作。

2. 拓展对外开放空间

推动企业“走出去”。鼓励企业在境外设立研发机构，利用国外人才、信息平台等创新资源，提升企业研发水平和竞争力。推动有条件的企业借助国际资本市场，兼并和收购境外企业和知名品牌，建立国际营销网络和售后服务网络。鼓励技术成熟、国际市场需求大的产业和企业依托能源资源产地和市场，设立境外生产基地。创新对外投资和合作方式，支持有比较优势的企业联合“走出去”，在生产、销售、服务方面形成产业集聚，继续办好我省境外经贸合作区。发展海外工程承包和劳务输出，扩大农业国际合作，积极开展有利于改善当地民生的项目合作，进一步提升承揽工程的能力和水平。加强对企业“走出去”的指导和服务，健全跨部门协调机制，简化程序，提高效率，加大对“走出去”企业的权益保护。

优化区域开放格局。把沿海开发作为新一轮开放的重点区域，加强开发开放载体建设，推进重点口岸建设，支持有条件的沿海地区设立海关特殊监管区，把沿海地区打造成为开放型经济新高地。加快苏中、苏北地区开放步伐，优化利用外资结构，形成一批优势产业出口基地，建设利用外资新高地。全面提高苏南地区经济国际化水平，进一步增强国际竞争力和辐射带动能力。

加强境外区域经济合作。发挥江苏友好省州的优势，大力推进区域合作，深化欧美日重点省州的经贸、科技、文化、教育领域合作。充分利用自由贸易协定带来的贸易机会，大力提升与东盟等国家和地区的经贸合作水平。拓展江苏与新加坡合作领域，继续提升苏州工业园区建设和管理水平，加快推进南京生态科技岛、苏通科技产业园建设。抓住两岸签署经济合作框架协议的契机，发挥江苏对台交流的独特优势，全面推进苏台经济、文化、教育、科技、旅游等领域交流合作，加快建设海峡两岸（昆山）商贸合作区、海峡两岸（泰州）生物技术产业园、淮安等(台湾)农民创业园。进一步深化与港澳等地区的经贸合作,共同开拓国际市场。

3. 优化对外开放环境

形成最具竞争力的投资贸易便利化环境。进一步改善政府服务,加强知识产权保护,加快电子口岸建设。优化货物通关、出口退税、信用保险、收结汇等方面的流程,降低企业商务成本。进一步完善全省口岸开放布局。深化跨境贸易人民币结算试点,进一步改进和完善直接投资项下外汇管理方式和手段,加快企业外汇资金周转。

建立风险防范和管理体系。进一步完善贸易摩擦防范预警系统和应对体系,建立和完善境外劳务纠纷和突发事件应急处置长效机制。做好对外贸易和投资的风险预警、风险管理指导和咨询服务,完善开放型经济绩效评价体系。规范经营者集中反垄断审查,维护市场公平竞争。有效运用贸易救济措施,加强重点国别、重点产业预警监测,发挥产业损害预警机制在应对贸易摩擦中的反制作用,保障产业和企业权益。发挥投资贸易促进机构、出口信用保险机构、商会的积极作用,建立信息披露制度,形成政府、中介组织、企业三位一体的贸易摩擦应对机制,促进公平贸易。

资料来源:参阅《江苏省十二五规划纲要》《新华报业网—新华日报》2011年3月22日。

浙江省“十二五”规划纲要(节选)

一、指导思想和主要目标

“十二五”时期经济社会发展的指导思想是:高举中国特色社会主义伟大旗帜,以邓小平理论和“三个代表”重要思想为指导,深入贯彻落实科学发展观,继续全面实施“八八战略”和“创业富民、创新强省”总战略,以科学发展为主题,以加快转变经济发展方式为主线,以富民强省、社会和谐为根本目的,着力调整经济结构,着力加强自主创新,着力建设生态文明,着力保障改善民生,着力深化改革开放,科学发展走在前列,全面建成惠及全省人民的小康社会,为基本实现现代化打下更加坚实的基础。

根据上述指导思想,按照转型发展、创新发展、统筹发展、和谐发展的基本要求,“十二五”时期经济社会发展的总体目标是:科学发展走在前列,惠及全省人民的小康社会全面建成。全省生产总值年均增长8%左右,保持经济平稳较快增长,城乡居民收入增幅、服务业增加值比重、城市化率、研发经费支出比重升幅和财政教育经费支出比重高于“十一五”实绩,综合实力、国际竞争力和可持续发展能力显著增强。

——产业升级实现新突破。自主创新能力大幅提高,研究与试验发展经费支出占生产总值的比重达到2.5%,科技对经济发展的贡献率不断提高。战略性新兴产业形成规模,传统产业竞争力不断增强,服务业增加值占生产总值比重达到48%左右。民营经济实现新飞跃,开放型经济达到新水平,海洋经济成为具有战略意义的新增长点。

——城乡区域协调发展实现新突破。新型城市化战略深入实施,都市区和城市群建设加快推进,区域中心城市集聚辐射能力进一步增强,县城、中心镇和美丽乡村建设取得重大进展,欠发达地区跟上全省发展步伐,城市化率达到63%左右,城乡一体化发展迈上新台阶。

——生态文明建设实现新突破。生态省建设深入推进,非化石能源占一次能源消费比重进一步提高,单位生产总值能耗下降、二氧化碳和主要污染物减排实现阶段性目标,继续保持全国先进水平,土地、水等资源利用效率大幅提高,生态环境持续改善,循环经济形成规模,生态安全保障体系基本建成,可持续发展水平明显提升。

——创业创新环境实现新突破。大平台大产业大项目大企业建设加快推进,产业集聚区建设初具规模,各类开发区(园区)优化发展,创新体系不断完善,基础设施现代化水平加快提升,政府公信力和行政效率进一步提高,体制机制再添新活力,民主法制更加健全,社会管理制度不断完善,社会更加和谐稳定,创业创新环境更加优化。

——保障改善民生实现新突破。5 年新增城镇就业 300 万人,城镇居民人均可支配收入和农村居民人均纯收入分别年均增长 8.5%和 9%,基本形成覆盖城乡居民的社会保障体系,收入差距扩大趋势得到遏制。公众受教育程度稳步提高,新增劳动力平均受教育年限达到 13.5 年,教育、卫生、文化、体育等社会事业加快发展,城乡居民住房条件不断改善,基本公共服务体系逐步完善,人民生活质量和水平不断提高。

二、全面贯彻落实扩大内需战略(略)

三、加快产业结构优化升级

坚持把推进产业结构优化升级作为加快转变经济发展方式的重大任务,积极发展现代农业,加快推进工业现代化,大力发展现代服务业,培育发展战略性新兴产业,推动信息化与工业化深度融合,实施品牌大省和质量强省战略,打造具有浙江特色的现代产业体系。

1. 积极发展现代农业

加快建设粮食生产功能区和现代农业园区。深入实施500万亩标准农田质量提升工程,改善耕地质量条件,着力提高粮食综合生产能力。大力推进粮食生产功能区建设,力争建成500万亩粮食生产功能区。加强粮食流通能力建设,充实粮食储备,扩大粮食产销合作,确保粮食安全。积极开展100个现代农业综合区、200个主导产业示范区、500个特色农业精品园创建,力争建成400万亩现代农业园区,促进农业生产规模化、标准化和生态化。

做强做优特色精品农业。加快农业科技和农作制度创新,积极发展现代种业,大力推广粮经复合、种养结合、生态循环等先进适用技术和模式。加快农业机械化,促进农机农艺融合。大力发展设施农业,积极推进农业标准化。减少和控制农药、化肥的使用,发展无公害农产品、绿色食品和有机食品,确保农产品质量安全。提升壮大蔬菜、茶叶、果品、畜牧、水产养殖、竹木、中药材、食用菌、花卉苗木、蚕桑等十大农业主导产业,力争主导产业产值占农业总产值比重达到80%以上,农产品加工率达到50%以上,加快构建高产、优质、生态、安全的现代农业产业体系。

培育现代农业经营主体。加快形成以家庭承包农户为基础,专业大户、农民专业合作社、农业龙头企业为骨干的现代农业生产经营组织体系。推动农业龙头企业发展,培育形成500家年销售额1亿元以上有市场竞争力的农业龙头企业。规范提升农民专业合作社,培育农业中介服务组织,形成1000家省级示范性专业合作社。加强现代农业经营领军人才培养,鼓励和支持大学毕业生从事现代农业,培育20万名以上拥有绿色证书的新型农民。

强化农业社会化服务。进一步建立完善农技推广、动植物疫病防控和农产品质量监管“三位一体”的县乡两级农业公共服务体系。大力支持农业企业、专业合作社、专业大户开展各类专业化服务，积极推进农业服务外包。大力推进农产品批发市场、农产品展示展销中心和鲜活农产品配送中心建设，发展农产品直销、连锁配送等现代流通业态和电子商务等现代交易方式。深入实施百万农民信箱工程，组建现代农村信息综合服务体系。完善政策性农业保险。

2. 改造提升传统优势产业

发展壮大优势产业。大力发展汽车、装备、医药等资金和技术密集型产业，择优发展石化、船舶、钢铁等现代临港工业，着力引进和组织实施一批投资规模大、产业关联强、附加值高的重大项目。有选择地改造提升纺织、轻工、建材、有色金属等传统行业，坚决淘汰落后产能，加快转移过度依赖资源环境的加工制造环节。推广应用集成制造、柔性制造、精密制造、清洁生产、虚拟制造等先进制造模式，不断提升我省制造业在全球产业价值链中的地位。运用新材料、新结构、新技术、新设备，提升建筑企业技术水平，促进建筑业转型升级，推动我省由建筑大省向建筑强省跨越。

加快培育现代产业集群。实施集群化发展战略，深入推进块状经济转型升级“六六工程”，促进块状经济产业链纵向延伸和横向拓展，加快块状经济向现代产业集群转型升级。以产业集聚区、开发区（园区）和乡镇功能区为主要依托，加快完善研发、物流、检测、信息、培训等生产性公共服务平台，强化专业化配套协作，完善创新体系，提升集群品牌，形成若干个在国内外具有重要影响力的现代产业集群。

突出重点区域发展。优化服务业发展空间布局，积极引导杭州、宁波、温州、金华—义乌等中心城市和地级市城区加快发展现代服务业，进一步增强服务业集聚和辐射功能，推动特大城市率先形成以服务经济为主的产业结构。鼓励经济强县大力培育发展特色服务业和生产性服务业，发挥中心镇在城乡服务业体系中的节点功能，推动城镇服务业和农村服务业加快发展。

突出重点平台建设。科学引导服务业集聚发展，创建发展100个左右省级现代服务业集聚示范区，完善管理机制，加大支持力度。构筑产业集群生产性服务公共平台，重点建设一批跨区联动、资源共享、层次较高的生产性服务公共平台。积极推进一批服务业重大项目建设，建立和完善动态管理的服务业项目库，加强服务业重大项目的要素保障。

突出重点企业培育。培育100家以上省服务业重点企业，加大并购重组和资源整合力度，加快形成一批主业突出、核心竞争力强、品牌带动作用明显的服务业大企业、大集团，促进服务业规模化、品牌化、国际化发展。培育一批具有自主知识产权和市场占有率居全国同行业领先地位的“小型巨人”服务企业。积极推进企业分离发展服务业，坚持分离与外包、分离与整合相结合，壮大生产性服务业企业。积极为中小型服务企业创造良好的发展条件，鼓励做大做强。推进服务业企业加快“走出去”。

3. 培育发展战略性新兴产业

明确战略性新兴产业发展重点。以重大技术突破和重大发展需求为基础，继续做大做强高技术产业，重点培育发展生物、物联网、新能源、新材料、节能环保、高端装备制造、海洋新兴、新能源汽车和核电关联等战略性新兴产业。引导人才、技术、资金、土地等资源向战略性新兴产业领域集聚，实施一批重大产业创新发展工程，建设一批国家级产业基地，形成若干个千亿产值规模的战略性新兴产业。

加大战略性新兴产业扶持力度。强化政府引导和扶持，组织实施若干重大应用示范工程，加强重点创新产品推广应用，建立战略性新兴产业与省内重点项目、重大工程对接机制。推动金融机构建立促进战略性新兴产业发展合作联盟,设立若干战略性新兴产业投资基金。构建民营企业公平进入战略性新兴产业的市场环境。

4. 着力建设产业集聚区

合理布局产业集聚区。在提升发展环杭州湾、温台沿海、金衢丽高速公路沿线三大产业带的基础上,加快建设杭州大江东、杭州城西科创、宁波杭州湾、宁波梅山国际物流、温州瓯江口、湖州南太湖、嘉兴现代服务业、绍兴滨海、金华新兴产业、衢州绿色产业、舟山海洋产业、台州湾循环经济、丽水生态产业、义乌商贸服务业等产业集聚区,加强统筹规划和综合协调,使之成为集产业、科技、人才为一体,一、二、三产业相融合,人与自然相协调,新型工业化与新型城市化相结合的示范区和经济转型升级的先行区。

推进高水平开发建设。按照“优、新、高、特”和建设现代产业体系要求,大力发展战略性新兴产业、现代服务业、海洋经济、先进制造业和高效生态农业,加快推动传统块状经济向现代产业集群转型,积极探索低碳技术和绿色生产,带动新型工业化进程。按照建设城市功能区要求,优化中心城市空间和功能,推动都市圈建设和城乡统筹发展,带动新型城市化进程。加大招商引资、引智力度,有效集聚科技、人才等创新资源,力争在重点领域先行先试并取得突破,成为促进技术进步、推进体制创新的重要载体。

强化政策要素保障。建立完善产业集聚区建设协调机制和管理体制。优化科技要素分配激励机制,鼓励公共创新平台建设,建成高效、灵活的产业集聚区创新体系。重点保障产业集聚区建设用地需求,加强土地节约集约利用和批后监管工作。加大财政、金融和税收政策支持力度,创新投融资方式,拓宽直接融资渠道。合理配置环境容量指标,加强污染物总量控制和结构优化调整。推进区域交通运输、能源、水利、信息、环境等配套设施建设,增强集聚区发展支撑能力。

四、统筹城乡区域协调发展

坚持走新型城市化道路,深入推进社会主义新农村建设,实施主体功能区战略,逐步形成区域经济优势互补、主体功能定位清晰、国土空间高效利用、人与自然和谐相处的区域发展格局。

1. 完善城市化布局和形态

提升都市区和城市群功能。加强杭州、宁波、温州和金华—义乌都市区建设,集聚高端要素,发展高端产业,带动周边县市一体化发展,加快形成杭、甬、温三大都市圈和浙中城市群。杭州要充分发挥科教文化和休闲旅游等综合优势,建设高技术产业基地和国际重要的旅游休闲中心、全国文化创意中心、电子商务中心、区域性金融服务中心,打造长三角重要的中心城市。宁波要发挥产业和沿海港口资源优势,推动宁波—舟山港口一体化发展,建设先进制造业、现代物流和能源原材料基地,打造现代化国际港口城市和长三角南翼经济中心。温州要发挥民营经济优势,建设以装备制造为主的先进制造业基地、商贸物流为主的现代服务业基地、国家重要枢纽港和民营经济创新示范区,成为连接海峡西岸经济区的重要城市。金华—义乌要发挥特色产业集群和专业市场优势,聚合发展主轴线,建设国际商贸物流中心和高技术产业基地,加快推动浙中城市群一体化发展,带动浙西南乃至周边地区的发展。

做强省域中心城市。加快省域中心城市人口、要素和产业集聚,增强城市经济综合实力,优化提升城市综合服务功能,把区域中心城市培育成为综合服务功能完善、集聚辐射能力强的大城市,形成城市集群化发展的格局。积极支持有条件的县级市培育成为区域中心城市。湖州要发挥临湖和生态优势,加快南太湖区域综合开发和现代化生态型滨湖大城市建设，打造国家生态文明示范区和连接中部地区的重要节点城市。嘉兴要发挥近沪和临湖、沿湾优势，建设统筹城乡发展示范区，打造运河沿岸重要的港口城市和现代化网络型田园城市。绍兴要发挥历史文化和产业优势，建设长三角先进的工贸基地，打造江南历史文化名城和旅游宜居城市。衢州要发挥对内开放门户和区域性交通枢纽作用，建设绿色发展示范区和特色产业基地，打造浙闽赣皖四省边际中心城市。舟山要发挥海洋和港口资源优势，建设海洋综合开发试验区，打造大宗商品国际物流基地、现代海洋产业基地、国家级海洋科教基地和群岛型花园城市。台州要发挥民营经济和沿海港口优势，建设临港先进制造业基地、民营经济创新和循环经济发展示范区，打造长三角南翼节点城市。丽水要发挥生态优势，建设绿色农产品、特色制造业基地和生态休闲养生旅游目的地，打造国家生态文明示范区和浙西南重要的区域性中心城市。

提高县城集聚能力。统筹城乡空间布局、基础设施、资源配置及综合配套改革，加快推进城乡一体化发展。加快县城人口集聚、产业集中和功能集成，完善"省管县"财政体制，进一步加强县（市）政府的社会和公共服务职能。全面推进扩权强县改革，提高县城集聚和辐射能力，推动县域经济向城市经济转变。

培育中心镇和小城市。坚持分类指导、突出重点、梯度发展的原则，分类引导和培育现代小城市、都市卫星城、专业特色镇和综合小城镇。突出中心镇的片区中心作用，引导周边乡镇组团式发展，促进中心镇的人口集聚、空间拓展、产业转型，提升中心镇生产、流通和生活的综合功能。开展小城市培育试点，全面扩大经济社会管理权限，建成一批管理水平高、集聚能力强、服务功能全的现代小城市。

提高城市综合承载能力。科学编制城市规划，加快推进城市有机更新，集约节约利用城市土地，统筹地上地下市政公用设施建设。切实加强城市建设和管理，加快建设省域城际轨道网络和综合交通枢纽，着力整治交通拥堵等“城市病”，推进“城中村”和城乡结合部改造，改善城市人居环境。全面推行“数字城管”和城市综合行政执法，加强社区建设和管理，健全城市公共服务。弘扬独具特色的城市人文精神，不断提高市民素质。

2. 扎实推进“美丽乡村”建设

增强农民创业增收能力。深入实施千万农民素质提升工程，大力开展现代农业技术和农民务工技能培训。大力发展乡村生态旅游，积极发展休闲观光农业、农家乐、森林旅游和农村服务业，拓展农村非农就业空间。大力发展乡村精品农业，推进特色专业村建设。发展壮大村级集体经济，增强村级组织服务功能。

深入推进村庄整治建设。实施“美丽乡村”建设行动计划，构建农村生态人居体系、生态环境体系、生态产业体系和生态文化体系。按照生产要素集中、人居环境优良的要求，培育建设2500个左右的中心村。积极推进城乡公交一体化，推进连线成片村庄整治建设，力争垃圾处理、污水治理、卫生改厕和绿化等整治建设覆盖全省村庄。实施新一轮农村电网升级改造工程，推进农村信息基础设施建设。基本完成对规划保留、尚未整治的10000个左右一般行政村的环境综合整治，保护文化特色村。加快农村住房改造建设，提高农村政策性住房保险水平。

提升农村公共服务水平。加快乡镇、中心村综合服务中心建设，积极支持供销社、信用社等机构在中心村建立网点，鼓励股份制商业银行向农村地区延伸服务，加快“千村千社便民工程”建设。深入实施文化信息资源共享、农村电影放映和广电惠民工程，继续推进乡镇综合文化站、广电站和邮政所建设。全省绝大多数农民能够就近享受到文化、体育、卫生、培训、幼教、养老、通讯、邮政、气象等基本公共服务。

3. 实施主体功能区战略

优化国土空间开发格局。统筹谋划人口分布、经济布局、国土利用和城市化格局，引导人口、经济向适宜开发的区域集聚，保护农业和生态发展空间，构建高效、协调、可持续的国土空间开发格局。对人口密集、开发强度偏高、资源环境负荷过重的部分城市化地区要优化开发。对资源环境承载能力较强、集聚人口和经济条件较好的城市化地区要重点开发。对影响全省生态安全的重点生态功能区、发展农业条件较好的农产品主产区和生态经济地区，要限制大规模、高强度的工业化和城市化开发。对依法设立的各级各类自然文化资源保护区和其他需要特殊保护的区域要禁止开发。

实施差别化区域政策。根据不同区域的主体功能定位，加快制定实施分类指导的财政、投资、产业、土地、环境等政策。进一步完善省级财政转移支付政策，逐年加大对重点生态功能区、禁止开发区域等的均衡性转移支付力度。实行按主体功能区安排与按领域安排相结合的政府投资政策，按主体功能区安排的投资主要用于支持重点生态功能区和农产品主产区的发展，按领域安排的投资要符合各区域的主体功能定位和发展方向。修改完善现行产业指导目录，明确不同主体功能区的鼓励、限制和禁止类产业。实行差别化土地管理政策，科学确定各类用地规模，严格土地用途管制。对不同主体功能区实行不同的污染物排放总量控制和环境标准。

完善考核评价办法。按照不同区域主体功能定位，实行各有侧重的绩效考核。优化开发区域要强化经济结构、科技创新、资源利用、环境保护等评价。重点开发区域要对经济增长、产业结构、质量效益、节能减排和城市化等实行综合评价。生态经济地区、重点生态功能区和农产品主产区要突出生态建设、环境保护以及粮食生产能力等方面的评价。禁止开发区域要全面评价自然文化资源的原真性和完整性保护情况。

4. 促进欠发达地区加快发展

大力发展山区特色优势产业。合理开发利用和保护山区资源，积极发展高效生态农业、绿色食品加工和低碳环保产业。深入实施“兴林富民”工程，加快推进生态公益林建设、林分升值改造和林业产业化，建设富裕的生态屏障。积极发展乡村生态工业和来料加工业，大力发展森林、观光、运动、休闲、养生、民俗等乡村旅游，拓宽农村劳动力转移就业和农民增收致富门路。加快建设“山上浙江”，积极培育经济发展新的增长点。

加大欠发达地区支持力度。研究制定新一轮扶持欠发达地区发展的政策措施，实施重点欠发达县群众增收致富奔小康工程，进一步加大财政转移支付和生态补偿力度，加快欠发达地区交通、水利、能源、公共服务等基础设施和防灾减灾体系建设。优先发展教育，加大人才培养和引进力度，提高欠发达地区创业创新能力。积极推进“小县大城”战略，促进人口“内聚外迁”，加快生态城镇建设。重点扶持革命老区、民族地区、贫困山区、海岛地区和库区经济社会发展，积极支持景宁加快建设成为全国畲族文化发展基地。

深入实施“山海协作”和结对帮扶工程。按照优势互补、共同发展原则，进一步完善山海协作机制，加快建设山海协作共建园区，深入开展发达地区市、县、乡对欠发达地区的三级对口合作帮扶，提高结对合作帮扶成效。重点支持对口欠发达地区改善交通、水利等基础设施和教育、卫生、文化、体育等社会设施条件。鼓励引导产业合理转移，合作共建生态产业园区。继续办好“义博会”山海协作专区，积极利用重大展会等各种平台支持欠发达地区开拓市场。

五、建设海洋经济强省

充分发挥海洋资源优势，实施海洋开发战略，统筹海洋经济与陆域经济发展，构建现代海洋产业体系，加快建设全国海洋经济发展示范区。

1. 优化海洋空间开发格局

构建"一核两翼三圈九区多岛"总体布局。以宁波—舟山港海域、海岛及其依托城市为核心区，促进宁波、舟山区域统筹联动发展，加快舟山海洋综合开发试验区建设，着力打造我国海洋经济参与国际竞争的核心区域和保障国家经济安全的战略高地。以环杭州湾产业带及其近岸海域为北翼，加强与上海国际金融和航运中心接轨，以温台沿海产业带及其近岸海域为南翼，加强与海峡西岸经济区接轨。加快杭州、宁波、温州三大都市圈海洋高技术产业和现代服务业发展，增强对周边区域的集聚辐射，成为我国沿海地区海洋经济活力较强、产业层次较高的重要区域。依托沿海七市，建设九大产业集聚区，使之成为我省海洋经济发展方式转变和城市新区培育的主要载体。推进梅山、六横、金塘、衢山、普陀山（朱家尖、桃花岛）、洋山、南田、头门、大陈、大小门、南麂等重要海岛的开发利用与保护，突出岛屿的主要功能和特色，努力成为我国海洋开发开放的先导地区。依托铁路、公路、内河航运等集疏运网络，推进海陆联动，辐射湖州、金华、衢州、丽水等内陆地区互动发展。

加强海洋资源合理开发和有效保护。编制实施海洋功能区划，实行滩涂、岸线、海岛、海岸带等海洋空间资源分类指导和管理，依法有序实施温州、台州、宁波、舟山等沿海滩涂围垦和围填海工程，扎实推进瓯飞滩等重大项目实施，节约集约利用海洋资源。实施海陆污染同步监管防治，加大陆源入海污染物集中净化处理和达标排放力度，加强海洋环境应急管理能力建设，完善海洋环境监测评价体系和灾害观测预警体系。加强沪苏浙合作，推动跨区域海洋污染防治，实施海洋生态保护区建设计划，推进"海洋牧场"建设，加大近海生态环境建设和修复力度。

2. 打造“三位一体”港航物流服务体系

构筑大宗商品交易平台。按照建设一个大宗商品交易中心，宁波、舟山两个服务平台，石油化工、矿石、煤炭、粮食、建材、工业原材料、船舶等多个交易区，一批国家战略物资和商业化储运配送基地的总体架构，完善配套设施和服务，加强国内外战略合作。着力构建大宗商品交易平台，引导发展流通加工、分拨配送、国际采购、转口贸易等增值服务，带动物流金融、现货即期交易、期货合约交易等业务发展。

优化完善集疏运网络。整合港口资源，建设一批深水码头和重点港区，发展集装箱运输，进一步提高港口吞吐能力。发挥水水中转优势，开辟国内支线和国际航线，加强与国际港口和海运物流企业合作。改造提升一批内河航道，建设海河联运体系，拓展“内陆港”服务功能，创新推动港口联盟。完善进港航道、锚地、疏港公路铁路及重要枢纽等集疏运网络，实现多种运输方式数据共享、无缝对接，加快建成“集散并重”的综合性国际枢纽港。建设一批港口物流园区，培育一批港口物流企业。引导民资参与航运发展，打造全国领先的海洋运输船队。

强化金融和信息支撑。加强航运金融服务创新，引导国内外商业银行在浙分支机构积极发展各类航运金融服务，培育港航产业投资基金，改造设立服务海洋经济发展的银行机构，鼓励各类商业银行和保险公司开发航运金融产品，高水平建设宁波航运金融集聚区。扩大投融资业务和渠道，引导政府创投基金、担保基金、风险补偿基金和省属领军企业、社会力量支持港航产业发展。提升电子口岸信息系统，加快宁波国家交通物流电子枢纽系统和沿海港口物流信息服务平台建设，打造“数字港”。扶持发展船舶交易、船舶管理、航运经纪、航运咨询、船舶技术等航运服务业，建设一批航运服务集聚区和宁波、舟山远洋船员服务基地。

3. 加快发展现代海洋产业

扶持发展海洋新兴产业。坚持引进与培育并举，提升海洋装备工业技术集成和设备成套化水平。打造国家级海洋先进装备业和海洋工程装备基地。积极有序布局沿海核电项目，建设全国重要的核电生产基地。以创建中国（海盐）核电城为重要载体，打造国家核电服务和装备制造基地，促进核电关联产业发展。积极发展海岛和近海风能、潮汐能、潮流能等海洋可再生能源，打造国家海洋能研究与开发基地。加强海洋生物技术研究与开发，重点发展海洋功能性生物制品、生物性原料药与衍生品等产业，建设海洋生物制品基地。大力推进海水淡化和综合利用，加快关键技术设备国产化进程，打造我国重要的海水淡化技术装备制造基地。加强海洋勘探开发和海洋测绘服务，建设东海油气田后方基地和我国大洋勘查技术与深海科学研究开发基地。以滨海城市为依托，加快建设甬舟、温台和跨杭州湾三大海洋旅游区，优化海洋旅游产品结构，完善海洋旅游配套服务体系，打造我国重要的海洋休闲旅游目的地。

择优发展临港先进制造业。以宁波国家级石化产业基地和台州炼化一体化项目建设为重点，打造国际领先的现代石化产业基地。发挥沿海地区船舶工业特色优势，重点发展海洋工程船、液化天然气船、综合服务船、邮轮游艇、体育船艇、节能型船用柴油机及船用电子信息设备等高附加值船舶和船用设备，加快形成现代船舶产业链协作体系。充分发挥沿海临港优势，建设宁波钢铁基地、临港汽车及零部件基地、国家级高档造纸基地。

提升发展现代海洋渔业。加强渔船网具管理，控制近海捕捞强度，优化捕捞结构，实施海洋捕捞渔船转型升级示范工程。扶持壮大远洋渔业，完善配套服务体系。积极发展生态高效养殖，建设一批生态型水产养殖园区。大力发展水产品精深加工和物流贸易，强化水产品专业市场升级改造，强化水产品质量检验。继续推进标准渔港建设。

4. 推进舟山海洋综合开发试验区建设

建设大宗商品国际物流基地。规范有序推进口岸扩大开放，规划建设国家战略物资储备基地、港航服务集聚区和一批大型港口物流项目，打造全国重要的铁矿砂中转贸易、煤炭中转加工配送、油品中转贸易储存、粮食中转加工配送、化工品中转储运加工、集装箱中转运输等六大基地，建设舟山大宗商品交易平台。推进沿海运输、海进江和国际航运业务发展，推动舟山港口由中转储运向综合物流港转变，打造国际物流岛。

建设现代海洋产业基地。推动一批重大涉海产业项目落户海岛。加快船舶工业升级改造，重点发展海洋工程装备、高值船舶和船配产品，打造全国船舶检测中心和中国（舟山）船舶交易中心，建设我国重要的造船基地、船舶工业示范基地和世界级修船基地。加快推进舟山群岛海洋旅游综合改革试验区建设，打造国际佛教文化胜地和海洋休闲旅游目的地。提升捕捞、养殖、加工、贸易等现代渔业产业，打造舟山现代远洋渔业基地。综合开发海洋可再生能源，建设我国海洋新能源综合开发利用重地。

建设国家级海洋科教基地。高水平推进中国（舟山）海洋科学城建设，打造一批海洋科技创新平台、科研中试基地和孵化器，支持海洋科研成果转化落地。加强高等院校涉海学科和专业建设，做大做强浙江海洋学院，加强海洋职业技术教育，推动与名校和大院大所的战略合作，实施海洋人才工程，打造我国重要的海洋专业人才教育培养基地。

建设群岛型花园城市。加强舟山临城新区与定海、普陀城区的特色建设与协调发展，集聚港航、金融、商务、信息、科研等资源，推动绿色、美丽、数字城市建设。突出群岛特色，优化城镇结构，加强中心镇和新渔村建设，挖掘海岛特色文化，保护修复历史遗存和生态景观，提升海岛居民生活品质，建成我国山海秀美、生态和谐的群岛型花园城市。

5. 加快政府职能转变

创新政府管理方式。加快法治政府建设，强化政府公共服务和社会管理职能，减少政府对微观经济活动的干预。理顺政府部门职能，深化大部门体制改革。优化行政层级管理，全面推进扩权强县改革，进一步增强县级政府社会管理和公共服务职能，探索省直管县体制改革试点。积极推进扩权强县向两头延伸，加强市一级统筹经济社会发展、资源配置和跨区域重大基础设施建设等职能，推进强镇扩权改革。探索跨行政区域发展的体制机制。健全重大事项科学决策、民主决策、依法决策机制，进一步推进政务信息公开、办事公开，加强电子政务和行政服务中心建设。改进机关作风，建立健全服务企业、服务基层的长效机制。

完善公共财政体制。加强税收征管，促进税收收入的稳定增长。优化财政支出结构，加大民生支出投入。完善财政转移支付制度，提高一般转移支付比重。深化预算制度改革，完善政府公共预算、政府性基金预算、国有资本经营预算和社会保障预算体系，积极推进专项资金清理整合。深化国库集中支付制度改革，完善政府采购管理体制和运行机制，推进公务消费制度改革。加强政府性债务管理，建立政府性债务风险预警和控制机制。

六、扩大对内对外开放

实施更加积极主动的开放战略，优化对外贸易结构，提高利用外资水平，加快“走出去”步伐，深化国内合作与交流，不断提高开放型经济发展水平。

1. 转变外贸发展方式

优化进出口结构。以自有品牌、自主知识产权和自主营销为重点，引导企业着力提高传统出口产品的质量和档次。推进提升出口基地建设，积极打造区域品牌。加大对出口品牌企业的支持力度，力争使我省自主品牌产品和机电、高新技术产品的出口比重分别达到25%和50%以上。积极承接国际服务外包，逐步提高服务贸易在我省对外贸易中的比重。推进“大通关”建设，构建功能完善、服务优质的通关环境。积极拓展进出口渠道，引导企业重点引进先进技术装备、关键零部件和元器件、重点能源资源和原材料，推进加工贸易转型升级。

推进出口市场多元化。在深耕和巩固欧美日等传统出口市场的同时，努力扩大东盟、中东、东欧、南美等新兴市场出口。做精做强做大各类贸易平台，新设一批海关特殊监管区域，加快推广国际电子商务、海外分拨等新型贸易方式。积极组织企业参加境内外各类国际性展会，加快搭建国际市场信息平台，大力开拓国际中高端市场。加快构建全方位、多层次、高效快捷的国际贸易摩擦预警防范和应对机制，健全反补贴应对工作机制。

推进义乌国际贸易综合改革试点。充分利用义乌市场独特优势，加快建立与小商品国际贸易相适应的管理体制、政策体系、服务平台和贸易方式。深化国际贸易便利化体制改革，完善现代商贸流通体系，创新提升专业市场，促进国际贸易和国内贸易体制的有机衔接。创新国际贸易发展新平台和产业联动发展机制，提升义乌市场与区域发展联动的水平和层次。

2. 提升利用外资水平

优化利用外资结构和空间布局。引导和鼓励外资投向现代服务业和战略性新兴产业，严格限制高污染、低水平和产能过剩项目。重点加大对发达国家和世界五百强的引资力度，积极引导外资投向浙中、浙西南等地区。充分发挥国家级开发区、海关特殊监管区域和省级开发区（园区）对开放型经济的支撑促进作用。支持符合条件的国家级、省级开发区（园区）整合提升，推进体制机制创新。

创新利用外资方式。鼓励外资以参股、并购等方式参与省内企业的改组改造和兼并重组，充分利用境外资本市场。不断完善招商选资方法，提高招商选资实效。充分发挥浙江侨乡优势，进一步重视引进华侨资金。着力营造便利外商投资的良好环境，完善各级外商投资服务功能。

3. 加快“走出去”步伐

引导企业开展境外投资。鼓励企业在境外投资设立营销网络、生产基地和经贸合作区，推动海外浙江贸易中心建设，积极引导浙江企业入园投资，打造一批浙江优势产业在境外集聚发展的平台。引导组织企业在境外建立资源基地，缓解我省资源要素的约束。支持有条件的企业到境外设立、兼并和收购研发机构，设立国际科技园和孵化器。鼓励优势企业收购境外先进技术和知名品牌企业，培育一批具备一定国际竞争力的跨国公司。深化境外投资管理体制改革，加强对企业境外投融资风险防范的指导。

加快发展对外经济合作。大力发展对外承包工程，培育一批适应国际通行工程项目管理模式的工程总承包企业，鼓励和支持工程企业与成套设备制造企业、设计研究院构建战略联盟，优先推动一批 PMC（管理总承包）、BOT（建设—营运—转让）、EPC（设计—采购—施工）项目，增强工程带动成套设备与装备出口的能力。

扩大与港澳台的合作交流。贯彻实施海峡两岸经济合作框架协议和关于建立更紧密经贸关系的安排，大力推进浙台经贸文化交流与合作，继续办好“港澳・浙江周”活动。大力发展浙港澳台服务贸易，共同培养服务业管理人才和贸易专业人才。加强证券期货市场与港澳台资本市场的互动，鼓励符合条件的企业到香港上市融资。加快建设台商投资区、台湾农民创业园、两岸区域性金融服务中心，加强旅游和文化合作，扩大对台直接“三通”和直接贸易。积极吸引港澳台企业落户浙江，引导省内各类资本与港澳台资本相结合。

4. 加强区域合作与交流

加快推进长三角区域一体化发展。贯彻实施国务院长三角指导意见和区域规划，加强区域分工合作，共同构建亚太地区重要门户、全球重要现代服务业和先进制造业中心、具有较强国际竞争力的世界级城市群，在科学发展、和谐发展、率先发展和一体化发展方面走在全国前列，努力建设成为实践科学发展观的示范区、改革创新的引领区、现代化建设的先行区、国际化发展的先导区。加快建设长三角区域重大基础设施体系、统一开放市场体系和方便高效公共服务体系，加强区域生态环境共保联防，优化区域发展环境。进一步创新区域合作机制，深化开展重点专题组合作。

加强与周边地区、中西部和东北等地区互动发展。推动温州、衢州、丽水等参与海峡西岸经济区建设，联合闽赣统筹规划建设基础设施、加强产业合作对接、构建统一市场，推动要素无障碍流动。积极参与皖江城市带产业承接转移示范区建设，共同加强新安江流域上游生态环境保护。支持省际城市加快发展，鼓励与沪苏闽赣皖等交界市县开展多种形式的合作交流，促进区域共同发展。鼓励企业积极参与中西部地区和东北老工业基地的国企改革改造，以及产业和基础设施项目建设。探索“投资换资源”和“煤电联合开发”等多种合作模式，建设一批省外粮食、能源、矿产等战略资源供给基地。关心支持海外省外浙商发展，实施“浙商回归工程”，积极引导省外浙江人回乡兴办高层次产业，促进“浙江经济”与“浙江人经济”融合发展。

切实做好对口支援和帮扶工作。进一步抓好对口支援西藏那曲、新疆阿克苏（生产建设兵团农一师）以及青海海西州工作，继续做好对口帮扶四川、贵州以及重庆三峡库区工作。做好对口支援青川灾后恢复重建后续工作，建立长期帮扶机制。

为确保“十二五”规划顺利实施，必须在充分发挥市场配置资源基础性作用的同时，正确履行政府职责，调控引导社会资源，建立责任明确、分类指导、高效协调的规划实施机制。推进规划体制改革，加快规划立法进程，建立完善以国民经济和社会发展规划纲要为统领，以主体功能区规划为基础，以区域规划、专项规划为支撑的发展规划体系；制定《纲要》分解落实方案，加强与城乡规划、土地利用规划等各类规划以及年度计划的衔接，把《纲要》确定的约束性指标和公共服务领域的任务纳入各地区、各部门绩效考核评价体系，并与发展方式转变评价指标体系相衔接；按照以规划带项目的原则，先编规划、后定项目、再安排资金，加快编制专项规划，有序推进重大建设项目的组织实施；建立健全规划监测评估制度，推进规划年度监测、中期评估和后评估工作，建立健全主要目标任务实施跟踪反馈和监督检查机制；强化政策统筹协调，推进综合配套改革，优化公共资源配置，保障规划目标和任务的顺利完成。

“十二五”规划是坚持科学发展、推进转型发展的重要规划。全省人民要更加紧密地团结在以胡锦涛为总书记的党中央周围，在中共浙江省委的领导下，用好新机遇，迎接新挑战，再创新优势，为圆满完成“十二五”规划确定的各项目标任务，全面建成惠及全省人民的小康社会而努力奋斗！

资料来源：参阅《浙江省“十二五”规划纲要》，《浙江日报》，2011 年 2 月 25 日。

上海市“十二五”规划纲要(节选)

一、主要目标

根据国家对上海的战略定位和要求，到 2020 年上海要基本建成与我国经济实力和国际地位相适应、具有全球资源配置能力的国际经济、金融、贸易、航运中心，基本建成经济繁荣、社会和谐、环境优美的社会主义现代化国际大都市，为建设具有较强国际竞争力的长三角世界级城市群作出贡献。

综合未来五年发展环境和基础条件，“十二五”时期上海经济社会发展的奋斗目标是：“四个中心”和社会主义现代化国际大都市建设取得决定性进展，转变经济发展方式取得率先突破，人民生活水平和质量得到明显提高。具体是：

——经济发展质量和效益明显改善。经济保持平稳增长，全市生产总值年均增长率预期为 8%左右。服务经济为主的产业结构基本形成，第三产业增加值占全市生产总值比重达到 65%左右。单位土地产出率和全社会劳动生产率进一步提高。

——城市创新活力大幅提升。科技创新能力显著增强，全社会研发经费支出相当于全市生产总值比例达到 3.3%左右，每百万人口发明专利授权数达到 600 件左右，战略性新兴产业增加值比 2010 年翻一番。以企业为主体的技术创新体系初步形成。创新氛围日益浓厚，创新人才队伍不断壮大，劳动者素质稳步提高，主要劳动年龄人口受过高等教育的比例达到 35%。

——城市服务功能全面增强。“四个中心”核心功能初步形成，金融市场直接融资额占国内融资总额比重达到 30%，航运服务业收入年均增长率达到 15%左右，服务贸易进出口额占全市进出口总额比重达到 25%左右。城市信息化整体水平迈入国际先进行列，百兆家庭宽带接入能力覆盖率达到 90%。文化创意产业增加值占全市生产总值比重达到 12%左右，城市文化更加繁荣、更具魅力。城市交通体系更加完善。城乡一体化发展格局基本形成。

——城乡居民生活质量和水平明显提高。居民收入持续稳定增长，居民家庭人均可支配收入实际增长率不低于人均生产总值增长率。覆盖城乡居民的公共服务体系和社会保障体系不断完善。财政性教育投入占地方财政支出的比重达到 15%，人民群众获得更优质、多样、公平的受教育机会。居民主要健康指标达到世界先进水平。各类保障性住房新增供应 100 万套(间)左右。就业岗位持续增长，城镇登记失业率控制在 4.5%以内。

——生态环境不断优化。能源资源利用效率不断提高，单位生产总值能源消耗降低率、二氧化碳排放量降低率和主要污染物排放减少率均完成国家下达目标。供水水质达到国家新的饮用水标准，人均生活垃圾处理量比“十一五”期末减少 20%以上，生活垃圾无害化处理率达到 95%以上，城镇污水处理率达到 85%。

——改革开放取得新的突破。浦东综合配套改革试点示范作用充分显现，重点领域和关键环节改革不断深化，市场配置资源能力进一步增强，政府职能加快转变，政府公信力和行政效率明显提高。开放型经济和城市国际化程度达到新水平。

——社会主义民主法制更加健全。民主协商充分发展，人民权益得到切实保障，社会管理制度更加完善，诚信体系建设取得新突破，努力使上海成为最安全的大都市之一和法治环境最好的地区之一。

二、迈向“四个中心”

落实“四个中心”国家战略，以提高全球资源配置能力为着力点，全力推进国际金融、航运和贸易中心建设，不断提高经济综合实力，全方位提高对内对外开放水平，全面提升经济中心城市的国际地位，为2020年基本建成国际经济、金融、贸易、航运中心奠定坚实基础。

1991年，邓小平同志到上海视察时提出："中国在金融方面取得国际地位，首先要靠上海。"1992年，党的十四大报告明确提出："尽快把上海建成国际经济、金融、贸易中心之一，带动长江三角洲和整个长江流域地区经济的新飞跃。"2001年国务院批复《上海城市总体规划》，明确上海要建设国际经济、金融、贸易、航运中心之一。2009年4月，国务院正式发布了《国务院关于推进上海加快发展现代服务业和先进制造业建设国际金融中心和国际航运中心的意见》，从国家战略和全局的高度，进一步明确了加快上海国际金融中心和国际航运中心建设的总体目标、主要任务和政策措施，对上海加快建设"四个中心"具有重大意义。

1. 金融中心国际化取得重大突破

抓住我国经济实力和人民币国际地位不断上升的战略机遇，以金融市场体系建设为核心，以先行先试和营造环境为重点，不断提高金融中心的国际影响力和资源配置功能。

进一步拓展金融市场广度和深度。着力加强金融市场体系建设，加快提升股票、债券、货币、外汇、商品期货、金融衍生品、黄金、产权等重要市场的功能和国际化程度，积极推进证券交易所国际板市场、非上市公司股权转让市场、票据市场、保险交易市场、信托受益权转让市场等建设。不断丰富金融市场产品和工具，加快开发固定收益类产品，加快推出新的能源类大宗产品期货，探索推出黄金ETF、股指期权以及汇率、利率、股票、债券、银行贷款等为基础的金融衍生品。

加快建设人民币跨境投融资平台。稳步扩大金融市场对外开放，继续推动经常项目下跨境交易人民币结算，争取人民币资本项目可兑换在上海先行先试，鼓励发展相关的融资、担保、对外直接投资等跨境人民币业务。稳妥推进符合条件的境外企业在上海发行人民币债券和股票，稳步扩大境外人民币回流上海的渠道。支持在沪清算机构发展，探索建立人民币全球清算体系，基本确立上海在全球的人民币资产交易、定价和清算中心地位。推动符合条件的金融机构加快拓展海外业务，提高在沪金融机构服务国际投资者的能力。

大力发展各类金融机构。积极吸引功能性金融机构、大型金融机构总部及其营运机构总部等国内外各类金融机构入驻上海。着力培育具有国际竞争力和行业影响力的金融机构，支持各类新型金融机构和金融中介服务机构发展。支持在沪金融机构拓展业务范围，积极推动中外金融机构深化战略合作，推进符合条件的金融企业开展综合经营试点。

着力提升金融服务水平。积极推动金融改革创新和开放的先行先试。加强对战略性新兴产业、现代服务业、中小企业、重大基础设施建设、社会民生等的金融支持。加快消费金融产品和服务创新，提高消费金融的服务能力、安全性和便利化水平。

营造具有国际竞争力的金融发展环境。完善金融税收制度，提高政府服务水平。推进金融领域与非金融领域的信用信息共享，积极培育民族品牌的信用评级机构。加强金融监管制度建设，配合和支持国家金融监管部门提高金融监管水平。建立健全金融风险防范预警体系和处置机制，维护金融稳定和安全。加快陆家嘴—外滩金融集聚区建设。打造金融后台服务基地。

2. 显著提升航运国际服务功能

以资源配置型国际航运中心为目标，着力提升航运服务功能，完善现代航运集疏运体系，推进国际航运发展综合试验区建设，营造便捷、高效、安全、法治的口岸环境和服务环境，努力提高国际航运资源的配置能力。

加快完善现代航运服务体系。优化航运服务产业链，发展船舶交易、船舶管理、船舶检验、船舶供应、船员服务、航运经纪、航运咨询、海事法律和仲裁等各类航运服务。完善航运金融服务体系，促进船舶融资、船舶保险、航运保险等高端服务发展，积极培育航运再保险市场，加快开发航运运价指数衍生品。提高航运信息化水平，推广应用集装箱电子标签技术，建设国际航运中心综合信息平台。进一步拓展上海航运交易所服务功能。加快发展北外滩、陆家嘴、临港等航运服务集聚区。加强政府服务和管理，完善航运发展相关的法规规章体系，营造有利于航运业发展的法制环境。

优化现代航运集疏运体系。加快建设以上海为中心、以江浙为两翼、以长江流域为腹地的国际航运枢纽港。依托长江黄金水道，推动集装箱江海直达。推进外高桥港区、洋山深水港区建设和功能提升，提高港口综合保障服务能力。大力发展水水中转，推进内河航道建设。完善货运道路网络，积极推进海铁联运。加快建设国际邮轮母港，优化邮轮通关便利措施，促进邮轮产业发展。扩大航空枢纽空域容量，拓展国际国内航线，强化航空枢纽地位。

加快推进国际航运发展综合试验区建设。完善国际航运船舶登记注册制度，优化审批流程，加强政策配套，大幅提升国际航运船舶登记规模和质量。创新海关特殊监管区域管理制度，加强口岸管理单位联动，不断提高通关效率。研究制定与国际接轨的航运税费政策，提高航运企业的国际竞争力。推动实施启运港退税政策。加快完善企业开设离岸账户政策。积极借鉴航运发达国家（地区）经验，推动有关航运支持政策的先行先试，加快集聚与航运相关的企业、船舶、货物、人才等各类要素资源。

3. 基本形成国际贸易中心核心功能

着力提高市场开放度和贸易便利化水平，加快形成货物贸易和服务贸易同步发展、国际市场和国内市场相互融通的发展格局，将上海建成具有国际国内资源配置功能、与我国经济贸易地位相匹配的现代国际贸易中心，与国际金融中心、航运中心相互促进、联动发展。

加快构建现代市场体系。健全货物贸易和大宗商品市场体系，重点完善生产要素市场和辐射全国的批发市场体系，支持发展石油交易、钻石交易等重要市场，培育一批大宗商品交易市场，努力成为大宗商品信息中心、定价中心、交易中心和结算中心。完善服务贸易市场体系，加快建设国家级服务外包示范城市，大力发展服务外包、技术贸易，成为国际服务贸易中心城市。完善电子商务市场体系和支撑环境，推广第三方电子商务交易平台等服务新模式，实现实体市场和网络市场共同发展。规划建设大型会展设施，培育、引进一批具有国际竞争力的品牌展会。

集聚高能级、有活力的贸易主体。集聚国内外大企业和地区总部，积极引入国内外企业的营运中心、物流中心、分拨中心、销售中心、采购中心、结算中心。着力吸引有影响力的国内外贸易组织、贸易促进机构、行业组织、检验检测和认证机构。鼓励企业采用现代国际贸易运行新模式。支持中小贸易主体发展，形成万商云集的局面。

打造时尚购物之都。积极营造商品更加丰富、服务水平更高、业态更加多元、功能更加齐全、权益保护有力的消费环境，促进消费结构升级，引导消费潮流。发展地标性商业中心，保护和开发特色商业街区，加快社区商业建设。完善扩大消费需求政策，发展综合消费和时尚消费。研究设立免税商品购物区（店），发展一批国际品牌和国货精品店。

营造国际一流的商贸环境。深化口岸通关模式改革，完善电子口岸平台功能。加强进出口服务平台建设，推动内外贸融合，形成全球贸易网络的枢纽节点。加快建设虹桥商务区，推动外高桥国际贸易示范区先行先试，支持新型国际贸易业态发展。建设服务全国的贸易促进和服务平台，打造集多种媒体、多领域、多语种于一体的财经信息综合服务平台。

三、构建服务经济时代的产业体系

按照高端化、集约化、服务化，推动三二一产业融合发展，加快形成服务经济为主产业结构的发展方针，大力推进产业结构战略性调整，优化产业布局，加快构建以现代服务业为主、战略性新兴产业引领、先进制造业支撑的新型产业体系，不断提高产业核心竞争力，努力打造“上海服务”和“上海智造”。

1. 大力发展服务业

坚持城市功能提升、市场需求引领和新技术应用带动，加快发展生产性服务业和生活性服务业，不断拓展新领域，发展新业态，培育新热点，推进品牌化、网络化经营，增强辐射力和国际竞争力。

大力发展金融、航运物流、现代商贸、信息服务、文化创意、旅游会展等重点服务业。着力提升金融业、航运物流业、现代商贸业的国际竞争力，增强城市资源配置能力和集聚辐射功能。做大做强信息服务业，提高城市智能化、信息化水平。加快发展文化创意产业，打造时尚创意之都。着力提高旅游会展业国际化水平，建设国际都市旅游目的地和会展中心城市。

金融：金融业增加值占全市生产总值的比重达到 15%，主要金融市场规模保持或进入世界同类市场的前列。

航运物流：集装箱吞吐量继续保持世界前列，航空旅客进出港数量达 1 亿人次，航空货邮吞吐量达到 550 万吨。物流业增加值占全市生产总值比重达到 13%左右。

现代商贸：服务贸易进出口总额比 2010 年翻一番，电子商务交易额大幅增长，实现社会消费品零售总额 1 万亿元。

信息服务：信息服务业经营收入达到 6000 亿元，成为全国信息服务高地。

文化创意:文化创意产业增加值占全市生产总值的比重达到12%左右,成为国际创意城市网络重要节点。

旅游会展:国内游客人数达到2.4亿人次,入境游客人数超过1000万人次;展会总面积达到1500万平方米,到2015年基本建成国际会展中心城市。

积极培育专业服务、高技术服务、医疗保健、教育培训、家庭服务等新兴服务业。着力提升专业服务水平,扩大咨询、会计、审计、法律、经纪、人力资源等专业服务业开放。大力推进国家高技术服务产业基地建设,加快信息技术服务、生物技术服务、数字内容服务、研发设计服务、知识产权服务、科技成果转化服务等高技术服务业发展。积极推动医疗保健发展,满足日益增长的康复、护理、体检、美容等非基本医疗健康需求。注重发挥教育培训的社会功能,大力发展各种人才紧缺领域、专业技能、语言类、兴趣型的教育培训产品。促进家政服务、养老服务、社区服务等家庭服务业发展。加强科技在服务业中的推广应用,鼓励各类新兴服务业态发展。

促进房地产业持续健康发展。坚持以居住为主、以市民消费为主、以普通商品住房为主,努力提高中小套型普通商品住房比例。完善住房租赁管理制度,积极发展存量住房市场。加强土地、金融、税收等调控措施,合理引导住房需求,倡导梯度消费。引导商业地产有序发展。加强市场监管,规范房地产市场秩序,抑制房地产市场投机。

深入推动产业融合发展。促进服务业与制造业的深度融合,推动制造业企业发展品牌、研发设计等高端环节,着力发展总集成总承包、检验检测、产品认证、供应链管理、专业维修、融资租赁等生产性服务业。推动服务业与现代农业的有机结合,加快发展农业个性化营销、农业会展、农业休闲旅游、农业科技等服务业。

2. 培育发展战略性新兴产业

坚持市场主导、企业主体、创新驱动、重点突破、引领发展的原则，以提高自主创新能力为核心，以深入推进国家科技重大专项为契机，主动作为，有舍有取，深度对接国家战略性新兴产业规划和政策，大力推进高新技术产业化，力争成为国家战略性新兴产业的创新引领区。

重点发展新一代信息技术、高端装备制造、生物、新能源、新材料等主导产业。坚持信息产业优先发展，以自主发展、促进应用为重点，推动新一代信息技术的研发应用及产业化。着力提升先进重大装备自主设计、制造、总包能力，重点发展干支线飞机、商用飞机发动机、机载系统设备及零部件等民用航空产业，促进卫星及应用等航天产业发展，加快发展高效清洁煤发电、先进燃机、特高压、轨道交通、精密仪器仪表、数控机床等智能制造设备，积极发展海洋油气开采、特种工程船等海洋工程装备及关键配套系统。面向健康生活重大需求，大力发展创新药物、新型疫苗、诊断试剂、现代中药、医疗器械和绿色农用生物产品。落实国家能源战略，聚焦核电、风电、太阳能、智能电网，推进新一代核能技术和先进反应堆、大功率海上风电机组、太阳能核心设备、电力储能设备等新能源高端装备的研制和产业化。加快推进关键新材料的技术攻关和产业化，提升碳纤维、芳纶、超高分子量聚乙烯纤维等高性能纤维及其复合材料发展水平。

积极培育节能环保、新能源汽车等先导产业。开发推广高效节能、先进环保技术装备及产品，积极推进煤碳清洁利用、海水综合利用和污水处理、固废处理、大气环境治理等技术应用，大力发展节能服务业。重点发展纯电动和混合动力等新能源汽车，着力突破电池、电机、电控等关键核心技术，继续开展燃料电池汽车技术研发和标准制定。

3. 优化提升先进制造业

着力提高产业自主创新能力和国际竞争力，提升自主品牌价值，积极推动产业向绿色低碳、清洁安全方向发展。

提高汽车、船舶产业核心竞争力。着力突破整车、关键零部件等核心技术，形成自主品牌汽车研发创新与制造体系，加快发展汽车服务业。增强自主设计能力，大力发展液化天然气船、科学考察船等高技术船舶及其关键系统和配套设备，形成一批具有国际竞争力的自主品牌船型，加快建立现代造船模式，优化船舶产业链。

促进电子信息制造业转型升级。加快推动一般加工型电子信息制造企业提高研发和设计能力，提升产品附加值。着力吸引电子信息制造企业的研发设计中心、区域总部等功能性机构，形成以设计为核心、制造为基础、关键元器件配套能力较强的发展格局。

优化钢铁、石化产业。优化产品结构，聚焦精品钢材，加快推进钢铁新材料产业化，推动石化产品精细化、高端化和集约化，延长产业链。促进与周边地区协调发展，着力提高钢铁、石化等基础产业的资源节约、环境友好和安全生产水平，深入推进节能减排，全面实施清洁生产和循环经济，控制高耗能产业产能。

提升都市工业能级。鼓励企业在设计、市场营销等环节融入科技、创意、时尚和环保元素，大力发展高附加值、个性化、节能环保型产品。聚焦绿色食品、智能轻工、高档纺织等领域，加大自主品牌建设力度，重塑和提升以品牌为核心的轻纺产业竞争力，打造符合国际大都市特点的现代都市工业体系。

4. 加快推进农业现代化

充分发挥上海农业在中国特色农业现代化进程中的应有作用，加快转变农业发展方式，着力提升农业设施、农业组织和农业科技的水平，积极发展都市高效生态农业，不断强化农业的经济功能、生态功能和服务功能，力争在农业科技引领、农业与二三产业融合、农产品质量安全全程控制和监管等方面走在全国前列。

加快转变农业发展方式。深入实施科技兴农战略，加强农业科技创新，加快农业科技成果转化和应用，不断提高农业科技进步贡献率。大力发展种源农业，构建现代种业体系。积极发展低碳和循环农业，控制农业面源污染。鼓励发展农产品精深加工和都市观光农业。推进现代农业园区、农场新一轮建设，积极扩大与国内外的农业合作。

增强农业综合生产能力。完善强农惠农政策，加大农业投入。加强农田水利、农业林网、农电设施建设，推进农机装备质量提高和结构优化，推进高水平设施粮田、设施菜田和标准化养殖场建设，增强农业抗灾减灾能力。完善基本农田保护制度和主要地产农产品最低保有量制度，健全粮食等农产品储备制度，扎实推进“菜篮子”工程，确保粮食、蔬菜等主副食品有效供应。

完善农业服务和市场流通体系。加强农产品质量安全体系建设，提高农产品质量风险和市场风险预警能力。完善重大动物疫情突发应急预案，推进动物标识和疫病可追溯体系建设。健全重大植物疫情和病虫害监测网络，提升重大植物疫情和病虫害处置水平。积极发展农民专业合作社，扶持家庭农场和农业龙头企业，大力培育农产品品牌，促进农业生产经营专业化、标准化、规模化和集约化。推动农产品市场建设。

5. 调整优化产业布局

适应服务经济发展新趋势，立足促进城乡一体化发展和提高产业集聚效应，推动产业在市域空间内合理布局。

推动服务业集聚发展。着力提升中心城区核心区商务楼宇的综合功能，合理利用原有工业用地和老厂房，大力推进现代服务业集聚发展。加快内外环之间地区的产业结构调整和转型升级，重点发展高技术服务业和生产性服务业。依托产业基础、资源禀赋和新城，在郊区加快建设一批现代服务业集聚区。着力打造东西轴线、黄浦江和中环三条具有国际影响力的现代服务业集聚带。

提升产业基地能级。发挥国家新型工业化产业示范基地的带动作用，推进国家微电子产业基地、精品钢铁基地、海洋装备基地、国际汽车城、临港装备产业基地、化学工业园区等重大产业基地建设。推动战略性新兴产业集聚发展，着力打造若干战略性新兴产业示范区。加快工业向产业基地和各类国家级、市级开发区集聚，加快推进规划工业区块外现状工业用地的调整转型。

四、建设充满活力的创新型城市

坚持自主创新、重点跨越、支撑发展、引领未来的方针，深入实施科教兴市和人才强市战略，以提高知识竞争力为核心，以应用为导向，抢占科技制高点、培育经济增长点、服务民生关注点，全面增强原始创新、集成创新和引进消化吸收再创新能力，全面推进制度创新、管理创新和文化创新，充分激发经济社会发展转型的内在动力和活力，率先实现城市发展向创新驱动转变。

1. 增强科技创新能力

聚焦国家战略和社会需求，发挥上海科研优势，在若干重点领域加大科技攻关力度，为经济社会发展提供有力支撑。

开展重大科技攻关。实施国家重大科技专项和任务，在生命健康、生态环境、高端制造和智慧城市等重点领域，努力突破一批关键核心技术，促进高新技术产业化和战略性新兴产业发展。

加强科技创新基础建设。深化部市合作、院市合作，在纳米技术、生命科学、空间海洋等重点领域实现重大突破。加大基础研究投入力度，加强科研重大基础设施建设，加快推进上海光源后续工程和蛋白质科学研究设施、上海生物样本库等建设，建设和优化一批重点实验室、工程技术创新基地和共性技术研发平台。完善科研基地和科研基础设施开放共享机制。

实施创新示范应用工程。扩大世博科技成果转化和应用，整合科技资源，综合应用先进科技，布局一批技术水平领先、服务能力突出、具备推广价值的示范应用工程。建设若干战略性新兴产业应用示范区，促进新能源汽车、节能环保、智能电网、物联网技术等科技成果的规模化、集成化应用。

2. 激发企业创新活力

深入实施国家技术创新工程，以体制机制创新为着力点，不断提升企业自主创新能力，加快形成以企业为主体、市场为导向、产学研相结合的技术创新体系。

鼓励企业加大研发投入。强化国有企业自主创新导向，加大激励和绩效考核力度，发挥国有企业在科技创新和发展战略性新兴产业中的重要作用。增强民营企业创新能力，加大对民营中小企业和归国留学人员创新创业的扶持力度，支持其参与国家重大科技专项、重大工程任务和国家标准制定。鼓励外资研发机构与本土机构的合作与交流。完善政府采购政策，支持创新型企业发展。支持有条件的企业设立国家重点实验室、工程实验室、工程（技术）研究中心。鼓励企业发展研发外包和专业技术服务。

推动产学研合作。完善产学研合作机制，构建一批由企业主导的技术创新战略联盟，着力解决好产学研合作的权益分属问题。围绕培育战略性新兴产业，鼓励企业联合开发关键核心技术。发挥科研企事业单位创新孵化作用，加强共性技术研发和公益性服务。加强军民科技资源集成融合。鼓励高等院校和科研院所培养技术人才，鼓励科研人员到企业兼职或任职。

3. 完善创新服务体系

以完善创新投融资机制为重点，加强创新载体和服务平台建设，加快形成政府推动、市场主导、社会参与的创新服务体系。

完善创新投融资机制。推动科技金融结合，打造企业成长全周期的金融服务链。通过政策引导、资金参股、风险补偿、税收优惠等手段，鼓励发展天使投资、种子基金。放大政府引导基金作用，集聚海内外各类创业投资基金、股权投资基金、产业基金。努力为非上市公司股权交易创造良好条件，积极推动科技型中小企业上市。搭建科技型中小企业投融资服务平台，鼓励发展小额贷款、融资担保、融资租赁。加快发展商业银行专营服务机构，促进投贷联动，鼓励信用互助、科技保险等科技金融创新。

大力推进创新载体建设。全面提高张江高科技园区辐射带动能力，做强“大张江”品牌，加快推进杨浦国家创新型试点城区和紫竹科学园区建设。鼓励区县加快建设创新载体，健全科技创新服务体系，提高大学科技园、孵化器、加速器等创业孵化支持机构的专业服务能力。建设一批海外高层次人才创新创业基地。

健全创新公共服务体系。建设一批重点领域的产业技术创新服务平台，发挥社会组织在科技评价中的作用，完善科技中介服务体系，探索科技服务产业发展的新机制。壮大技术交易市场。完善标准、计量和检验检测技术基础支撑体系，加快建设以国家级检测机构为核心、社会资源共建共享的检验检测服务体系。鼓励高等院校和中等职业学校设置与战略性新兴产业相关的学科。

4. 优化城市创新环境

把营造良好的创新环境作为建设创新型城市的重要支撑，积极推进全方位创新，加快形成鼓励创新、宽容失败的社会氛围。

深化科技管理体制机制改革。改革科研经费投入方式和管理制度，提高政府资金使用效率。优化以水平、贡献为导向的科技评价和奖励制度,加强科研诚信建设。深化科研院所改革,完善高科技园区和开发区管理体制,改革国有科技投资公司评价方法、决策模式和激励机制。建立健全创新评价机制,增强区县创新发展的活力。

深入实施知识产权战略。促进知识产权的创造和运用,支持企业形成自主知识产权。完善知识产权资助政策和奖励制度,推进知识产权质押融资。加大知识产权保护力度,完善司法和行政保护机制。完善知识产权公共服务平台,促进知识产权中介服务业发展,健全知识产权交易体系,加强国内外知识产权合作交流。

推动哲学社会科学理论创新。繁荣发展哲学社会科学,为建设创新型城市、推动城市科学发展提供理论支撑。加强人文社科重点基地建设,形成一批学科品牌和学术品牌,提升优势学科研究水平。支持各类智库发展。

培育创新文化氛围。提倡敢为天下先的创新创业精神,使创新成为城市精神和城市形象的重要内涵。全面加强与国内外科技文化的合作交流。加快建设学习型城市,构建终身教育体系。大力发展科普事业,增强市民创新意识,提高市民科学文化素养。

5. 建设国际人才高地

牢固树立人才投入优先保障、人才资源优先开发、人才制度优先创新、人才结构优先调整的理念,坚持以用为本,发展壮大创新创业人才队伍,充分发挥人才在创新驱动、转型发展中的保障和支撑作用。

加强人才队伍建设。坚持市场导向,开发利用国际国内两种人才资源。推进重点人才开发计划,大力培养和引进科技领军人才、创新创业人才和高技能人才等各类人才。加大引进海外高层次人才、外国专家和智力力度,打造国际留学生目的地。建立企业经营管理、专业技术、公共管理人才评价体系,推进专业技术职称制度改革,健全职业资格制度和水平等级认证制度。扩大公开选拔、竞争上岗、公推公选适用范围,实现人才结构战略性调整。加强科学道德和学风建设,提升人才队伍整体素质。强化各级政府人才工作目标责任制,发挥用人单位主体作用。

完善人才发展政策。针对人才创新创业需求,制定实施有关产业、融资、产权激励与保护等支持政策。形成多元化投入格局,提高人力资本投资比重。实行海外高层次人才准入便利、优待重用和来去自由的政策,推动本土人才参与国际竞争合作。加大人才政府奖励力度,鼓励企业实施人才股权期权激励。发挥户籍和居住证吸引人才的积极作用,优先满足高层次人才、紧缺急需人才落户需求。

优化人才服务环境。大力实施人才安居工程,积极扩大公共租赁住房、单位租赁住房的建设和供应规模。继续优化人才的医疗、子女教育和文化环境,注重青年人才的利益诉求。推进人才公共服务标准化建设,开发人才公共服务产品,探索建立政府购买公共服务机制。发展人力资源服务业,积极开展国际人才交流,探索建立国际人才市场,为人才流动创造良好市场环境。

五、构筑城乡协调的发展格局(略)

六、塑造时尚魅力的国际文化大都市(略)

七、建设创新开放的新浦东

在浦东开发开放二十周年、原南汇区划入浦东新区的新起点上,继续高举浦东开发开放旗帜,大力推动浦东二次创业和新一轮区域功能开发,更好地发挥浦东在改革开放中的先行先试作用、在推进“四个率先”中的示范带动作用和在建设“四个中心”中的核心功能作用，全力推动浦东实现新跨越。

1. 争创国家改革示范区

按照“三个着力”的要求，聚焦全国能借鉴、全市能推广、浦东能突破的政策措施，深入推进浦东综合配套改革试点，率先建立有利于推动科学发展、促进社会和谐的体制机制。

率先建立公共服务型政府。探索政府公共服务职能法定化，实施法定机构改革试点，加快推进事业单位改革。完善开发区和街镇管理体制，推行大区域、轻型化、扁平化的新型管理体制。深化行政审批制度改革，探索建立法人主体资格与经营资格分离的企业登记管理制度，推动市场准入从前置审批向事后监管转变。以诚信管理为基础，推进市场管理综合执法。创建基础性政务信息的统一接口，完善政务信息共享机制。探索在行政领域引入质量管理体系认证制度。

率先探索与国际惯例相衔接的制度。加大制度创新力度，促进航运金融、离岸金融、科技金融、文化金融等专业金融发展。创新海关特殊监管区域管理制度，全面实施企业分类监管和风险管理。创新外汇管理制度，健全外汇集中收付汇管理制度，完善国际贸易人民币结算体制。深入推进企业产权制度、企业信用、知识产权、股权激励等改革试点。

率先形成城乡经济社会一体化发展格局。完善规划管理体制和重大项目建设出资机制，加快实现城乡基础设施体系、公共资源配置、就业社会保障、社区社会管理一体化。创新土地管理制度，率先建成城乡统一的土地要素交易市场。深化农村集体资产管理体制改革，探索集体资产股份化、股权化运作模式。率先建立优先保障基本公共服务的财政支出机制，推动基本公共服务均等化。推进户籍、人口管理、社会福利保障等制度改革，着力破解来沪人员与本地居民的二元结构矛盾。探索改进法律监督、民主监督、社会监督的新方法，创造扩大民主协商、凝聚社会共识的新形式，拓展加强社会调解、化解社会矛盾的新途径。

全力支持浦东率先深化改革开放。完善部市合作和市区联动推进机制，争取更多的改革试点在浦东先行先试。赋予浦东更大的改革发展自主权。加快形成鼓励改革创新的法制保障，率先形成勇于改革、宽容失败的氛围。

2. 建设“四个中心”核心功能区

大力集聚要素资源，着力提升服务经济能级和国际化水平，引领全市加快形成服务经济为主的产业结构。到 2015 年，浦东新区金融业增加值占全市比重提高到 50%左右，服务贸易进出口总额占全市比重达到 50%左右，航运业增加值比 2010 年翻一番。

加快建设陆家嘴金融城。推进陆家嘴地区深度开发和扩容，深化与外滩金融集聚带的联动发展。加快建立全国性金融资讯信息服务平台，建设张江金融信息服务产业基地。积极推进国家金融创新试点在浦东先行先试。着力加强综合配套服务，提高金融机构集聚度和影响力。

着力推进“三港”“三区”联动发展。以建立具有较强航运资源配置功能的国际航运发展综合试验区为目标，加大功能性政策突破力度，加快集聚航运主体，拓展高端服务功能。深化完善“三港”“三区”管理体制，促进政策全面覆盖、项目合理布局。

积极推动外高桥国际贸易示范区建设。大力发展服务贸易、离岸贸易、保税展示和交易，形成符合国际惯例的国际贸易结算中心。加快提升能源、钢材、有色金属、农产品等大宗商品交易市场影响力，推进钻石、汽车、高档消费品等专业市场发展。大力吸引高能级贸易主体、贸易促进机构和行业组织。

大力培育服务业发展新亮点。发挥世博后续效应和迪士尼项目辐射带动作用，发展旅游会展、休闲度假、商业商贸和文化创意产业。加快浦东滨江沿海旅游资源开发，打造世界级休闲度假旅游目的地。加快国家电子商务综合创新实践区建设。

3. 打造战略性新兴产业主导区

坚持科技创新与产业化相结合，加快推进战略性新兴产业发展，充分发挥浦东在全市创新驱动、转型发展中的示范引领作用。到 2015 年，浦东新区战略性新兴产业增加值占全市比重达到 50%左右。

创建张江国家自主创新示范区。深化“聚焦张江”战略，推动生物医药、集成电路、软件等国家级产业基地发展，打造国际一流的自主创新示范区和新兴科技城。完善政府引导资金、国资创投基金运作模式，促进创业投资集聚发展，支持科技型中小企业上市，扩大知识产权质押融资规模，加快形成多层次的科技投融资体系。形成一批掌握核心技术和市场主导权的领军企业。

加快临港产业区发展。以建成代表国家水平、具有国际竞争力的高端装备制造和创新基地为目标，大力推进新能源装备、大型船用关键件、汽车整车及零部件、海洋工程装备、大型物流及工程机械等装备制造业集群发展。加快启动临港民用航空产业基地建设，以大飞机项目带动配套产业集聚，形成航空产业集群。统筹临港地区的规划建设，促进产城融合和港、城、区、镇联动发展。

建设国际人才创新试验区。围绕金融、航运、贸易、战略性新兴产业等重点领域，大力集聚和培育各类领军人才和创新创业人才。支持海外高层次人才创新创业基地建设，实施吸引海内外高层次人才的“百人计划”。优化人才服务体系，落实激励扶持政策，探索人才柔性流动等新举措。

八、争当改革攻坚的排头兵

按照市场化、国际化、法制化取向，坚持开创性、坚韧性、操作性相结合，着力破除转型发展的深层次问题和结构性矛盾，探索综合性改革、专项改革试验，加快形成有利于科学发展的体制机制，进一步增强发展的动力。

1. 深入推进行政体制改革

以政府职能转变为核心，以政府管理创新为重点，以决策、执行、监督为关键环节，加快行政体制改革，建设服务政府、责任政府、法治政府、廉洁政府，把上海建设成为全国行政效能最高、行政透明度最高、行政收费最少的行政区之一。

强化政府公共服务职能。在完善政府经济调节、市场监管职能的同时，更加强化社会管理和公共服务职能。加快政事分开、事企分开和管办分离，积极稳妥推进科教文卫体事业单位分类改革。深化完善公共财政体制，保障基本公共服务支出，强化政府绩效考核和行政问责。改革基本公共服务提供方式，引入竞争机制，扩大购买服务，实现提供主体和提供方式多元化。推进非基本公共服务市场化改革，增强多层次供给能力，满足群众多样化需求。实现政府主管部门与所办经济实体和直属企业脱钩，创造公平竞争的市场环境。

创新政府管理方式。优化政府结构、行政层级、职能责任，推进大部门制改革。深化行政审批制度改革，加强行政审批标准化建设，推行告知承诺和并联审批制度，提高审批效率。完善全市统一的网上行政审批管理和服务平台，推动行政审批事项全部上网、全程上网。进一步减少和规范行政事业性收费项目，降低收费标准，完善收费项目设立程序，依法规范行政收费行为。

全面推进政务公开。以公开为原则、不公开为例外，进一步加大主动公开力度。制定政务公开行动计划，明确措施、节点和责任，重点推进财政预算、公共政策、行政执法、公共服务等领域的政务信息公开，切实保障人民知情权、参与权、表达权和监督权。依托电子政务建设，建立完善互联网信息服务平台和便民服务网络平台。建立政务信息使用标准和交换规则，形成政务信息互换共享、业务协同办理和网上公开服务的工作机制。

加强依法行政制度建设。推动社会管理和公共服务领域的立法,完善规范政府共同行为的立法,规范重大行政决策和行政执法程序。探索建立立法项目公开征集制度,健全政府法规规章的立项论证和集中起草制度,完善政府规章和规范性文件草案公开征求公众意见制度与专家论证制度,扩大政府立法的民主参与度。加强政府规章和规范性文件的定期清理和立法后评估。健全科学决策、民主决策、依法决策机制,提高公共决策透明度和公众参与度。完善以行政机关执法为主的综合执法体制,相对集中行使行政许可权和处罚权。

强化行政监督机制建设。加强和改进行政监察,进一步完善监察机关派出机构管理制度。加大对重点部门、重点资金、重点项目的审计监督力度,推进审计公开。维护司法权威,促进司法公正。自觉履行人民法院的生效判决和裁定,认真对待司法建议和检察建议。推进行政复议机构建设,开展行政复议委员会制度试点,完善行政复议建议书制度。建立电子监察、网络投诉、网上信访、行风政风测评平台,健全对行政权力的监督制度。完善政府绩效评估制度,探索引入第三方评估和民意测评机制。

健全公务员管理制度。完善公务员培训、考核、晋升、奖惩、待遇等全过程管理制度。推进公务员选调交流常态化,形成市、区县、街镇三级公务员互动交流机制。深化公务员聘任制建设试点。完善以行政首长为重点的行政问责制度,明确行政问责范围,规范问责程序,健全责任追究制度和纠错改正机制。

完善"两级政府、三级管理"体制。依法规范和合理划分市、区县、街镇的管理权限,对区县实行差别化管理。按照区域功能定位和生产力布局的要求,促进资源整合和协调发展。完善市与区县财税管理体制，理顺税收征管和财政分配关系，健全财政转移支付制度，加快形成财力与事权匹配的财政体制。全面清理规范区县政府性债务及政府融资平台债务，建立政府性债务风险预警和监控机制。控制政府性债务规模，完善区县基层组织财力保障机制。

2. 加快突破国资国企改革瓶颈

坚持市场化、证券化、国际化导向，推进国有经济战略性调整，基本建立具有创新活力和核心竞争力、运作规范的国资国企管理运营模式，为推动城市转型、保障国计民生、支撑经济社会持续发展发挥重要作用。

加快国有经济战略性调整。健全国资有进有退、合理流动机制，进一步收缩领域、压缩层级。加快推动国资从一般竞争性领域退出步伐，建立国资运营新平台，增强国有股权的流动性，鼓励国资向基础设施、战略性新兴产业和社会民生等领域倾斜。推动有条件的国有企业向生产性服务企业转型。立足公众公司定位，深化国资国企开放性市场化重组，加快市级国有独资集团公司改革，大力推进国有企业集团整体上市或核心业务资产上市，逐步取消企业集团管理层级，力争市属产业类国资证券化率达到90％左右。

完善国企法人治理结构。加快建立治理结构规范、管理制度完善的现代企业制度，充分确立董事会选人用人、业绩考核、薪酬激励等自主权。扩大市场化选聘国企高管的范围，实行除董事长之外的经营者市场化、职业化选聘制度。探索建立中长期激励制度，建立以市场为导向的考核评价和激励约束机制。

健全国有资本监管体制。深入推进政企分开、政资分开，加快分离国资监管机构的社会公共管理职能和国资出资人职能，建设专业化的出资人代表机构。探索建立公益性和竞争性国有企业分类管理体系。完善覆盖全部国有企业、分级管理的国有资本经营预算和收益分享制度，推进国资经营预算与公共财政预算、政府性基金预算、社会保障预算衔接。

3. 大力支持非公经济发展

以完善市场准入制度为突破口，加快消除非公经济发展的瓶颈制约，着力营造各种所有制经济依法平等使用生产要素、公平参与市场竞争、同等受到法律保护的体制环境。

放宽非公经济市场准入。消除制约非公经济发展的制度性障碍，鼓励和引导民间资本进入法律法规未明确禁止准入的行业和领域。建立公开透明的市场准入标准，不对民间资本单独设置附加条件。支持民间资本进入可以实行市场化运作的基础设施和市政公用事业领域，引导民间资本投向医疗、教育和文化等公共服务领域，允许民间资本兴办金融机构。

积极发展混合所有制经济。鼓励非公企业和非公资本参与国资国企改制重组，支持和引导非公企业与国有企业建立配套协作机制。完善土地、财税等支持政策，理顺兼并重组企业所在地区间的利益分配机制，探索建立全国企业兼并重组交易中心。

突破中小企业发展瓶颈。支持中小企业改制上市。拓宽初创期、成长期中小企业融资渠道，发展保单融资、票据质押融资、知识产权质押融资、供应链融资、集合票据和债券融资，完善中小企业信用担保体系。加大财税扶持力度，鼓励企业增加研发投入和促进科技成果转化。整合公共服务资源，完善公共服务平台。支持和引导中小企业参加政府采购。完善境外投资促进和保障体系，支持非公企业开展境外投资。

4. 着力完善服务经济发展环境

突破制约服务经济发展的管制、税制、体制和法制瓶颈，营造有利于服务经济发展的制度环境，加快形成服务经济为主的产业结构。

完善市场监管体制。稳妥有序降低牌照、资质、标准等市场准入门槛。深化垄断行业、公用事业、社会事业改革，开放社会服务领域的市场空间。完善企业信用分类监管制度,实现对市场主体准入、经营、退出等全过程监管。整合监管资源,推动监管信息共享,完善综合监管和专业监管协同机制。

强化财税激励导向。争取国家服务业税制改革在上海先行先试。完善营业税差额征收办法和技术先进型服务业企业税收政策,实施增值税扩围,进一步鼓励服务业从制造业分离,促进专业化分工及产业融合发展。

健全社会信用体系。探索建立行政、司法、公用事业、金融、商业交易等领域的信用信息共享和联动机制,进一步完善个人和企业信用联合征信体系。建立严格的社会化信用奖惩制度,营造"守信受益、失信惩戒"的社会环境。完善制度性安排,培育信用产品与服务的市场需求,加快信用服务行业和相关产业发展。

优化法制政策环境。加快推进金融、航运、贸易和专业服务、知识产权保护、口岸综合管理、信用等方面的地方立法。加快制定服务业行业标准,鼓励企业积极参与制定国家标准和国际标准。建立与国际惯例相衔接、与服务经济和新兴产业发展相适应的统计体系。探索建立跨部门的产业管理体制,优化产业园区管理运营模式。推进闸北国家服务业综合改革试点。

九、形成海纳百川的开放格局

坚持区域协调、内外联动、面向全球、互利共赢,实施更加主动的开放战略,努力提升统筹利用国际国内两种市场、两种资源能力,在更大范围、更广领域、更高层次上参与全球竞争合作,不断提升城市开放型经济水平和国际化程度。

1. 推动长三角地区一体化发展

贯彻落实国家长三角地区区域规划,完善合作机制,拓展合作领域,深化合作内容,共同建设具有较强国际竞争力的世界级城市群。

增强综合服务功能。发挥上海要素市场体系健全、高端功能机构集聚的优势，为长三角地区发展提供金融、信息、物流、技术、人才等服务。完善枢纽型、功能性、网络化基础设施体系，不断提高服务长三角地区的能力。发挥浦东综合配套改革试点示范带动作用，促进长三角地区深化改革和扩大开放。发挥世博后续效应，共同推动世博资源开发利用。

推动重点领域合作。深化交通、能源、信息、科技、环保、信用、社保、金融、涉外服务、工商管理以及旅游、气象等重点领域合作，推动长三角地区之间优势互补、资源整合。构建区域创新体系，推动长三角地区率先建成全国创新型区域。推进产业园区、港口、通关等领域合作，提升区域产业国际竞争力，建设全球重要的现代服务业和先进制造业中心。

完善合作协调机制。深化决策层、协调层、执行层“三级运作、统分结合、务实高效”的区域合作协调机制，完善泛长三角区域合作机制。发挥城市经济协调会作用，推进长三角地区城市间双边、多边合作，支持区县与长三角临近城市加快形成同城效应。建立健全利益共享机制，发挥市外市属农场作用，建设承接上海产业转移基地。充分发挥市场机制作用，培育跨区域中介组织，强化企业区域合作的主体地位。探索设立长三角地区合作与发展共同促进基金。

2. 促进区域合作互利共赢

发挥比较优势，继续加强对口帮扶，大力推动区域合作，不断提高对外服务、辐射、带动能力，努力促进区域协调发展。

提升对口支援水平。坚持因地制宜、分类指导、集中集聚、突出实效的方针，加大对新疆喀什，西藏日喀则，云南文山、红河、普洱、迪庆等州（市），三峡库区重庆万州、湖北宜昌夷陵，青海果洛等对口地区的帮扶力度。坚持开发式扶贫，切实让贫困群众直接受益，增强欠发达地区自我发展能力。

加强国内区域合作。推进长江黄金水道共建和长江沿岸城市合作，支持西部大开发、中部崛起和东北地区等老工业基地振兴，积极开展与环渤海、珠三角等地区合作。按照继续实施更紧密经贸关系安排和落实两岸经济框架协议的要求，深化与港澳台交流和合作，争取经济、科技、教育、文化等领域更多开放试点。

积极拓展内需市场。把握国家实施扩大内需战略的机遇，支持大企业大集团跨地区重组整合，推动上海品牌、上海设计走向全国，鼓励有条件的工业园区输出管理和技术。完善政策体系和服务网络，支持各地企业来沪发展。

3. 积极参与全球竞争合作

完善开放型经济格局，优化贸易结构，提高“引进来”水平，加快“走出去”步伐，进一步提升城市国际竞争力。

加快转变外贸发展方式。积极推动海外营销，努力拓展新兴市场，稳定传统市场。加快培育以技术、品牌和服务为核心竞争力的出口新优势，鼓励自主知识产权、自主品牌和高新技术产品出口，探索建立知识产权预警机制。鼓励先进技术与设备、关键零部件、能源资源和节能环保产品进口，努力成为重要商品进口集散地。推动加工贸易转型升级，逐步提高一般贸易、服务贸易和新型贸易业态比重。

推动利用外资内涵式发展。坚持引资和引智并重，加大产业链高端招商引资力度，引导外资投向现代服务业和战略性新兴产业。鼓励跨国公司以上海为基地进行业务整合，大力发展总部经济。积极引进国外智力资源，推进建设开放型自主创新体系。创新利用外资方式，鼓励外资以参股、并购等方式参与境内企业兼并重组，促进外资股权投资和创业投资发展。鼓励有条件的上市企业引进国外战略投资者。

加强对外投资合作。按照市场导向和企业自主决策原则，鼓励企业开展境外投资，联手内外资企业开发市场、技术和标准，培育一批本土跨国公司和知名品牌。大力发展境外工程总承包项目，推动优势企业有序向境外拓展。支持金融机构到境外开设分支机构，支持相关中介服务、协会、商会发展，营造有利于企业“走出去”的人才、信息、金融等服务环境。建立健全对外投资合作的应急处置机制。

4. 提升城市国际化水平

充分利用世博会品牌效应，加强上海与国际城市间的合作交流，营造国际化的居住和商务环境，提升城市国际知名度和影响力。

积极吸引国际组织。吸引和集聚各类国际组织总部、地区总部和分支机构。充分发挥使领馆、友好城市和民间外交等作用，完善与国外其他城市的沟通联系机制。举办各类国际会议、展览、论坛、赛事等活动，增强城市国际影响力。

营造国际化的居住和商务环境。增强城市包容性，尊重国际人士的风俗习惯和宗教信仰。营造国际化语言环境，提供具有国际水准的教育、医疗、文化、信息等服务，方便外籍人士及华人华侨来沪居住、工作和学习。以衡山路、淮海路、多伦路等为重点，建设若干国际文化风情街。发展留学生教育。完善外商投资法律环境，加强涉外事务管理和服务。

提高市民国际交流能力。鼓励开展国际交往礼仪、公共场所礼仪培训，提高市民对外交流能力。推广双语教育，提高教育国际化水平。培养一批熟悉国际惯例、具有国际视野的对外交流人才。

资料来源：参阅《上海市“十二五”规划纲要》，《解放日报》，2011 年 1 月 24 日。

主要参考书目

(1)《国务院关于进一步推进长江三角洲地区改革开放和经济社会发展的指导意见》,中国政府网站,2008 年 9 月 16 日。

(2)马克思恩格斯:“意识形态的现实基础”,《马克思恩格斯选集》,第 1 卷,人民出版社,1977 年。

(3)参阅:《长江三角洲产业地图(2006—2007)》,社会科学文献出版社,2006 年。

(4)谢文蕙等:《城市经济学》,清华大学出版社,2008 年。

(5)[美]沃纳·赫希:《城市经济学》,刘世庆等译,中国社会科学出版社,1990 年。

(6)武友德等:《区域经济学导论》,中国社会科学出版社,2004 年。

(7)牛竹梅等:《区域经济学》,经济科学出版社,2006 年。

(8)陈晓云等:《2006 长江三角洲城市经济协调发展报告》,上海三联书店出版社,2007 年。

(9)周肇光:《区域经济学概论》,安徽大学出版社,2008 年。

(10)阎彦明:“聚焦陆家嘴金融城:上海国际金融中心建设的新境界”,《上海经济发展报告(2010)》,社会科学文献出版社,2010 年。

(11)吴柏均等:《政府主导下的区域经济发展》,华东理工大学出版社,2006 年。

(12)何德旭:《中国金融服务理论前沿》,社会科学文献出版社,2006 年。

(13)陈先勇:《中国区域金融发展与区域经济增长》,武汉大学出版社,2005 年。

(14)张婧:《区域经济一体化背景下长三角地区金融协调发展研究》,华东师范大学出版社,2011 年。

(15)魏清:《金融资源流动与长三角金融一体化研究》,苏州大学出版社,2009 年。

(16)中国人民银行金融稳定分析小组:《中国金融稳定报告(2011)》,中国金融出版社,2011 年。

(17)中国人民银行货币政策分析小组:《2011 年中国区域金融运行报告》,中国人民银行出版社,2012 年。

(18)孙克强:《长三角年鉴(2011 年)》,河海大学出版社,2011 年。

(19)上海金融年鉴编辑委员会:《上海金融年鉴(2011 年)》,上海人民出版社,2011 年。

(20)迈克尔·波特:《竞争论》,中信出版社,2003 年。

(21)翁智刚:《产业集群理论模型与实证研究》,西南财经大学出版社,2011 年。

(22)臧新:《产业集聚的行业特性研究——基于中国行业的实证分析》,经济科学出版社,2011 年。

(23)赵娴等:《产业经济热点问题研究 2009》,中国经济出版社,2010 年。

(24)唐利如:《产业集群的竞争优势:理论和实证》,中国经济出版社,2010 年。

(25)谯薇:《四川产业集群发展研究》,四川大学出版社,2010 年。

(26)王述英等:《产业经济学》,经济科学出版社,2006 年。

(27)何雄浪:《产业集群演进机理与区域发展研究》,中国经济出版社,2009 年。

(28)蓝庆新:《基于竞争优势的产业集群动态创新能力研

究》,对外经济贸易大学出版社,2009年。

(29)张元智等:《产业集群获取竞争优势的空间》,华夏出版社,2006年。

(30)刘世锦等:《中国产业集群发展报告(2007－2008)》,中国发展出版社,2008年。

(31)贾生华等:《产业演进、协同创新与民营企业持续成长:理论研究与浙江经验》,浙江大学出版社,2007年。

(32)张明龙:《产业集群与区域发展研究》,中国经济出版社,2008年。

(33)邵云飞:《基于网络视角的产业集群创新:创新网络结构特征对集群创新影响的理论与应用》,电子科技大学出版社,2008年。

(34)吕巍:《基于集聚效应的长三角都市圈企业竞合研究》,上海人民出版社,2009年。

(35)王述英等:《产业经济学》,经济科学出版社,2006年。

(36)陈平等:《集群发展的国际经验:提升我国产业集群竞争力》,浙江大学出版社,2007年。

(37)刘家顺等:《产业经济学》,中国社会科学出版社,2006年。

(38)邱风:《产业经济学案例》,浙江大学出版社,2005年。

(39)吕巍:《基于集聚效应的长三角都市圈企业竞合研究》,上海人民出版社,2009年。

(40)《中国产业集群发展报告》课题组:《中国产业集群发展报告》,机械工业出版社,2009年。

(41)刘斌:《产业集聚竞争优势的经济分析》,中国发展出版社,2004年。

(42) Donald J. Bowersox, David J. Closs, M. Bixby Cooper. Supply Chain Logistics Management. 机械工业出版社,2010。

(43) Kenneth Fox, Metropolitan America: Urban Life and Urban Policy in the United States, 1940—1980, Macmillan, 1985。

(44) Porter, M. E. Cluster and the New Economics of Competition. Harvard Business Review, November, 1998.

(46) Krugman, P. Geography and Trade. Cambridge, MA: MIT Press 1991.